Das CEO-Handbuch

Michael Hirt
(Hrsg.)

Das CEO-Handbuch

Optimal vorbereitet für Ihre Position an der Spitze

vdf
vdf Hochschulverlag AG an der ETH Zürich

Nov 2015

Redaktionsteam & Autoren:

Idee und Konzeption:
Dr. Michael Hirt
Projektleitung HIRT&FRIENDS:
Josef Buchmayr, BA & Mag. (FH) Alexander Fuhri
Redaktion HIRT&FRIENDS:
Sabrina Fuchs, Mag. (FH) Alexander Fuhri,
Eva Furlan, Anna Knobloch
Lektorat HIRT&FRIENDS:
Eva Furlan

Die Autoren der einzelnen Kapitel sind im Referenzteil am Ende des Buches namentlich angeführt.

Bibliografische Information der Deutschen Nationalbibliothek
Die Deutsche Nationalbibliothek verzeichnet diese Publikation in der Deutschen Nationalbibliografie; detaillierte bibliografische Daten sind im Internet über http://dnb.d-nb.de abrufbar.

ISBN 978-3-7281-3399-1

verlag@vdf.ethz.ch
www.vdf.ethz.ch

Danksagung

Mein Dank gilt den Topmanagern und Führungskräften, mit denen ich in den letzten 20 Jahren als Berater, Management-Trainer und Executive Coach zusammenarbeiten durfte. Die regelmäßige Beschäftigung mit den Führungsherausforderungen der Unternehmenspraxis und der permanente und intensive Austausch mit erfolgreichen Managern hat die Ansätze in diesem Buch entscheidend geprägt.

Allen CEOs, die die Erstellung des Buches so bereitwillig mit Interviews und Fachgesprächen unterstützt haben, sei hier ebenfalls noch einmal ausdrücklich gedankt.

Mein Dank als Herausgeber gilt auch den Studenten des Masterstudiengangs Wirtschaftsberatung und Unternehmensführung (Jahrgang 2010/11) der Fachhochschule Wiener Neustadt, die im Rahmen dieses Buchprojekts großartige Arbeit geleistet haben.

Besonders möchte ich mich bei Prof. Priv.-Doz. Dr. Mag. Peter Heimerl (FH Wiener Neustadt) bedanken, der die Idee für dieses innovative Buchprojekt unterstützt hat.

Weiters möchte ich mich bei den Mitarbeitern von HIRT& FRIENDS bedanken, die mit hohem Einsatz an diesem Projekt mitgearbeitet haben.

An dieser Stelle möchte ich auch meiner Frau Isabella danken, meiner liebevollsten Kritikerin, und einer Inspiration, immer mein Bestes zu geben.

Dr. Michael Hirt

Vorwort des Herausgebers

Liebe Leser,

das Konzept für das CEO-Handbuch ist aus der Idee entstanden, ein stark praxisorientiertes Handbuch speziell für Führungskräfte an der Spitze und jene, die es werden wollen, zu schaffen.

Im Vorfeld der Entstehung dieses Buches wurden daher die 36 wichtigsten Praxisthemen für Topmanager identifiziert. Diese 36 Themen finden sich nun in hoher inhaltlicher Qualität, übersichtlich und umsetzungsorientiert zusammengefasst in diesem Handbuch für CEOs.

Dieses Buch richtet sich an Menschen, die an der Spitze von Unternehmen stehen oder sich auf ihre zukünftige Rolle als Geschäftsführer, Vorstandsmitglied oder Aufsichtsrat vorbereiten möchten. Weiters ist das Buch für Menschen interessant, die sich mit Fragestellungen des Managements aus der Sicht des Unternehmensleiters vertraut machen möchten.

Die einzelnen Kapitel des Buches befassen sich auf jeweils wenigen Seiten mit einem der 36 Themen. Das CEO-Handbuch bietet Ihnen somit einen klar strukturierten Überblick über die wichtigsten Themen, die einem CEO in seiner Laufbahn begegnen.

Darüber hinaus finden Sie am Anfang jedes Kapitels eine kurze „Executive Summary“, die die wichtigsten Informationen des Kapitels zusammenfasst, damit das Buch nicht nur als interessante Lektüre, sondern auch als Nachschlagewerk optimal geeignet ist.

Falls Sie über ein Thema des Buches mehr wissen möchten, finden Sie am Ende jedes Kapitels eine Auswahl an weiterführender Literatur.

Die Inhalte des CEO-Handbuchs basieren auf topaktueller Managementliteratur, angereichert durch die persönlichen Erfahrungen von Topmanagern und CEOs. Für eine Reihe von Kapiteln des Buches wurden, um einen starken Praxisbezug sicherzustellen, vertiefende Interviews mit Geschäftsführern, CEOs und Managern geführt.

Ich wünsche Ihnen viel Erfolg bei der Umsetzung!

Dr. Michael Hirt
HIRT&FRIENDS

Wien, Juli 2012

Hinweis: Alle männlichen Bezeichnungen im CEO-Handbuch, wie z. B. „Geschäftsführer", beziehen sich generell auf beide Geschlechter.

Inhalt

Der Weg an die Spitze

Um an die Spitze zu gelangen, müssen Sie in der Lage sein, interne und externe Chancen zu erkennen und diese konsequent zu nutzen. Erfolgreiche Topmanager definieren ihre Ziele klar und streben sie mit Entschlossenheit an. In diesem Kapitel erfahren Sie, was von Ihnen erwartet wird, welche Qualitäten Spitzenführungskräfte auszeichnen und wie ein CEO-Selektionsprozess aussieht. Zudem wird Ihnen gezeigt, was Sie tun können, um CEO zu werden, und wie Sie Ihre Karriere richtig planen und dabei häufige Fehler vermeiden.

- → **Herausragende Leistungen sind für eine Spitzenführungskraft nicht genug. Ihre Führungskompetenz, ihr politisches Geschick und ihr Arbeitsstil unterscheiden sie von normalen Führungskräften.**
- → **Die CEO-Auswahl unterscheidet sich stark von anderen Besetzungen, achten Sie also permanent auf Ihr Verhalten, denn Sie wissen nie, ob Sie sich nicht mitten in einem Evaluierungsverfahren befinden.**
- → **Wer später erfolgreich sein will, braucht schon früh ein effektives Selbstmanagement. Es ist ausschlaggebend, eigene Stärken, Fähigkeiten und Interessen zu erkennen.**
- → **Nach Bekanntgabe der bevorstehenden Ernennung zum CEO sollten Sie nichts überstürzen und Ihre nächsten Schritte sorgfältig durchdenken, um Fehler auf der Zielgeraden zu vermeiden.**
- → **Um berufliche Spitzenleistungen und private Lebensqualität langfristig vereinbaren zu können, sollten Sie mit effektivem Selbstmanagement und organisatorischem Geschick eine harmonische Balance finden.**

Die Spitzenführungskraft

Um CEO zu werden, reicht es nicht aus, ein guter Kandidat zu sein, Sie müssen ein Spitzenkandidat werden.

Sie erreichen die geforderten Finanzziele oder Sie meistern eine Umstrukturierung? Das ist nicht genug. Um CEO zu werden, müssen Sie noch weit mehr unternehmen. Als zukünftige Spitzenführungskraft müssen Sie nicht nur ein Unternehmen leiten, Sie müssen auch die Fähigkeit beherrschen, Koalitionen zu schmieden und die Unterstützung Ihrer Kollegen zu gewinnen. Zudem werden Sie kaum offizielles Feedback erhalten, weshalb es essenziell ist, dass Sie Ihr Gespür für die Wünsche und Bedürfnisse Ihrer Vorgesetzten sowie einflussreichen Mitarbeiter schärfen. Erst diese Qualitäten machen Sie zu einem Spitzenkandidaten.[1]

CEO-Selektion

Aufgrund der weitreichenden Konsequenzen unterscheidet sich die CEO-Auswahl von anderen Besetzungen. Auf Ihrem Weg an die Spitze müssen Sie sich gegen interne und externe Kandidaten behaupten und stets auf der Hut sein.[2]

Unser Praxisbeispiel zeigt, dass die Ernennung zum CEO auch der finale Schritt eines vielschichtigen und ausgefeilten Auswahlverfahrens sein kann. In der 175-jährigen Geschichte von Procter & Gamble (P&G) wurde das Unternehmen von lediglich zwölf CEOs geleitet, von denen jeder vor seiner Bestellung bereits viele Jahre im Konzern gearbeitet hatte. Dies verdankt die Firma einem außerordentlich starken „Leadership Program", welches die Leistungen und Qualitäten der Topmanager beurteilt und die wichtigsten aufsteigenden Führungskräfte in einem „Talent Portfolio", dem sogenannten „Blue Binder", vergleicht. So erkennt P&G, welcher Mitarbeiter bereit für den nächsten Führungslevel ist und wer noch mehr Zeit für seine Entwicklung benötigt.

Alle P&G-General-Manager werden mit einer Performance-Scorecard in Bezug auf operative Leistungen, Führungspotenzial und Teamfähigkeit halbjährlich evaluiert.[3] Regelmäßig finden Aufsichtsratsmeetings statt, welche sich ausschließlich mit der Evaluierung von Führungskräften beschäftigen. Dadurch stellt P&G sicher, nur die richtigen Mitarbeiter mit Führungsaufgaben zu betrauen.[4]

Achten Sie also permanent auf Ihr Verhalten, denn Sie wissen nie, ob Sie sich nicht mitten in einem Evaluierungsverfahren befinden und bereits unter Beobachtung stehen.

Karriereplanung, der Weg zum Erfolg

Erfolgreiche Menschen, ob Cäsar, da Vinci oder Beethoven, haben alle etwas gemeinsam, sie haben es verstanden, sich selbst zu managen und konnten dadurch Herausragendes erreichen. Aus diesem Grund ist es wichtig, dass Sie lernen, sich selbst zu managen. Sie müssen lernen, sich selbst zu entwickeln, und herausfinden, an welchem Platz Sie am meisten bewirken können. Während Ihres bis zu 50-jährigen Berufslebens müssen Sie ständig engagiert handeln und am Puls der Zeit bleiben. Dazu gehört auch zu wissen, wann Sie Ihren Arbeitsplatz wechseln sollten.[5]

Schon Sun Tsu sagte vor über 2500 Jahren: „Wenn du den Feind und dich selbst kennst, brauchst du den Ausgang von hundert Schlachten nicht zu fürchten."[6] Daraus lässt sich erkennen, dass der erste Schritt einer erfolgreichen Karriere ist, sich selbst kennenzulernen. Sie müssen herausfinden, wo Ihre Stärken liegen, welchen Werten Sie folgen und wie Sie arbeiten.[7]

Haben Sie den ersten Schritt bewältigt, ist es an der Zeit, die Weichen zu stellen. Wenn Sie Karriere machen wollen, dürfen Sie keine Angst vor Veränderungen haben, Sie müssen sich auf Chancen einlassen und diese zu Ihrem Vorteil nutzen.

Sie sollten sich einen Mentor suchen, der Ihnen mit Rat und Tat beiseite steht, doch geben Sie bei der Auswahl acht, oft wählen Menschen unbewusst genau den Mentor, der die eigentlichen Probleme nicht erkennt, was dazu führt, dass Schwierigkeiten langfristig zunehmen, ein Umstand, der das Aus für Ihre Karriere bedeuten könnte. Auch ist es wichtig, dass Sie die erhaltenen Ratschläge reflektieren, denn erst dann zeigt sich der Wert der Tipps.[8]

Scheuen Sie auch nicht davor zurück, Ihren Arbeitsplatz zu wechseln, wenn es für Sie keine Karrieremöglichkeiten gibt, doch seien Sie sich darüber im Klaren, dass ein Jobwechsel auch Gefahren in sich birgt.[9]

Sind die Weichen gestellt, müssen Sie es schaffen, sich interessant zu machen und ein Netzwerk aufzubauen. Viele Menschen schaffen es nicht, sich selbst zu verkaufen. Nur wenn Sie aus Ihrem Lebensweg eine überzeugende Geschichte machen, werden Sie in der Lage sein, andere für sich zu gewinnen und Ihre Ziele zu erreichen.[10]

Auf der Zielgeraden

Ihr CEO hat Ihnen gegenüber zum Ausdruck gebracht, dass Sie seine Nachfolge antreten sollen. Aber Achtung! Sie haben Ihr Ziel noch nicht ganz erreicht. In einigen Unternehmen ist es üblich, mehrere „zukünftige CEOs" zu ernennen. Dies dient dazu zu testen, wie sich die Favoriten nach Bekanntgabe der Aufstiegschance verhalten. Es ist wichtig, dass Sie auf der Zielgeraden keine schwerwiegenden Fehler machen.[11]

Versuchen Sie daher, als CEO-Kandidat die Entscheidungsträger (der derzeitige Amtsinhaber, die anderen Vorstände, Kollegen, direkte Mitarbeiter, wichtige Kunden, Analysten, Aufsichtsräte und Aktionäre) zu verstehen, und vergessen Sie nicht, dass diese auch nur Menschen sind und somit nicht immer vollkommen rational entscheiden.[12]

Niemals dürfen Sie über die Beteiligten negativ sprechen, denn Heuchler werden ungern gesehen.

Vergessen Sie nicht, dass das Vertrauen des derzeitigen Amtsinhabers absolut essenziell ist. Spielen Sie gegenüber dem CEO mit offenen Karten und sprechen Sie etwaige Meinungsdifferenzen offen an. Gleichen Sie Ihren Führungsstil mit dem derzeitigen CEO ab, damit Ihnen seine Rückendeckung bei schwierigen Entscheidungen sicher ist.[13]

Pflegen Sie stets eine gute Beziehung zu den anderen Vorständen und finden Sie heraus, wie Sie wahrgenommen werden. Konflikte können vermieden werden, indem Sie abklären, ob Sie als Bewahrer oder Erneuerer agieren sollten.[14]

Die Unterstützung Ihrer Kollegen und Mitarbeiter ermöglicht Ihnen die erfolgreiche Leitung des Unternehmens. Wenn Ihre Mitarbeiter nicht von Ihrer Führungsfähigkeit überzeugt sind, dann haben Sie keine Chance. Fördern Sie Kommunikation und verbessern Sie ihren Führungsstil durch das Einholen von Feedback. Motivieren Sie ihre Mitarbeiter dazu, Ideen einzubringen und sich an Entscheidungen zu beteiligen. Wahren Sie die Balance zwischen respektvollem Umgang und entschlossenem Vorgehen.[15]

Lernen Sie wichtige Kunden kennen und bauen Sie eine gute Beziehung zu Ihnen auf. Durch aufrichtiges Verhalten können Sie Vertrauen gewinnen. Halten Sie das Gleichgewicht zwischen den geschäftlichen Erfordernissen und der Kundenzufriedenheit. Sprechen Sie harte Entscheidungen auch mit Ihren Kunden ab.[16]

Gegenüber Analysten und Aktionären müssen Sie ehrlich auftreten. Kritik wichtiger Personen gilt es zu beherzigen, Planungen sollten eher konservativ sein und Zielverfehlungen zeitnah kommuniziert werden. Knüpfen Sie Kontakte zu wichtigen Aktionären, und entwerfen Sie Szenarien für unvorhergesehene Situationen, um professionell reagieren zu können.[17]

Work-Life-Balance als Key Factor

Nachdem Sie den Sprung an die Spitze geschafft haben, werden sowohl beruflich als auch privat Topleistungen von Ihnen erwartet. Im Beruf sollen Sie andauernd Erfolge verbuchen, privat ein gutes Familienmitglied und ein guter Freund sein.[18] Doch wie sollen Sie all diese Dinge unter einen Hut bringen?

Das kann nur gelingen, wenn Sie sich bereits auf dem Weg zur Spitzenposition positive und produktive Gewohnheiten zum Selbstmanagement aneignen.

Ein Ansatz wäre das Konzept der Work-Life-Balance. Es zielt darauf ab, einen Ausgleich zwischen Berufs- und Privatleben zu erzeugen. Dieser Ausgleich ist für Individuen essenziell, um dauerhaft gesund und im Einklang mit der Umwelt zu sein. Ist diese Balance nicht gegeben, werden Sie auf Dauer psychisch und physisch krank.[19] Damit Sie eine Balance in Ihrem Leben finden, ist es wichtig, Prioritäten zu setzen. Sie müssen sich überlegen, was Sie erreichen wollen und welche Konsequenzen Sie bereit sind, für die Erfüllung Ihrer Wünsche in Kauf zu nehmen.[20]

Auch von großer Bedeutung ist ein effektives Selbstmanagement. Nehmen Sie sich geplante Auszeiten, in denen Sie weder eine E-Mail abrufen noch Ihren Anrufbeantworter abhören und nutzen Sie diese Zeit zur Regeneration. In Ihrer Arbeitszeit ist es wieder wichtig Prioritäten zu setzen. Widmen Sie wichtigen Themen mehr Zeit als unwichtigeren.[21]

Das Setzen von Prioritäten und ein für Sie optimales Selbstmanagement hilft Ihnen dabei, Ihre Work-Life-Balance zu finden.[22]

Weiterführende Literatur

Benton, D.A.: **CEO Material – How to be a leader in any organization, 2009**

Buchhorn, E.; Werle, K.: **Arbeitsrecht, In: Manager Magazin 11/2010**

Fox, J.: **So kommen Sie nach oben! – Erfolg in 55 Lektionen, Kulmbach 2007**

Mai, J.: **Die Karrierebibel – Definitiv alles, was Sie für Ihren beruflichen Erfolg wissen müssen, München 2008**

Merg, K.; Knödler, T.: **Überleben im Job – Berufsalltag ohne Stress und Burn-out-Coaching für die Karriere. Umgang mit Chef und Kollegen, Heidelberg 2007**

Ihre ersten 100 Tage als CEO – für Aufsteiger

Plötzlich Chef?! Die ersten Wochen und Monate als Topmanager im eigenen Unternehmen sind eine enorme Herausforderung. In diesem Kapitel bereiten wir Sie auf diese neue Rolle vor, damit der Aufstieg für Sie nicht zum Sprung ins kalte Wasser wird. Sie lernen u. a., wie Sie gezielt Autorität gegenüber den Kollegen aufbauen und wie Sie gekonnt Networking und Socializing betreiben, um Ihre neue Position zu entwickeln.

- **Vorbereitung auf die neue Rolle: Verabschieden Sie sich von Ihrer vorherigen Stelle, bereiten Sie sich gut auf Ihre neue Wirkungsstätte vor und positionieren Sie sich als Chef.**
- **Authentizität im Umgang mit Ihren Mitarbeitern ist wesentlich, um Respekt, nachhaltige Autorität und eine gemeinsame Kultur aufzubauen.**
- **Professionelle Distanz und bedachte Kommunikation helfen Ihnen im Umgang mit Ihren Mitarbeitern.**
- **Der Aufbau eines geeigneten Führungsteams, das gemeinsam mit Ihnen an der Erreichung der Unternehmensziele arbeitet, ist essenziell.**
- **Durch Socializing & Networking können Sie die Erwartungen der Interessengruppen außer- und innerhalb des Unternehmens einholen.**
- **Reflektieren Sie nach etwa 100 Tagen Ihre ersten Erfahrungen.**

Vorbereitung auf die neue Rolle: Was ist zu Beginn zu tun?

Wenn Sie sich für die neue Herausforderung als CEO entschieden haben, sollten Sie sich – sofern Sie das noch nicht getan haben – mit dem Geschäftsumfeld vertraut machen und sich einen Überblick über die Märkte, Wettbewerbsposition, Produkte, Technologien, Strukturen sowie die Strategie, Politik und Kultur des Unternehmens verschaffen. Gespräche mit Führungskräften und Mitarbeitern, Geschäftsberichte sowie Branchen- und Analystenreports bilden eine gute Grundlage für die Unternehmensanalyse.[1, 2]

Der Rollenwechsel vom Kollegen zum Vorgesetzten stellt für alle Beteiligten eine große Herausforderung dar. Als neue Führungskraft ist es wichtig, dass Sie sich innerlich von Ihrer vorherigen Stelle verabschieden und sich auf die neue Wirkungsstätte gut vorbereiten. Trotz bestimmter Erwartungen von Kollegen, da Sie einer aus den eigenen Reihen sind und vorhandene Probleme kennen, müssen Sie die neue Rolle als Vorgesetzter einnehmen und sich wie der neue Chef verhalten.[I,3,4,5]

Ihr zukünftiger beruflicher Erfolg wird auch von der Unterstützung Ihres familiären Umfeldes abhängen. Daher ist es wichtig, mit Ihrer Familie ausführlich über die neue Position und die damit verbundenen Veränderungen zu sprechen, bevor Sie die Stelle als CEO annehmen.[6,7]

Positionierung als neuer Chef: Autorität als Schlüssel zum Erfolg?

Zur Positionierung als Führungskraft gehört es, sowohl seine eigenen Qualitäten und Kapazitäten zu kennen, als auch diese in Interaktionen mit anderen einzubringen, um eine entsprechende Fremdwahrnehmung zu bewirken. So nennt auch Jack Welch als erste wesentliche Eigenschaft in Toppositionen Authentizität bzw. Glaubwürdigkeit, also sich selbst zu kennen und zu seinen Überzeugungen zu stehen. Nur so kann man mutig und entschlossen handeln und darauf Akzeptanz und Respekt aufbauen. Durch Ihre Natürlichkeit erreichen Sie die Menschen auch emotional.[8]

Bei Autorität hingegen handelt es sich oftmals lediglich um ein formales Attribut, das ohnehin mit der neuen – mächtigen – Stellung im Unternehmen einhergeht. Handelt man darüber hinaus sehr autoritär, kann das auch Gefahren mit sich bringen: Querdenker unter den Mitarbeitern, die mit ihren unkonventionellen Ideen zu einem innovativen Klima in der Organisation beitragen können, lösen manchmal Unsicherheit bei der Führungskraft aus, da diese gerne selbst die besten und kreativsten Ansätze einbringen würde. Als erfolgreicher Chef üben Sie hier Ihre Autorität nicht aus, um Mitarbeiter ruhigzustellen, sondern schaffen ein Klima, das diese ermutigt, sich einzubringen und hierfür auch Anerkennung zu erhalten. Durch Delegation von Aufgaben und Motivation der Angestellten kann somit nachhaltige persönliche Autorität aufgebaut werden, da diese in erster Linie von Eigenschaften wie Vertrauenswürdigkeit, Integrität und Fachkompetenz ausgeht.

I — Siehe hierzu auch William Shakespeares **„Heinrich V."**.

Ihre Macht sollten Sie als CEO nur in strategisch wichtigen Momenten ausüben, da Sie mit Ihrem Eingreifen andernfalls auch die Autorität der weiteren Mitglieder des Managementteams untergraben könnten. So lautet auch die Erkenntnis aus dem CEO-Seminar der Harvard Business School: „Ein CEO ist am mächtigsten, wenn er die Machtbefugnisse seiner Mitarbeiter erweitert.“[9, 10, 11]

Jedes Unternehmen wird in Abhängigkeit von der dort vorherrschenden Kultur auf andere Führungsstile ansprechen. Durch Ihr individuelles Auftreten wirken Sie als Vorbild, und durch Ihre Taten und Worte legen Sie fest, wie die Unternehmenskultur aussehen soll. Die Tatsache, dass jede Handlung eines neuen Chefs diskutiert und interpretiert wird, können Sie auch als Ausgangspunkt für einige Änderungen in der Unternehmenskultur nutzen.[12, 13]

⟶ **Kapitel 9: Unternehmenskultur gestalten**

Vom Kollegen zum Chef: Wie gehe ich mit Mitarbeitern um?

Um keine Unruhe bei den Mitarbeitern zu schüren, sollten Sie darauf bedacht sein, nicht schon vor der offiziellen Ernennung zum CEO Führungsaufgaben zu übernehmen. Andernfalls könnte dies die Beziehung zu den Kollegen belasten. Ihnen wird vielleicht auffallen, dass die Gespräche der Kollegen verstummen, wenn Sie zur Gruppe hinzukommen, und dass man nicht mehr zu privaten Treffen eingeladen wird. Außerdem kann es zu unterschwelligen Anschuldigungen kommen oder Ihnen wird Überheblichkeit vorgeworfen. In solchen Situationen sollten Sie nicht auf die Spitzen eingehen oder eine Verteidigungshaltung einnehmen, sondern sie ignorieren oder mit Humor übergehen. Machen Sie sich klar, dass Sie in Ihrer neuen Position Grenzen setzen müssen und eine gewisse Distanz zu den Mitarbeitern förderlich sein kann.[14, 15]

Ehemalige Kollegen, zu denen man bisher ein freundschaftliches Verhältnis hatte, könnten durch Ihre Beförderung Gefälligkeiten erwarten. Diejenigen, die bisher keinen engen Kontakt zu dem designierten Vorgesetzten pflegten, befürchten dadurch häufig Nachteile. Daher sollten Sie sich Schritt für Schritt auf professioneller Ebene von Freunden distanzieren und auf die bisher eher unbekannten Kollegen zugehen. Sprechen Sie offen über die neue Rolle! Außerdem sollten Sie sich der Gefahr bewusst sein, dass besonders interne Konkurrenten, die Ihnen bei der Bewerbung um den CEO-Posten unterlegen sind, möglicherweise Ihre Autorität bei den Mitarbeitern untergraben oder Sie bloßstellen wollen.

Hier ist es unerlässlich, das Gespräch zu suchen, um die Beziehung abzuklären. Falls Sie auf taube Ohren stoßen, ist es oft für beide Seiten sinnvoll, sich von diesem Mitarbeiter zu trennen.[16, 17]

Sie müssen sich außerdem bewusst sein, dass jede Ihrer Handlungen eine hohe Bedeutung für Ihre Mitarbeiter hat. Achten Sie daher auf klare Formulierungen und zeigen Sie Ihren Mitarbeitern volle Aufmerksamkeit, indem Sie aktiv zuhören. Halten Sie sich aber besonders zu Beginn bei Versprechen und Zukunftsplänen gegenüber den Mitarbeitern bedeckt. Nur so können Sie nachhaltig Glaubwürdigkeit aufbauen.[18, 19]

Aufbau des Führungsteams: Wer stärkt mir den Rücken?

Jede Führungskraft kann – insbesondere langfristig – nur dann erfolgreich sein, wenn sie ein Team hinter sich hat, das am selben Strang zieht. Eine Ihrer wichtigsten Aufgaben in den ersten 100 Tagen wird es daher sein, dieses Führungsteam zusammenzustellen. Dabei geht es konkret darum, sogenannte Schlüsselbeziehungen zu identifizieren. In Einzelgesprächen mit Mitarbeitern gilt es beispielsweise herauszufinden, welche Ziele sie verfolgen, wie sie auf Veränderungen im Unternehmen reagieren und wie die Einstellung zu Ihnen als neuer Vorgesetzter ist.[20, 21, 22]

Da Sie zuvor schon eine Position im Unternehmen innehatten, wird Ihnen die Identifikation von Schlüsselfiguren, also von Personen, auf die Sie sich verlassen können, womöglich leichter fallen. Wesentlich ist es, diesen Mitarbeitern zu vermitteln, dass man ihnen vertraut und gemeinsam mit ihnen an der Erreichung der Unternehmensziele arbeiten will. Die Mitarbeiter müssen erkennen, dass sie als entscheidender Erfolgsfaktor angesehen werden.[23, 24, 25]

Aufgrund dieser Gespräche ergibt sich üblicherweise auch die Notwendigkeit, sich von einzelnen Mitarbeitern zu trennen. Obwohl diese Trennungen natürlich für keinen der Beteiligten angenehm sind, sind sie oftmals die Voraussetzung dafür, dass Sie als neuer CEO gemeinsam mit dem von Ihnen ausgewählten Team erfolgreich arbeiten und die vorgenommenen Ziele erreichen können.[26, 27]

Socializing & Networking: Wie stärke ich Schlüsselbeziehungen?

Das Netzwerk, das von Ihrem Vorgänger aufgebaut wurde, ist essenziell. Um Ihnen Ihren Amtsantritt zu erleichtern, sollte der vorherige Vorgesetzte Ihnen seine Kontakte übergeben und Sie ausreichend darüber informieren. Ihre Rolle wird es sein, diese Schlüsselbeziehungen weiter auszubauen. Dabei ist es wichtig, die Beziehungen zu Menschen innerhalb und außerhalb des Unternehmens gleichermaßen zu pflegen. Es ist jedoch eine komplexe Aufgabe, sich vom täglichen Geschäft zu trennen und auf die externen Stakeholder zu fokussieren. Seien Sie sich aber darüber im Klaren, dass auch Sie Ihre Interessengruppen beeinflussen und nicht alle Erwartungen erfüllen können.[28, 29, 30, 31]

Zu Stakeholdern, die Sie berücksichtigen müssen, gehören insbesondere Ihre Vorstandskollegen, Aktionäre, der Aufsichtsrat, Ihre Mitarbeiter, Lieferanten, Konkurrenten, Kunden, Regierung, Gesellschaft, Medien sowie Banken und etliche mehr. Beachten Sie dabei, dass die Shareholder nicht die einzige Anspruchsgruppe sind, deren Bedürfnisse befriedigt werden sollen. Der Vorstand, das ausgewählte Führungsteam und die Mitarbeiter sollten in Ihren ersten Monaten als Führungskraft Vorrang haben.[32, 33, 34]

Viele CEOs sind fälschlicherweise der Meinung, dass Sie das Engagement der Mitarbeiter nicht entscheidend beeinflussen können. Beispielsweise können Sie durch spezielle „Socializing"-Aktivitäten, wie Events für Mitarbeiter, die außerhalb der Arbeitszeit stattfinden, eine Bindung an das Unternehmen sowie Teambuilding erreichen. Außerdem sollten Sie jeden Ihrer Mitarbeiter als Individuum mit individuellen Motivationsfaktoren betrachten: Die einen schätzen finanzielle Anreize, für andere haben etwa Anerkennung, Empowerment oder Einbeziehung ins Unternehmensgeschehen mehr Wirkung. Für die meisten Angestellten sind auch die Aufstiegs- und Entwicklungsmöglichkeiten in einer Firma essenziell, deshalb sollten Sie über die Fertigkeiten und das Potenzial Ihrer Mitarbeiter Bescheid wissen.[35, 36, 37, 38]

Somit sind Sie als CEO besonders gefragt, denn Mitarbeiter sind dann zu Höchstleistungen bereit, wenn Sie Ihren Vorgesetzten schätzen, da auch er sich für seine Angestellten interessiert. Vergessen Sie aber nicht die externen Stakeholder des Unternehmens. Durch ein Meeting mit den zehn wichtigsten Kunden zu Beginn Ihrer Laufbahn schaffen Sie beispielsweise einen Ausgangspunkt, um Schlüsselbeziehungen stetig zu intensivieren.[39, 40]

Rückblick auf die ersten 100 Tage: Was habe ich bisher erreicht?

Wenn sich nun die intensive Phase Ihrer ersten 100 Tage als neuer CEO dem Ende zuneigt, sollten Sie einen Blick zurückwerfen und Ihr persönliches Resümee aus den bisherigen Erfahrungen ziehen. Konnten Sie alle Pläne, die Sie sich vorgenommen haben, auch tatsächlich umsetzen? Legen Sie bei Ihrer Reflexion auch besonderes Augenmerk darauf, wie Ihre Kommunikation mit den Mitarbeitern bislang gestaltet war und ob es hier gegebenenfalls Verbesserungsbedarf gibt. Vielleicht haben Sie die Kommunikation unterschätzt und hätten noch mehr mit dem Team oder auch Schlüsselkunden kommunizieren sollen?[41]

Ein Resümee zu diesem Zeitpunkt kann Ihnen vor Augen führen, dass all die Verantwortung oder auch Kritik, mit der Sie in Ihrem neuen Führungsalltag konfrontiert sind, eine positive Herausforderung sind, die Sie gut im Griff haben. Ein mögliches Ergebnis wäre aber auch, dass die Position Sie überfordert oder schlichtweg nicht das Richtige für Sie ist. Nehmen Sie sich in diesem Fall Zeit, etwaige Defizite zu ergründen und auszumerzen. Suchen Sie professionelle Unterstützung, wie zum Beispiel einen Coach, um diese prägenden Schritte für Ihre weitere Karriere wohl durchdacht zu setzen. In jedem Fall sind Sie gefordert, neben den eingangs erwähnten Stärken auch Ihre Schwächen zu kennen, kritikbereit zu sein, Ziele zu definieren und diese auch zu kontrollieren. Ein differenzierter Blick zurück auf Ihre ersten 100 Tage soll Ihnen dabei behilflich sein, auch die nächsten 100 Tage optimal ausgestalten zu können.[42]

Weiterführende Literatur

Drühe-Wienholt, C.: Plötzlich Führungskraft — Tipps und Tools für effektives Management, Business Village 2008

Ducasse, P.; Lutz, T.: Assuming Leadership — The First 100 Days, The Boston Consulting Group 2003

Neubauer, S.; Rankl, S.: Auftrag Führung — Handbuch und Werkzeugkasten für neu berufene Führungskräfte, Berlin 2010

Porter, M.; Lorsch, J.; Nohria, N.: CEO-Workshop — Was erwartet Sie hinter Tür Nummer eins?, In: Harvard Business Manager 04/2005

The Boston Consulting Group, Inc.: Assuming Leadership — The First 100 Days, http://www.bcg.com/documents/file14030.pdf

Watkins, M.: Die entscheidenden 90 Tage — So meistern Sie jede neue Managementaufgabe, Frankfurt am Main 2007

Ihre ersten 100 Tage als CEO – für Einsteiger

Kein Unternehmen ist wie das andere. Der Wechsel als Spitzenführungskraft in ein Unternehmen kann auch für erfahrene CEOs komplexe und ungewohnte Situationen mit sich bringen, die es zu meistern gilt. Das richtige Kennenlernen des Unternehmens und seiner Kultur sowie das Schaffen von Vertrauen sind Schlüsselfaktoren für einen erfolgreichen Start als neuer Topmanager, diese werden Ihnen in diesem Kapitel nähergebracht.

→ **Der Wechsel einer Spitzenführungskraft bedeutet immer einen Einschnitt in die bisherige Organisation des Unternehmens. Es werden oft externe Führungskräfte bevorzugt, weil diese über den „Blick von außen" verfügen. Die Ernennung weckt aber auch oft die Sorge um personellen Wechsel und Verlust der eigenen Machtposition bei den Mitarbeitern.**

→ **Eine Führungskraft an der Spitze sollte über leistungsbezogene, situationsbezogene und personenbezogene Fähigkeiten verfügen. Weiters muss ein CEO offen für Führungsstiländerungen sein, wenn der Unternehmenserfolg gefährdet ist.**

→ **Einer neuen Führungskraft muss klar sein, dass bereits die Ernennung eine Botschaft darstellt. Hatte der Vorgänger die Mitarbeiter auf seiner Seite und leistete gute Arbeit, bedarf es weniger Veränderungen. Wenn aber das Unternehmen in einer Krise steckt, ist es die Aufgabe der neuen Führungskraft, rasche Veränderungen durchzuführen.**

→ **Gerade zu Beginn der Tätigkeit eines CEOs ist es wichtig, Verbündete im Unternehmen zu gewinnen. Er sollte ein Team um sich bilden, das seine Fähigkeiten ergänzt.**

→ **Besonders am Anfang hat ein externer CEO die Chance etwas im Unternehmen zu bewegen. Dabei ist es vorrangig, Kollegen und Mitarbeiter zu überzeugen und einen guten Eindruck zu vermitteln. Eine gute Führungskraft muss sich auch mit Rückschlägen auseinandersetzen. Sie bringen Erkenntnisse, aus denen eine Führungskraft lernen kann.**

Chancen und Risiken eines externen CEOs

Egal, ob es ein interner oder externer Kandidat für den Posten eines CEO ist, der Wechsel bedeutet immer einen Einschnitt in die bisherige Organisation des Unternehmens und geht mehrheitlich mit neuen Zielsetzungen einher, sei es bezüglich der Profitabilitätsziele, der Unternehmensstrategie oder auch struktureller und personaler Veränderungen.[1]

Je nach Erfolgslage tendiert der Aufsichtsrat eines Unternehmens zu einem internen oder externen Nachfolger, etwa wird bei geringem Unternehmenserfolg von einem externen CEO eher ein Wechsel in der bisherigen Unternehmensführung angestrebt, da dieser von internen Abläufen unabhängig ist und diese durch seinen „Blick von außen" womöglich besser erkennt. Aufgrund seines geringeren Ausmaßes an persönlichen Beziehungen ist es durch ihn auch möglich, die Bereitschaft zur Veränderung voranzutreiben.[2] Unter der Berücksichtigung, dass sich die Aussicht auf Veränderung auch auf Branchenerfahrungen aus der gleichen Industrie, aber ebenso aus nicht verwandten Industrien oder generellen Erfahrungen stützen,[3] bringt ein externer Kandidat die Chance zum Wandel mit sich.

In einer US-amerikanischen Studie aus den späten 1980er-Jahren wurde diese allgemeine Erwartungshaltung schon früh, durch die Untersuchung von 99 Firmen mit CEO-Wechseln zwischen 1971 und 1976, untersucht. Es ergab sich, dass allein die Ankündigung einer externen Wahl die Aktienpreise am Tag der Bekanntgabe sowie dem darauffolgenden Tag um fast 4 % steigen ließ. Für den Zeitraum von 50 Tagen vor und nach der Ankündigung ergab sich sogar ein Plus von 8,44 % (verglichen mit nur 2,15 % bei einer internen Nachfolgerwahl), wobei die normalen Zuwächse hier herausgerechnet sind.[4]

Die Ernennung eines externen CEOs und das Erwarten von Wandel und Veränderung weckt die Sorge um personelle Wechsel und den Verlust der eigenen Machtposition innerhalb des bestehenden Managements.[5]

Die persönliche Herausforderung

Bereits vor den ersten Arbeitstagen im Unternehmen ist es wichtig, dass ein CEO klärt, welche Rahmenbedingungen im Unternehmen herrschen. Es muss geregelt werden, in welchem Rahmen der CEO zu Kündigungen sowie zu Neueinstellungen befugt ist. Weiters muss er sich bereits vor Arbeitsantritt ein Bild über die Vorgaben des Unternehmens machen, um der Verantwortung auch wirklich gerecht zu werden.

Um die Rolle des CEOs erfolgreich einnehmen zu können, bedarf es einer Reihe von Fähigkeiten und Charakteristika. Ein erfolgreicher CEO muss eine gesunde Mischung aus fachlichen und persönlichen Kompetenzen mitbringen.

Bei Interviews mit fast 100 CEOs haben sich folgende Qualifikationen als wesentlich herauskristallisiert: Führungskräfte müssen über leistungsbezogene, situationsbezogene sowie personenbezogene Fähigkeiten verfügen. Des Weiteren sollten CEOs Mut, Durchsetzungsvermögen, Intelligenz und Offenheit gegenüber neuen Ideen an den Tag legen.[6]

Idealerweise sollte der CEO fähig sein, seinen Führungsstil den Herausforderungen und Rahmenbedingungen des Unternehmens anzupassen.[7]

Gerade für die externe Führungskraft stellt das Erlangen einer Akzeptanz der Entscheidungsträger, aber auch der Mitarbeiter, eine besonders große Herausforderung dar. Die erfolgreiche Führungskraft muss von Beginn an ihre Einstellung zum Unternehmen ausdrücken, Entscheidungen durchsetzen und diese auch verteidigen.[8]

Der gelungene Start

Damit eine Spitzenführungskraft einen gelungenen Start hinlegen kann, muss sie folgende Punkte beachten. Diese zehn Punkte können auch als Leitfaden für externe Führungskräfte angesehen werden:[9]

1. Das Unternehmensteam beurteilen und erste Veränderungen innerhalb von 30 Tagen durchführen.
2. Vision und Ziele an die Mitarbeiter kommunizieren.
3. Zehn Vertriebsmitarbeiter besuchen und mit ihnen beurteilen, was das Unternehmen verändern soll.
4. Zehn Großkunden besuchen, um einen „Outside-In-Blick“ zu erhalten.
5. Auf persönliche Gewohnheiten achten.
6. Ansatzpunkte verstehen, wie das Unternehmen zu seiner Rentabilität kommt.
7. Unternehmensprobleme verstehen und den Mitarbeitern frühzeitig mitteilen.
8. Die Fähigkeit entwickeln, Gefahren und Chancen zu erkennen.
9. Erwartungen des „Board of Directors“ verstehen und adressieren.
10. Darauf achten, dass das Führungsteam die Kommunikationsrichtlinien konsequent befolgt.

Einem neu eingesetzten CEO muss klar sein, dass alleine seine Ernennung eine Botschaft darstellt. Die Erwartungen der Mitarbeiter werden sich danach richten, wo der CEO bisher tätig war und welche Maßnahmen er dort durchgesetzt hat.[10] Im weiteren Verlauf muss es ihm gelingen, an die Belegschaft zu kommunizieren, welchen Zweck das Unternehmen für die Gesellschaft hat. Ebenso muss er die gemeinsamen Ziele, die über die jeweiligen Einzelinteressen der Mitarbeiter hinausgehen, vermitteln.[11] Diese Botschaften sollten einfach und klar formuliert und veranschaulicht werden, um den vielfältigen Interpretationsspielräumen Einhalt zu gebieten.

Vom CEO gesetzte Symbole und Rituale verstärken zusätzlich die gewünschten Botschaften.[12] Besonders bei den ersten Handlungen sollte auf deren Symbolkraft geachtet werden (wie z. B.: welches Firmenauto, welche Leistungen gelobt werden, Kundenbesuche, etc.). Taten werden mehr wahrgenommen als Worte.[13]

Das Maß der Veränderung durch den „Neuen" hängt stark vom Grund seiner Einstellung ab. Hat der Vorgänger seine Arbeit gut gemacht, war beliebt und das Unternehmen steckt in keiner Krise, dann wird man gut darin beraten sein, keine allzu radikalen Veränderungen durchzuführen. Stattdessen sollten nach und nach die erwünschten Maßnahmen durchgeführt werden und davor bestimmte Schlüsselfiguren von der Notwendigkeit dieser Maßnahmen überzeugt werden.[14]

Ganz anders sehen die Rahmenbedingungen aus, wenn das Unternehmen in einer Krise steckt und der neue CEO die Aufgabe des „Turnaround-Managers" übernimmt. In diesem Fall werden rasche und tiefgreifende Veränderungen unumgänglich und sogar erwünscht sein.[15]

Der Erfolg eines neuen CEOs ist auch stark von der Unterstützung der eigenen Familie und/oder Partners abhängig. Es ist notwendig, sich gründlich mit den Auswirkungen der beruflichen Situation auf die Familie auseinanderzusetzen, da Beruf sowie Privatleben darunter leiden können.[16]

Den Chefsessel richtig einnehmen

Da ein CEO gerade in seiner Startzeit die Hilfe seiner Mitarbeiter benötigt, ist es für ihn von großer Bedeutung, erste Verbündete zu finden. Schon vor Antritt seiner Tätigkeit sollte Klarheit darüber bestehen, in welchem Rahmen der CEO zu Neueinstellungen und Trennungen befugt ist. Dies ist wichtig, um ein Team um sich zu bilden, das dabei hilft, die angestrebten Ziele durchzusetzen.

Aufgabe des CEOs ist es auch zu analysieren, ob vorhandene Mitarbeiter den gewünschten Veränderungen positiv gegenüberstehen, um diese dann gegebenenfalls ins Team zu holen. Bei Erfordernis größerer Veränderungen kann es zielführend sein, auf unzufriedene Kunden als Anknüpfungspunkte für Veränderungen einzugehen. Dabei kann der CEO mit den betroffenen Kunden in Kontakt treten und deren Wünsche und Beschwerden aufnehmen. Diese Informationen dienen dem CEO in weiterer Folge bei der Argumentation für die angestrebte Veränderung.[17]

Im Falle eines erwünschten „Turnarounds" ist es für die neue Person an der Spitze relativ einfach, gewisse Teamanpassungen durchzusetzen. Hier bietet sich die Möglichkeit, Mitarbeiter zu akquirieren, mit denen bereits in der Vergangenheit eine gute Zusammenarbeit möglich war. Bei der Teamgestaltung ist es für den CEO besonders wichtig, Teammitglieder an seiner Seite zu haben, die seine Fähigkeiten abrunden,[18] ebenso sollten die Mitarbeiter einander im Team sich in ihren Fähigkeiten ergänzen. Auf lange Sicht ist es für ein Team auch bedeutend, ein gemeinsames, übergeordnetes Ziel zu definieren und gemeinsam zu verfolgen.[19]

Den Erfolg sicherstellen

Der neue CEO hat gerade am Anfang seiner Tätigkeit die Chance, im Unternehmen etwas zu bewegen. Dabei ist es von großer Wichtigkeit, die Kollegen und Mitarbeiter zu überzeugen und einen guten Eindruck zu vermitteln. Dies geschieht am besten durch einen raschen Anfangserfolg, der für einen guten Ruf im Unternehmen sorgt und das Vertrauen der Mitarbeiter in die Fähigkeit der neuen Führungskraft stärkt und diese so zu weiterem Erfolgsstreben veranlasst.[20]

Auf dem Weg zum Erfolg ist es unerlässlich, einen Plan B parat zu haben. Durch die Erstellung eines Worst-Case-Szenarios ist es bei Abweichungen vom Erfolgsweg möglich, rechtzeitig gegenzusteuern und die erforderlichen Schritte zu planen.[21]

Wer etwas erreichen und Dinge vorantreiben will, wird gelegentlich auch scheitern. Auch für Fehler und Rückschläge muss Platz geschaffen werden, denn sie zeigen mehr von der Realität als die besten Erfolge und bringen einen CEO und jeden anderen Mitarbeiter dazu, auf das zu fokussieren, was er wirklich gut kann. Die Auseinandersetzung mit Rückschlägen ermöglicht es, aus Fehlern zu lernen. Der CEO zeigt durch seinen konstruktiven Umgang mit eigenen Fehlern, dass er ein Mensch und nicht ein allwissendes Wesen ist und diese Authentizität leistet einen wichtigen Beitrag zu seiner Glaubwürdigkeit und der Loyalität der Mitarbeiter.[22]

Stellt sich, nach Überwindung der unumgänglichen ersten Hürden, der nachhaltige Erfolg ein, so gilt es, die erfolgreiche Umsetzung des Vorhabens gemeinsam mit den Mitarbeitern angemessen zu feiern.[23]

Weiterführende Literatur

Ducesse, P.; Lutz, T.: Assuming leadership — the first 100 days, http://www.bcg.com/documents/file14030.pdf, 30.11.2010

Handy, C.: The age of unreason, London 1989

Koch, R.: Die ersten 100 Tage als Chef — Das Trainingsprogramm für Vorgesetzte, Niedernhausen 1997

Porter M.; Lorsch J.; Nohria N.: CEO Workshop — Was erwartet Sie hinter Tür Nummer eins? http://wissen.harvardbusinessmanager.de/wissen/leseprobe/39716163/artikel.html?backUrl=http%3A%, 27.10.2010

Ihre ersten 100 Tage als CEO – Fokus Familienunternehmen

Familienunternehmen unterscheiden sich in ihrer Kultur, ihren Entscheidungsstrukturen und Hierarchien oft erheblich von großen Publikumsgesellschaften. In diesem Kapitel zeigen wir Ihnen die speziellen Herausforderungen des Antritts der Führung von etablierten Familienunternehmen als externer Manager.

- **Informieren Sie sich, als externer Nachfolger, vor Jobantritt über die Geschichte und Struktur des Unternehmens und der Eigentümerfamilie und streben Sie stets eine angemessene Beziehung zu den Eigentümern an.**
- **Erstellen Sie einen gut durchdachten Übergabeplan, um Ihre neue Rolle proaktiv zu gestalten.**
- **Jedes Familienunternehmen bedarf von Beginn an eines besonderen Führungsansatzes, der von der Unternehmensgröße, den Branchenanforderungen, den Unternehmenszielen und den Familienzielen abhängt.**
- **Die Erreichung kurzfristiger Ziele ist entscheidend, um das Vertrauen der Mitarbeiter sowie der Unternehmensfamilie zu gewinnen.**

Familienunternehmen zeichnen sich dadurch aus, dass die Familie die Unternehmenspolitik wesentlich bestimmt.[1]

Der Nachfolgeprozess

Der Erfolg des Nachfolgeprozesses hängt stark von den Beziehungen innerhalb der Familie ab und der Fähigkeit der bisherigen Topmanager, rechtzeitig zu erkennen, dass eine Nachfolgeregelung notwendig ist.[2]

Da eine Nachbesetzung an der Spitze eines Familienunternehmens eine heikle Entscheidung ist, sollte diese von langer Hand (10 Jahre bei internen Kandidaten, 3–5 Jahre bei externen Kandidaten) vorbereitet werden. In der Praxis muss man leider oft die Erfahrung machen, dass das Thema „Hofübergabe“ lange verdrängt wird, um dann in vielen Fällen unstrukturiert und „aus dem Bauch heraus“ entschieden zu werden.

Aber es gibt auch andere Wege, um den Übergang zu managen. Um einen reibungslosen Nachfolgeprozess gestalten zu können, ist es vor allem wichtig, Differenzen zwischen dem Unternehmensgründer, den Familienmitgliedern und dem Nachfolger zu vermeiden sowie eventuelle Unklarheiten direkt anzusprechen. Innerhalb der Familie sollten deshalb alle Interessenlagen offen und auch angstfrei kommuniziert werden. Um Auseinandersetzungen vorzubeugen, kann ein Gesellschaftsvertrag nützlich sein, in welchem die Nachfolgerechte und -möglichkeiten schon im Vorhinein geklärt sind.[3]

Um den Generationswechsel bzw. Führungswechsel in einem Familienunternehmen professionell durchzuführen, sollte dieser auf Basis eines auf den Einzelfall abgestimmten Übergabeplanes erfolgen. Es ist ratsam, den Übergabeplan rechtzeitig mithilfe eines Vertrauten der Leitung oder eines externen Beraters zu erstellen, um somit ein gut durchdachtes Nachfolgekonzept zu erarbeiten. Da es hierbei um die Beziehungen zwischen der Familie und dem Unternehmen geht, sollte der Plan nicht ausschließlich von der Familie selbst erstellt werden. Die Familie ist durch ihr Naheverhältnis oft nicht in der Lage, das Unternehmen objektiv – in seiner Gesamtheit – zu sehen, um auf alle wichtigen Fragen unvoreingenommen eingehen zu können.

Die strategische und wirtschaftliche Situation, vor allem die Ertragssituation, muss für den Nachfolger im Übergabeplan dargestellt werden. Die Erstellung eines solchen Plans erhöht zusätzlich die Attraktivität des Unternehmens, sei es für einen Nachfolger aus der Familie oder eine externe Person, da auf einem Plan aufgebaut werden kann und Kontinuität für jedes Unternehmen bedeutsam ist.[4]

Um einen geeigneten externen Nachfolger ausfindig zu machen, haben manche Familienunternehmen den Weg gewählt, mit einem „Assessment-Center“ potenzielle Kandidaten zu finden. Dabei helfen psychologische Testverfahren, die Beobachtung durch geschulte Beurteiler sowie die langjährige Erfahrung der eigenen Unternehmensführung. Mithilfe dieser Instrumente erhalten die Entscheider ein Persönlichkeitsprofil, welches als nachvollziehbare Entscheidungsgrundlage für die zukünftige Führungskraft im Unternehmen dient.

In manchen Konstellationen hat es sich als sinnvoll erwiesen, dass der zukünftige Nachfolger sich vor Übernahme der Spitzenposition in das Unternehmen einarbeitet. Ihm wird eine leitende Position anvertraut, in der er das Unternehmen kennenlernt und sich kontinuierlich in die Prozessabläufe einarbeiten kann, um sich auf seine spätere Position vorzubereiten.

Einen wesentlichen Aspekt im Nachfolgeprozess stellt das persönliche Coaching des neuen CEOs durch seinen Vorgänger bzw. wichtige Familienmitglieder/Anteilseigner dar. Um die nachfolgende Person bestens auf ihre Aufgaben vorzubereiten, muss vor allem ein vertrauensvoller Austausch von Erfahrungen sowie Gespräche über unternehmensspezifische Probleme durchgeführt werden.[5]

Welche Punkte sind für einen „Externen" ausschlaggebend, bevor er sich entscheidet, in ein Familienunternehmen einzutreten?

Die meisten qualifizierten Personen befürchten, in einem Familienunternehmen in Streitigkeiten zu geraten oder Willkürhandlungen der Familie ausgesetzt zu sein. Diese Befürchtung ist leider oft berechtigt. Ein vorsichtiger externer Manager wird daher versuchen, sich möglichst vertraglich durch Ausstiegsklauseln etc. für solche Fälle abzusichern. Hier ist allerdings zu erwähnen, dass Streitigkeiten und Willkürhandlungen auch im Aufsichtsrat von Publikumsgesellschaften auftreten können. Es kommt demnach auf den Einzelfall an, ob ein Nichtfamilienunternehmen einem Familienunternehmen vorzuziehen ist.[6]

Um die Entscheidung einer externen Person, in ein Familienunternehmen einzutreten, zu erleichtern, sollte man sich einige Punkte vor Augen halten. Dem zukünftigen externen CEO eines Familienunternehmens muss bewusst sein, dass er zur Eigentümerfamilie stets eine angemessene Distanz halten sollte, zugleich muss das Verhältnis jedoch auf Vertrauen basieren.

Darüber hinaus ist zu beachten, dass ein externer CEO über geeignete persönliche und fachliche Qualifikationen verfügt und besonders Glaubwürdigkeit, Zuverlässigkeit und Loyalität zu seinen Stärken zählen sollten. Ein weiterer wichtiger Aspekt ist, dass der CEO über die Geschichte und die Zusammenhänge in der Eigentümerfamilie informiert ist. Ein externer CEO sollte darüber hinaus die Kultur und Werte des Unternehmens verstehen und leben können. Ein „Externer" sollte das Unternehmen wie sein eigenes behandeln, dabei aber nie vergessen, dass es der Eigentümerfamilie gehört. Es ist wichtig, dass sich der externe CEO in keine Familienstreitigkeiten einmischt und sich möglichst neutral und objektiv verhält.[7]

Welche Fragen sollten Sie sich im Vorfeld stellen?

Bevor Sie sich als ein „Externer“ dazu entschließen, als CEO in einem Familienunternehmen zu arbeiten, sollten Sie sich in Bezug auf Ihre Position zumindest folgende Fragen stellen:[8]

- → Werde ich der alleinige CEO sein?
- → Falls ich Kollegen in der Geschäftsführung habe, sind diese ebenfalls „Externe“ oder Familienmitglieder? Was hat das für Konsequenzen für mich?
- → Gibt es außerhalb der Geschäftsführung Familienmitglieder in wichtigen Positionen? Wenn ja, in welchen und was bedeutet das für mich?
- → Sucht das Familienunternehmen einen vorübergehenden externen CEO oder möchte mich das Unternehmen dauerhaft einstellen?
- → Was sind die Rahmenvorgaben und Ziele der Eigentümer für die Geschäftsführung des Unternehmens?
- → Wie ist die strategische und wirtschaftliche Situation des Unternehmens?
- → Fahren die Familienmitglieder / Familieneigentümer(-gruppen) eine einheitliche Linie oder sind sie zerstritten?

Die ersten Schritte eines Externen in einem Familienunternehmen

Der nachfolgende externe CEO in einem Familienunternehmen benötigt von Anfang an einen unternehmensspezifischen Führungsansatz, der von der Unternehmensgröße, den Branchenanforderungen, den Unternehmenszielen und den Familienzielen abhängt.

Zu Beginn der Übernahme der Geschäftsleitung muss sich der neue Geschäftsleiter im Klaren darüber sein, welche Aufgaben ausschließlich von ihm erledigt werden können und müssen. Er ist dafür verantwortlich, das Umfeld zu verstehen, zu deuten und die Strategie so zu entwickeln und umzusetzen, dass das Unternehmen nachhaltig den Umsatz, den Gewinn und die Rendite steigern kann. Diese Aufgabe kann nur von der Geschäftsleitung übernommen werden, da jeder andere Mitarbeiter einen engeren und in der Regel einseitigeren Fokus hat. Der Geschäftsführer wird für die Leistungen und die Ergebnisse des Unternehmens zur Rechenschaft gezogen, nicht nur anhand seiner persönlichen Ziele, sondern auch anhand der Kennzahlen und Standards verschiedener Interessengruppen. Die Aufgabe ist es daher, das Umfeld des Unternehmens mit den internen Interessengruppen zu verbinden.

In vielen Familienunternehmen wird die Sicherung bzw. Schaffung der Eigenkapitalbasis ein zentrales Anliegen der Geschäftsführung sein. Insbesondere bei Unternehmen mit einer größeren Familieneigentümerschaft gerät man hier leicht in ein Spannungsfeld mit den Ausschüttungsanforderungen gewisser Familienmitglieder. Grundsätzlich wird die solide und gut beratene Familiengesellschaft die Gewinnausschüttung zugunsten der Eigenkapitalstärkung und damit zugunsten des Vermögenszuwachses beschränken.

Grundsatzfragen sind die strategische Ausrichtung und das Geschäftsmodell des Unternehmens. Es ist zu definieren, in welchen Geschäftsfeldern das Unternehmen wie tätig sein soll, um wirtschaftlich erfolgreich zu sein. Dabei sind die Ziele und Anforderungen der Eigentümer mit den Marktbedingungen und Stärken des Unternehmens in Einklang zu bringen. Um dabei das richtige Gleichgewicht zwischen kurzfristigen und langfristigen Zielen herzustellen, muss der neue CEO Erfahrung und das richtige Einschätzungsvermögen bereits mitbringen. Die Erreichung kurzfristiger Ziele bei der Strategieumsetzung ist entscheidend, um das Vertrauen der Mitarbeiter sowie der Unternehmensfamilie zu gewinnen.[9]

Weiterführende Literatur

Baumgartner, B.: **Familienunternehmen und Zukunftsgestaltung – Schlüsselfaktoren zur erfolgreichen Unternehmensnachfolge, Wiesbaden 2009**

Habig, H.; Berninghaus, J.: **Die Nachfolge im Familienunternehmen ganzheitlich regeln, Berlin 2004**

Huber, H. G.; Sterr-Kölln, H.: **Nachfolge in Familienunternehmen – Den Generationswechsel erfolgreich gestalten – Ein Orientierungsbuch für Unternehmerfamilien und ihre Berater, Stuttgart 2006**

Kempert, W.: **Praxishandbuch für die Nachfolge im Familienunternehmen – Leitfaden für Unternehmer und Nachfolger, Wiesbaden 2008**

Weber, H.: **Familienexterne Unternehmensnachfolge – Eine empirische Untersuchung über Akquisitionen von Familienunternehmen, Wiesbaden 2009**

Mit Charakter zum Erfolg

Erfolgreiche Unternehmen zeichnen sich unter anderem durch eine ausgeprägte und unverwechselbare Unternehmenskultur aus. Damit Ihre Mitarbeiter Ihnen Respekt und Loyalität entgegenbringen, müssen Sie als Führungskraft ein Vorbild für wertebewusstes Handeln sein. Dieses Kapitel zeigt Ihnen, wie Ethik und Integrität als Führungsinstrumente eingesetzt werden können, und hilft Ihnen im Umgang mit „Unethical Behaviour".

→ **Charakter – Charisma – Ethik: Jede gute Führungskraft sollte sich intensiv mit diesen drei Schlüsselbereichen befassen. Sie führen zu einem harmonischeren Arbeitsklima sowie zu mehr Akzeptanz und Respekt vonseiten der Mitarbeiter.**

→ **Charaktervolle und emotional intelligente CEOs berücksichtigen wesentliche soziale Interaktionen (Beziehungen), was das Vertrauen stärkt. Die charaktervolle Führungskraft geht auf die Gefühle der Mitarbeiter ein und behandelt sie den individuellen Bedürfnissen nach unterschiedlich.**

→ **Die Aufgabe eines CEOs ist es sicherzustellen, dass die Organisation ihren Zweck erfüllt. Daher müssen die Positionen aller Beteiligten kontinuierlich abgewogen werden.**

→ **Bei einer ethisch korrekten Entscheidung bringen zuvor alle Beteiligten ihre Interessen, Anliegen und Sichtweisen ein.**

Charakter, Charisma und Ethik als Schlüsselbegriffe

Unter dem Begriff *Charakter* wird die Persönlichkeit eines Menschen verstanden. Charakter wird geprägt durch die menschlichen Entwicklungsstufen und Lernprozesse, wie das Erkennen von Recht und Unrecht, Demut, Bescheidenheit, klare Entscheidungsfindung, menschliche Reife und das Wesen einer Person. Charakter kann daher nicht einfach als eine Liste von Eigenschaften gesehen werden, über die eine Person verfügen muss. Als Führungskräfte sind besonders Personen geeignet, die einen voll ausgebildeten, reifen und entwickelten Charakter besitzen.[1]

Auch der Begriff *Charisma* wird immer wieder in der Diskussion über Führungskräfte genannt. Das Deutsche Wörterbuch definiert Charisma als „göttliche Gnadengabe, Berufung und Ausstrahlung", was wohl eher einer althergebrachten, heroischen Sicht der Führungskraft zuzuordnen ist. In der Soziologie wird unter Charisma eine besondere Form der Autorität verstanden, die auf der persönlichen Ausstrahlung einer Person beruht.[2] Eine pragmatische Sichtweise beschreibt eine charismatische Führungskraft als eine Person, die klar, ruhig und wertschätzend bleibt, egal wie schwierig die Umstände sind. Sie stellt höchste Ansprüche an sich und die Leistung ihrer Mitarbeiter.[3]

Ein weiterer essenzieller Begriff für CEOs ist Ethik. Die Ethik wird heute allgemein als eine angewandte philosophische Disziplin verstanden, deren Aufgabe es ist, Kriterien für gutes und schlechtes Handeln und die Bewertung seiner Motive und Folgen aufzustellen.[4] CEOs tragen die Verantwortung für ihre Handlungen und Entscheidungen, welche unter Berücksichtigung von ethischen Grundsätzen getroffen werden sollen.[5] Daher ist es wichtig unterscheiden zu können, was gut und böse bzw. was richtig und falsch ist, um der Rolle eines CEOs gerecht zu werden.[6]

Charakter als essenzielle Führungsqualität

Studien belegen, dass, unabhängig vom kulturellen Hintergrund eines Unternehmens, Eigenschaften wie Integrität (Vertrauenswürdigkeit, Gerechtigkeit, Ehrlichkeit), Planungsdenken und Inspiration (Motivation, Ermutigung, Dynamik) als positiv wahrgenommen werden. Hingegen werden in der globalen Betrachtung Böswilligkeit, Selbstschutz und Autokratie als die kontraproduktivsten Führungseigenschaften bewertet.[7]

Für den CEO bedeutet charaktervolles Verhalten einerseits das Treffen von vertretbaren Entscheidungen, das angemessene Lösen von Gewissenskonflikten und das Vermeiden rechtlicher Sanktionen sowie Akzeptanz und Respekt der Kollegen und Mitarbeiter.[8]

Aus Sicht der Mitarbeiter wird durch einen charaktervollen CEO ein harmonisches Arbeitsklima (Motivation, Leistungsbereitschaft und Vertrauen) geschaffen.[9]

Eine wesentliche Eigenschaft charaktervoller CEOs ist die emotionale Intelligenz. Charaktervolle und emotional intelligente CEOs berücksichtigen wesentliche soziale Interaktionen (Beziehungen), um Vertrauen zu stärken.

Emotionale Intelligenz steht für die Vereinigung von Leidenschaft mit Logik sowie Emotion mit Intelligenz. Der emotional intelligente CEO geht auf die Gefühle der Mitarbeiter ein und behandelt die Mitarbeiter, den individuellen Bedürfnissen nach, unterschiedlich. Der CEO nutzt diese Gefühle, um die Mitarbeiter positiv zu beeinflussen und zu bestärken und erhöht damit die Loyalität, das Vertrauen und die Akzeptanz der Mitarbeiter.

Durch emotionale Intelligenz kann der CEO nahende Konflikte und Probleme vorzeitig erkennen und entschärfen sowie die Emotionen der Mitarbeiter richtig deuten, wodurch bessere Entscheidungen getroffen und geeignete Maßnahmen zur Motivation eingeleitet werden können.[10]

Ethisch richtige Entscheidungen treffen

Es existieren zahlreiche Studien über die Korrelation zwischen ethischem Verhalten und dem wirtschaftlichen Erfolg[11] sowie über den Zusammenhang von Ethik und Misserfolg eines Unternehmens.[12] Diese Studien kommen allerdings für die Vergangenheit zu keinem einstimmigen Ergebnis. Einige Studien bejahen, einige verneinen einen Zusammenhang zwischen ethischem Verhalten und Erfolg bzw. unethischem Verhalten und Misserfolg.[13]

Was man allerdings sagen kann, ist, dass in einer vernetzten und transparenten Welt die Wahrscheinlichkeit, dass unethisches Verhalten aufgezeigt wird und zu negativen Folgen führt (öffentliche Angriffe, Rufschädigung, soziale Sanktionen etc.), sehr stark angestiegen ist. Weiters sind das Vertrauen, das ein Unternehmen genießt, und sein guter Ruf ganz wesentliches Geschäftskapital eines Unternehmens, und es wird von führenden Autoren vertreten, dass dieses Kapital im 21. Jahrhundert für den geschäftlichen Erfolg von herausragender Bedeutung sein wird.[14, 15, 16]

Um als CEO eine ethisch richtige Entscheidung zu treffen, müssen zwei wichtige Grundregeln beachtet werden:

- Anfangs muss sich die Führungskraft hinreichend informieren, um oberflächlichen Entscheidungen oder einer ziellosen Informationsüberflutung entgegenzuwirken. Je wichtiger und schwerwiegender eine Entscheidung ist, desto gründlicher muss sie überdacht werden. Daher ist die Ethik der Vorinformation und der Entscheidungsvorbereitung von großer Bedeutung.

- Die zweite essenzielle Regel ist die Güterabwägung, bei der die zur Verfügung stehenden Informationen diskutiert, evaluiert und nach transparenten Kriterien gewichtet werden und nach dem größten Nutzen oder dem geringsten Schaden geforscht wird. Die Aufgabe eines CEOs ist es dabei, sicherzustellen, dass die Organisation ihren Zweck erfüllt. Daher müssen immer die Positionen aller Beteiligten abgewogen werden, um die Organisation auf Kurs zu halten.[17] Bei einer ethisch korrekten Entscheidung bringen zuvor alle Beteiligten ihre Interessen, Anliegen und Sichtweisen ein.[18] Nur durch ein solches CEO-Verhalten werden Entscheidungen legitimiert und gelten als einwandfrei ethisch.[19]

Aufgrund dieser Resultate wird letztendlich entschieden.[20]

Bei der Informationsfindung und Güterabwägung können sich folgende Fragen/Kriterien als hilfreich erweisen:

- Habe ich das Problem richtig definiert?
- Wie würde ich das Problem definieren, wenn ich mich in die Situation der anderen Seite versetze?
- Wie ist diese Situation überhaupt zustande gekommen?
- Was ist mein Ziel beim Treffen dieser Entscheidung?
- In welchem Verhältnis steht mein Ziel zu den wahrscheinlichen Ergebnissen dieser Entscheidung?
- Wer könnte durch diese Entscheidung verletzt werden?
- Ist es möglich, diese Entscheidung mit den betroffenen Parteien zu besprechen, bevor ich eine Entscheidung treffe?
- Wie groß ist mein Vertrauen, dass meine Entscheidung nicht nur kurz-, sondern auch langfristig richtig erscheinen wird?
- Würde ich mich dabei wohlfühlen, meine Entscheidung meinem Vorgesetzten, dem Vorstand, dem Aufsichtsrat, meiner Familie und der gesamten Gesellschaft vollkommen transparent offenzulegen?
- Was ist das symbolische Potenzial meiner Handlung, falls sie richtig verstanden wird? Falls sie missverstanden wird?
- Unter welchen Bedingungen würde ich eine Ausnahme zu meiner Entscheidung zulassen?
- Ist es wahr, bin ich aufrichtig?
- Ist es fair für alle Beteiligten?
- Wird es Freundschaft und guten Willen fördern?
- Wird es dem Wohl aller Beteiligten dienen?[II]

II — Die letzten vier Fragen entsprechen den vier Rotarischen Prinzipien, auch **„Vier-Fragen-Probe“** genannt.

⟶ Ein weiteres hilfreiches Testkriterium für die Ethik einer Entscheidung ist die sogenannte „Wallstreet-Journal-Methode". Dabei stellen Sie sich vor einer Entscheidung folgende Frage: Würde ich mich dabei wohlfühlen, wenn diese Entscheidung detailliert auf der Titelseite des Wallstreet Journals (od. einer äquivalenten Publikation) beschrieben und damit der Öffentlichkeit komplett transparent gemacht wird?

Weiters muss bereits früh zwischen Wesentlichem und Unwesentlichem unterschieden werden, da Managemententscheidungen immer unter gewissem Zeitdruck getroffen werden.[21]

Verantwortungsvolle CEOs müssen in jedem Fall – Erfolg oder Scheitern – die Verantwortung für ihre Entscheidungen übernehmen und sollten somit auch die Änderungen und Umsetzung der Entscheidung laufend überprüfen.[22]

Praxisbeispiel für (un)ethisches Verhalten

Der nachfolgende Abschnitt beschreibt (un)ethisches Verhalten anhand eines Beispiels. Hier können Sie entscheiden, wie Sie in dieser konkreten Situation als CEO reagieren würden und ob Ihr Verhalten als charaktervoll oder charakterlos einzustufen wäre.

Die angebotenen Lösungsmöglichkeiten wurden aufgrund ihrer Anschlussfähigkeit gewählt. Selbstverständlich sind auch andere Lösungsmöglichkeiten als die von uns vorgegebenen in Betracht zu ziehen. Auch die Interpretationen der Lösungsmöglichkeiten sind von uns subjektiv gestaltet und können nicht als allgemeingültig angesehen werden.

Sie sind Mitarbeiter in einer großen Aktiengesellschaft. Aufgrund Ihrer guten Leistungen in der Vergangenheit wird Ihnen die Position des CEOs des Unternehmens angeboten. Als erste Herausforderung müssten Sie allerdings eine Vielzahl von Mitarbeitern entlassen. Gründe dafür sind die derzeitig schlechte Konjunkturlage und der Wunsch des Vorstandes/der Aktionäre, die Ausgaben zu kürzen. Nach genauer Unternehmensanalyse wird Ihnen bewusst, dass diese Entscheidung falsch wäre, da die Mitarbeiter mit Ihrem Know-how nach wie vor zur Steigerung der Produktivität beitragen würden.

Wie könnten Sie als CEO diese Situation handhaben?

1. Sie kommen den Forderungen des Vorstandes/der Aktionäre nach, um diese einmalige Berufschance auf jeden Fall zu nutzen – ohne Rücksicht auf Verluste.
2. Sie klären den Vorstand/die Aktionäre über die Ergebnisse Ihrer Analyse auf und verlangen eine Rücknahme der Forderung nach Entlassungen, um Ihre eigenen Ideen zur Ertragsverbesserung durchzusetzen.
3. Sie übernehmen die Position des CEOs unter diesen Voraussetzungen nicht, um keinen Konflikt eingehen zu müssen.
4. Sie klären den Vorstand/die Aktionäre über die wirkliche Lage auf und verlangen eine Alternativlösung, bevor Sie die Stelle antreten.

Interpretation der Verhaltensweisen:

1. Unethisch/charakterlos – Sie wollen um jeden Preis an die Spitze kommen.
2. Ethisch/charaktervoll – Sie weisen auf das Fehlverhalten des Vorstandes/der Aktionäre hin, obwohl dies Ihre Karrierechancen erheblich einschränken könnte.
3. Unethisch/charakterlos – Sie weisen den Vorstand/die Aktionäre nicht auf den Fehler hin und damit jegliche Verantwortung von sich.
4. Ethisch/charaktervoll – Allerdings ist das Risiko, die CEO-Position nicht zu bekommen, sehr hoch, doch Sie handeln trotzdem im Interesse des Unternehmens und der Mitarbeiter und sind bereit, dafür persönliche Opfer zu bringen.

Weiterführende Literatur

Bickle, G.: **Ethik in Organisationen — Konzepte, Befunde, Praxisbeispiele, Göttingen 1998**

Hemel, U.: **Wert und Werte. Ethik für Manager — Ein Leitfaden für die Praxis, München 2007**

Ruh, H.; Leisinger, K.; Stiglitz, J.: **Ethik im Management — Ethik und Erfolg verbünden sich, Zürich 2004**

Führen an der Spitze

Führung ist nicht gleich Führung. Das Führen des ganzen Unternehmens erfordert andere Kompetenzen und Perspektiven als z. B. die Leitung eines Teams im mittleren Management. Emotionale Kompetenz, Konfliktmanagement auf höchster Ebene sowie Umgang mit Macht und Machtstrukturen im Unternehmen spielen eine zentrale Rolle für erfolgreiches Führen an der Spitze. Sie stellen die Eckpfeiler dieses Kapitels dar.

→ **Leadership bedeutet Systemgestaltung bzw. Systemveränderung. Das Entwickeln einer Vision, das Schaffen von Werten, die Einhaltung der Richtung und die Fähigkeit, ein Vorbild zu sein, stellen die vier Schlüsselelemente von Leadership dar.**

→ **Integrität, Intelligenz und emotionale Reife werden als Grundvoraussetzungen einer Führungskraft betrachtet. Darüber hinaus benötigt eine Führungskraft positive Energie, die Fähigkeit, andere zu elektrisieren, Entschlusskraft, Ergebnisorientierung und Leidenschaft. Für Toppositionen sind zudem Authentizität (Glaubwürdigkeit), Vision und die Fähigkeit, zukünftige Entwicklungen vorauszuahnen, sowie die Fähigkeit, sich mit Mitarbeitern zu umgeben, die besser und intelligenter sind als die Führungskraft selbst, gefordert.**[1]

→ **Es ist von Bedeutung, deutlich zu kommunizieren, welches Verhalten in Konfliktsituationen gewünscht wird, z. B. durch das Festlegen von Richtlinien zur Weiterleitung von Konflikten und die transparente Gestaltung der Konfliktlösung, um Entscheidungen des Managements für die Mitarbeiter nachvollziehbar zu machen.**[2]

→ **Ausuferndes Machtgehabe im Management kann sich lähmend auf das ganze Unternehmen auswirken. Dadurch verschwendete Zeit im eigenen Unternehmen kann z. B. von der Konkurrenz für neue Innovationen oder verbesserte Serviceleistungen genutzt werden.**[3]

(Emotionales) Leadership vs. (rationales) Management

Unter dem Begriff *Leadership* wird die Erschließung und das Umsetzen bzw. umsetzen lassen neuer Möglichkeiten verstanden. Unternehmerische Veränderungsprozesse sind so zu gestalten, dass die Zufriedenheit der übrigen Partner des Unternehmens sichergestellt ist. Die Fähigkeiten, Mitarbeiter zu motivieren und zu inspirieren, fallen ebenfalls unter den Begriff Leadership.[4] Das Entwickeln einer Vision, das Schaffen von Werten, die Einhaltung der Richtung und die Fähigkeit, ein Vorbild zu sein, stellen die vier wichtigsten Elemente von Leadership dar. Es wird kontinuierlich am System gearbeitet, folglich wird in diesem Zusammenhang auch von Systemgestaltung bzw. Systemveränderung gesprochen.[5]

Die technische, statische, umsetzende Seite der Führung stellt das Management dar. Dessen Aufgabe ist die Lösung vorhersehbarer und berufsüblicher Probleme im Ablauf des Betriebes. Die Methoden und Strategien zur Lösung der Probleme können großteils erlernt werden. Es ist jedoch von Bedeutung, dass der Manager eine gewisse Kreativität besitzt, um Lösungen für spezielle Probleme zu finden. Beispiele für Management sind die Durchführung eines Mitarbeitergesprächs oder die Einführung von Controllingsystemen.[6] Management bedeutet die „Optimierung von etwas Bestehendem". Es wird im System gearbeitet, weshalb in diesem Zusammenhang auch von Systemerhaltung gesprochen wird.[7]

Der Unterschied zwischen Management und Leadership liegt im Zeithorizont der Verantwortung. Leadership hat einen Zeithorizont von mehr als einem Jahr, versucht Veränderungen herbeizuführen und denkt auf lange Sicht. Es existieren konkrete Ziele und diese Jahresziele sollen kreativ und innovativ erreicht werden.[8] Nach Harvardprofessor John P. Kotter seien Manager eher als Verwalter zu betrachten, Leader als Visionäre.[9]

Das Ziel guter Führung besteht darin, die Mitarbeiter dazu zu bewegen, sich mit dem Unternehmen zu identifizieren. Nur so werden sie zu Höchstleistungen angespornt und die Kunden begeistert.[10] Daher gilt es, emotionales Leadership und rationales Management ins richtige Verhältnis zueinander zu setzen – also Gegensätze miteinander zu verbinden und beide Führungsstile zu verinnerlichen.[11]

Um eine Gemeinschaft entstehen zu lassen, muss den Mitarbeitern das gemeinsame Ziel und der Sinn dahinter klar veranschaulicht werden. Jeder einzelne Mitarbeiter sollte gefordert und eingebunden werden. Weiters liegt es in der Hand der Führungskraft, für jeden Mitarbeiter eine Rolle zu finden, ihm diese zuzuordnen und die verschiedenen Rollen zu dirigieren. Jede Gruppe benötigt Regeln und Überwachung. Hier ist es von Bedeutung, in erster Linie auf die soziale Kontrolle zu setzen. Den Mitarbeitern sollte verdeutlicht werden, dass sie durch unangepasstes Verhalten das Erreichen der gemeinsam verfolgten Ziele gefährden und an ihren Gemeinschaftssinn appellieren, anstatt sie zu bestrafen. Schlussendlich ist es wichtig, erbrachte Leistung richtig zu würdigen. Es darf nicht den Anschein erwecken, Mitarbeiter würden in erster Linie des Geldes wegen tätig sein. Die Abhängigkeit zwischen Leistung und Lohn sollte nicht im Vordergrund stehen.[12]

Fähigkeiten und Kompetenzen einer Führungskraft an der Spitze

Integrität, Intelligenz und emotionale Reife werden als Grundvoraussetzungen einer Führungskraft betrachtet. Darüber hinaus benötigt eine Führungskraft positive Energie, die Fähigkeit, andere zu elektrisieren, Entschlusskraft, Ergebnisorientierung und Leidenschaft. Für Toppositionen sind zudem Authentizität (Glaubwürdigkeit), Vision und die Fähigkeit, zukünftige Entwicklungen vorauszuahnen, sowie die Fähigkeit, sich mit Mitarbeitern zu umgeben, die besser und intelligenter sind als die Führungskraft selbst, gefordert.[13]

Um Innovation zu erreichen bzw. neue Ideen zu entwickeln, muss die bestehende Unternehmenssituation laufend hinterfragt werden.[14] Wichtig in diesem Zusammenhang ist, dass Führungskräfte ihre Ideen auch vermitteln können und ihre Ziele und Visionen in konkrete Taten umsetzen.[15]

Bei sehr erfolgreichen Unternehmen sind die obersten Führungskräfte die wichtigsten Innovationstreiber. Zwar produzieren sie beispielsweise nicht selbst Produktinnovationen, motivieren jedoch ihre Mitarbeiter dazu, stets den Status quo zu hinterfragen und immer über Erneuerungen und Verbesserungen nachzudenken.[16]

Um diese positive Energie bei Mitarbeitern freisetzen zu können, benötigt es Motivationsfähigkeit als weiteren wesentlichen Charakterzug. Konstruktives Feedback bei jeder sich bietenden Gelegenheit, offene und ehrliche Anerkennung, Belohnung guter Leistungen, ein gemeinsames Ziel sowie die individuelle Wertschätzung jeder einzelnen Tätigkeit sind der beste Weg, um Mitarbeiter zu motivieren.[17]

John Chambers, seit mehr als 16 Jahren CEO des Herstellers von Netzwerkgeräten Cisco, sieht im frühzeitigen Erkennen von Trends und Marktübergängen eine der wichtigsten Fähigkeiten einer Führungskraft. Aber auch der Wandel von einem vertikal integrierten Unternehmen, bei dem der Chef alles kontrolliert und entscheidet, zu einem gemeinschaftlichen Modell, wo es vermehrt um die Zusammenarbeit als um die Anweisungen aus der Chefetage geht, sei essenziell. Dafür müssen die Mitarbeiter sowie das Management eine andere Vorgehensweise entwickeln, nämlich das richtige Zusammenarbeiten erlernen. Chambers ging bei Cisco sogar so weit, dass er als gehaltsbestimmenden Faktor die Fähigkeit zur Zusammenarbeit anstelle der individuellen Leistung einführte.[18]

Eine Führungskraft an der Spitze muss zu klaren Entscheidungen fähig sein und darf auch nicht zögern, schmerzhafte Entschlüsse zu treffen.[19] Eine Entscheidung zu treffen ist nicht schwer. Der schwierigste und wichtigste Teil besteht in der richtigen Problemdefinition davor. „Kaum etwas richtet so viel Schaden an wie die richtige Entscheidung zum falschen Problem."[20] Ebenso wesentlich für erfolgreiche Führungskräfte sind das Talent, Dinge zum Abschluss zu bringen, sowie Leidenschaft bei der Verfolgung der jeweiligen Sache und im Einsatz für ihre Mitarbeiter.[21]

Konfliktmanagement auf höchster Ebene

Oft werden Konflikte in einem Unternehmen so lange weitergereicht, bis sie schließlich beim Topmanagement landen. Dort tendieren die Manager schlussendlich dazu, Konflikte möglichst schnell aus dem Weg zu schaffen, um sich wieder ihren eigentlichen Aufgaben zu widmen. Obwohl diese Haltung verständlich ist, verleitet dies die Mitarbeiter dazu, sich beim leisesten Anzeichen eines Konflikts an ihre Vorgesetzten zu wenden, ohne sich selbst damit auseinanderzusetzen. Abgesehen davon, dass Topmanager oft viel zu weit von den Konfliktursprüngen entfernt sind, um diese richtig beurteilen und befriedigend lösen zu können, sollten sie Differenzen dennoch als eine Gelegenheit betrachten, um den Mitarbeitern zu helfen, Konflikte selbst zu bewältigen. Damit dies gelingt, haben Weiss und Hughes sechs Strategien beschrieben, die ein methodisches Vorgehen beim Auftreten von Meinungsverschiedenheiten ermöglichen.

Werden Konflikte unter den Mitarbeitern ausgetragen, sehen die Autoren es als die Aufgabe des Topmanagements, ihnen Regeln dafür vorzugeben, um eine Methode zur Konfliktbewältigung zu entwickeln und anzuwenden. Auf diese Weise kann das Klima der Zusammenarbeit verbessert und Zeit effizienter genutzt werden. Dies kann durch die Vorgabe eindeutiger Kriterien für Kompromisse unterstützt werden.[22]

Auch wenn Mitarbeiter durch diese Strategien lernen, Konflikte selbst zu lösen, werden ab und zu auch Probleme auftauchen, die sie ihren Vorgesetzten, z. B. dem Abteilungsleiter, als nächsthöhere Instanz vorlegen müssen. Daher liegt es auch hier beim Topmanagement sicherzustellen, dass solche Konflikte effizient gelöst werden. Es ist von Bedeutung, klar zu kommunizieren, welches Verhalten in solchen Situationen gewünscht wird. Idealerweise geschieht dies durch Festlegung von Richtlinien zur Weiterleitung von Konflikten und die transparente Gestaltung der Konfliktlösung, um Entscheidungen des Managements für die Mitarbeiter nachvollziehbar zu machen.[23]

Das Management sollte grundsätzlich anstreben, Konflikte durch Win-win-Lösungen beizulegen. Win-win bedeutet, eine Lösung zu finden, mit welcher beide Parteien einverstanden bzw. zufrieden sind. Man muss flexibel und kreativ sein und die Standpunkte beider Konfliktparteien genau betrachten, um Win-win-Lösungen zu finden.[24]

Der Umgang einer Führungskraft mit Macht

„Wer führt, hat Macht" – doch leider können viele Menschen in Führungspositionen mit der ihnen verliehenen Macht nicht umgehen. „Power has been defined as the ability to overcome resistance, to get others to do what you want."[25] Eine Umfrage ergab, dass Macht bei wichtigen Entscheidungen eine große Rolle spielt. Die Diskussion wesentlicher Themen wie z. B. Umstrukturierungen des Unternehmens und Budgetverteilungen stellen solch bedeutende Entscheidungen dar.[26]

Personen sind entweder nicht in der Lage, ihre Machtbefugnisse sinnvoll für das Unternehmen einzusetzen und ihren Einfluss geltend zu machen, oder übertreiben es maßlos und schaden damit sich selbst, dem Unternehmen und ihren Mitarbeitern. Führungskräfte sind auf die Unterstützung der Mitarbeiter angewiesen und sollten sie daher entsprechend behandeln. Bringt ihnen der Vorgesetzte Wertschätzung und Respekt entgegen, hat dies positive Auswirkungen für das gesamte Unternehmen: Kosten lassen sich senken, Verluste vermeiden.[27] Der ehemalige MAN-Chef Hakan Samuelsson meint, dass er nicht Aufgaben, sondern Probleme delegiere, denn auf diese Weise erhalte er Lösungsvorschläge zurück. Mitarbeiter werden auf allen Ebenen in die Problemlösungsprozesse eingebunden, alle Beteiligten verstehen das Problem, was wiederum die Umsetzung der Lösungen schneller erfolgen lässt.[28]

Ausuferndes Machtgehabe im Management kann sich lähmend auf das ganze Unternehmen auswirken. Dadurch verschwendete Zeit kann z. B. von der Konkurrenz für neue Innovationen oder verbesserte Serviceleistungen genutzt werden. Um so etwas zu verhindern, ist es ratsam, das Ungleichgewicht zwischen Führungskraft und Mitarbeiter auf ein Minimum zu reduzieren und somit die Hierarchien flacher zu gestalten.[29] „Respektvolles Miteinander funktioniert besser als machtbesessenes Gegeneinander."[30]

Weiterführende Literatur

Kotter, J.: Wie Manager richtig führen, München/Wien 1999

_Li, Ch.:_ Open Leadership — How social technology can transform the way you lead, San Francisco 2010

Pfeffer, J.: Why Some People Have It — And others Don't, New York 2010

Williams, St.; Perlow, L.: Tötet Schweigen Ihr Unternehmen?, In: Harvard Business Manager 8/2003.

Das Topmanagementteam führen

Die Auswahl, Leitung und Motivation Ihres Topmanagementteams erfordert Fingerspitzengefühl und bringt ganz besondere Herausforderungen mit sich. Da die Performance dieses Teams ausschlaggebend für den Erfolg des gesamten Unternehmens ist, müssen Sie sich intensiv mit jeder einzelnen dieser Herausforderungen auseinandersetzen. Lernen Sie hier das Interesse Ihrer hochrangigsten Führungskräfte am Unternehmen zu festigen, ihre Kompetenzen stetig auszubauen und das ganze Team auf ein gemeinsames Ziel einzuschwören.

- **Der ideale Kandidat für Ihr Topmanagementteam: Integrität, Intelligenz und emotionale Reife werden als Grundvoraussetzungen einer Führungskraft betrachtet. Darüber hinaus benötigt eine Führungskraft positive Energie, die Fähigkeit, andere zu elektrisieren, Entschlusskraft, Ergebnisorientierung und Leidenschaft (Passion).**
- **Das Topmanagementteam sollte sich auf die wichtigsten Problembereiche konzentrieren und Themen nach ihrer Dringlichkeit und Wichtigkeit ordnen. Es sollte nur jene Probleme fokussieren, die ausschließlich vom Managementteam lösbar sind.**[1]
- **Ein wichtiger Motivationsfaktor ist Verantwortung. Durch die Übertragung von Kompetenzen, Entscheidungsgewalt und Verantwortlichkeiten werden die Arbeitsleistungen von Topmanagern gesteigert.**
- **Führungserfolg im Zusammenhang mit Mitarbeitermotivation und Führungsverhalten wird oftmals durch subjektive Beurteilungen von Vorgesetzten, Kollegen, Mitarbeitern und Angestellten erhoben. Es sollten jedoch auch objektivere Kriterien wie z. B. Mitarbeiterfluktuation, Krankenstände und Beschwerden zur Anwendung kommen.**

Auswahl von Topmanagern

Wir möchten Ihnen hier, stellvertretend für viele, zwei erprobte Konzepte vorstellen, die Sie bei der Auswahl Ihres Teams anwenden können.

Der Weg zu den Besten – Modell mit wissenschaftlicher Basis

Jim Collins hat sich in seinem Buch *Der Weg zu den Besten* mit der Frage beschäftigt, ob ein gutes Unternehmen zu einem der besten werden kann. Wenn ja, wie dies gelingt. Bei seinen Recherchen entdeckte er sechs Punkte, die diese Verwandlung maßgeblich beeinflussen und einen anhaltenden Erfolg gewährleisten. Hierzu zählen das Führungsverhalten, die Selektion des richtigen Personals, die reale Darstellung der Istsituation, die Perfektion der Kernkompetenz als Basis, die Vorgabe und Einhaltung weniger, klarer Spielregeln sowie die Unterstützung durch sinnvolle technische Mittel.

Unterstützend für die Auswahl von Topmanagern hebt Jim Collins hervor, dass Manager von sogenannten „Take-off-Unternehmen" durchwegs überraschende Eigenschaften haben. Sie sind besonders bescheiden, still, wirken zurückhaltend und ein wenig schüchtern. Qualitäten wie Demut, Bescheidenheit, Willenskraft und Professionalität scheinen zu ihrem Erfolg ebenfalls beizutragen.[2]

Collins beschreibt in fünf aufeinander aufbauenden Stufen, wie man seine Persönlichkeit auf dem Weg zum Topmanager entwickeln sollte:[3]

1. Hochtalentierter Einzelner
2. Konstruktiver Teamspieler
3. Kompetenter Manager
4. Effektive Führungskraft
5. Bescheidene, aber willensstarke Führungspersönlichkeit

Besonders hervorgehoben wird, dass für Topmanager egoistische Bedürfnisse in den Hintergrund rücken. Weit bedeutender ist für sie das große Ziel, mit dem Unternehmen zu den Besten zu gehören. Ihr Streben ist für die Organisation bzw. für das Unternehmen, nicht für sie selbst.[4]

Das 4E-(und 1P-)Konzept von Jack und Suzy Welch

Das 4E-(und 1P-)Konzept von Jack und Suzy Welch dient ebenfalls zur Unterstützung bei der Auswahl von Topmanagern und beschreibt, welche Eigenschaften ihrer Erfahrung nach besonders wichtig sind. Diese 4Es und das 1P sollte jeder angehende Topmanager verinnerlicht haben und sie täglich leben.

Integrität, Intelligenz und emotionale Reife werden als Grundvoraussetzungen einer Führungskraft betrachtet. Darüber hinaus benötigt eine Führungskraft positive Energie, die Fähigkeit, andere zu elektrisieren, Entschlusskraft, Ergebnisorientierung und Leidenschaft (Passion).

Das erste „E" steht für positive Energie. Kandidaten sollten aktiv sein und keine Angst vor Veränderungen haben, sollten diese erforderlich sein. Positive Energie macht Menschen umgänglicher und beliebter.

„Das zweite ‚E' steht für die Fähigkeit, andere zu elektrisieren."[5] Das sind Kandidaten, die zur Inspiration für andere Menschen und ihre Mitarbeiter werden, sodass sich diese nach der Zusammenarbeit mit ihnen sehnen. Charisma und Überzeugungskraft sind maßgebliche Eigenschaften, um Mitarbeiter und/oder Teamkollegen an sich zu binden, sie zu fokussieren und um ihnen Höchstleistungen zu entlocken.[6]

Die Kraft, Entschlüsse und Entscheidungen zu treffen, bildet das dritte „E". Starke Kandidaten zögern Entscheidungen nicht hinaus, sondern wagen den Sprung. Sie verlassen sich auf ihre Vorbereitung und auf ihre Kompetenz und scheuen sich nicht davor, eine unangenehme Entscheidung zu treffen, solange diese wohlüberlegt ist.

Das vierte „E" steht schlussendlich für Ergebnisorientierung bzw. Erfolgswille.[7]

Wenn ein Kandidat alle vier „E"-Kriterien erfüllt hat, sollte zusätzlich noch das „P"-Kriterium beachtet werden. Die Passion – die Begeisterung für den Job – hilft nicht nur Freude und Spaß im Berufsalltag, Herausforderungen zu meistern, sie fördert auch die Lernfähigkeit.[8]

Für Toppositionen sind zudem Authentizität (Glaubwürdigkeit), Vision und die Fähigkeit, zukünftige Entwicklungen vorauszuahnen, sowie die Fähigkeit, sich mit Mitarbeitern zu umgeben, die besser und intelligenter sind als die Führungskraft selbst, gefordert.[9]

Entscheidungen im Topmanagementteam treffen

Das Topmanagementteam sollte sich auf jene Thematiken spezialisieren, die am wichtigsten sind, und sich auf die Probleme fokussieren, die ausschließlich das Topmanagement lösen kann.[10] Zunächst sollten die Ziele, die es zu erreichen gilt, klar definiert werden. Wichtig hierbei ist es, die Ziele unabhängig von den möglichen Handlungsalternativen festzulegen.[11]

Weiters sind vonseiten des CEOs die Alternativen aufzuzeigen und glasklar auszuformulieren, um allen Parteien gerecht zu werden. Danach sollte man Präferenzen möglichst früh erkennen, um keine Zeit auf Unwichtiges zu verschwenden. Die gewählten Alternativen sind auszuformulieren und die Vor- und Nachteile herauszuarbeiten.[12] Alternativen und Leistungsfähigkeit des Teams sollten mit externen Maßstäben (Best Practice Cases, Mitbewerber etc.) verglichen werden, um die Qualität der Lösung zu erhöhen.[13]

In einem weiteren Schritt fungiert der CEO als Filter für die verschiedenen Alternativen und versucht, die für eine bestmögliche Lösungsvariante relevanten Alternativen miteinander zu verbinden. Sollten bei der Entscheidungsfindung im Team Probleme auftreten, so ist es sinnvoll, den Prozess der Entwicklung zu reflektieren, um die Alternativen neu einschätzen und abweichende Sichtweisen einbeziehen zu können.[14] Externe Berater bzw. Coaches spielen bei der Problemlösungsfindung oft eine wichtige Rolle. Hierbei ist zu beachten, dass diese nur als externe Unterstützung auftreten und nicht direkt in den Lösungsprozess des Teams eingreifen.[15]

Sollten Sie bei der Lösungsfindung/Verhandlung einmal stecken bleiben, so gilt es, einige Grundregeln zu beachten. Beraten und Verhandeln Sie im Vertrauen, denn niemand sollte später durch seine Vorschläge diskreditiert werden. Achten Sie auf den Verhandlungszeitraum, überstürzte Entscheidungen oder Entscheidungen unter Zeitdruck führen oft zu negativen Ergebnissen.[16] Veränderungen erfordern Mut und die Überwindung von Ängsten. Lassen Sie die Manager ihre Emotionen ausdrücken und erkennen Sie ihren Wert im Unternehmen an. Es wird den Managern helfen, Ängste zu überwinden und schneller zu produktiven Entscheidungen zu gelangen.[17]

Topmanager motivieren

Ein wichtiger Motivationsfaktor ist das Ausmaß an Verantwortung, das ein Manager trägt. Durch die Übertragung von Kompetenzen, Entscheidungsgewalt und Verantwortlichkeiten können die Arbeitsleistungen von Topmanagern gesteigert werden.[18]

Karrierechancen sind für Manager Anreize, die ihre Bedürfnisse ansprechen und daher von großem Wert und Nutzen sind. Werden Karrieremöglichkeiten für Topmanager geschaffen, kann dadurch Motivation erreicht und Leistungsbereitschaft aktiv in die gewünschte Richtung beeinflusst werden.[19]

Um Topmanager an das Unternehmen langfristig zu binden und zu motivieren, müssen sie gefordert und gefördert werden. Eine große Anzahl an Führungskräften nannte in einer Befragung zwei wichtige Kriterien, die in diesem Zusammenhang von großer Bedeutung sind: Wertschätzung seitens der Geschäftsführung und sowohl persönliche als auch berufliche Entwicklungschancen. Dies erkennen bereits viele Unternehmen, und sie legen großen Wert auf die professionelle und persönliche Entwicklung ihres Topmanagementteams.[20]

Eine gute Kommunikation mit den Managern und die Einbindung dieser in die Entscheidungsprozesse bzw. das Unternehmensgeschehen steigern die Zufriedenheit und Motivation. Durch rege Kommunikation beugt man Missverständnissen vor und gibt die Möglichkeit, Probleme offen und klar zu besprechen. Durch diese offene Diskussion wird meist eine zufriedenstellende Gestaltung der Arbeitsinhalte der einzelnen Führungskräfte gewährleistet. Deshalb wird in aufstrebenden und gut funktionierenden Unternehmen großer Wert auf ein funktionierendes Kommunikationssystem gelegt.[21]

Bonuszahlungen und Aktienoptionen zählen heutzutage zu den am häufigsten angewendeten Vergütungssystemen für Topmanager. Diese Anreizsysteme sind jedoch mit Augenmaß einzusetzen, denn sie können auch dazu führen, dass Manager kurzfristige Optimierungsziele verfolgen, die dem nachhaltigen Erfolg des Unternehmens eher abträglich als förderlich sind.[22]

Führungsverhalten messen

Wie in sämtlichen Unternehmensbereichen ist es auch für Führungspersonen wichtig, Erfolg vorweisen zu können. Führungserfolg im Zusammenhang mit Mitarbeitermotivation und Führungsverhalten wird oftmals durch subjektive Beurteilungen von Vorgesetzten, Kollegen, Mitarbeitern bzw. Angestellten erhoben (360-Grad-Feedback). Um jedoch auch objektive Messungen durchführen zu können, ist es wichtig, bei der Auswahl der Erhebungsdaten auf einen hohen Grad an Validität, Zuverlässigkeit und Objektivität zu achten. Dafür bieten sich etwa die Mitarbeiterfluktuation, Krankenstände oder die Unternehmensleitung betreffende Beschwerden an.[23]

Für Führungskräfte, welche den Erfolg der Arbeitsleistung des Topmanagements messen wollen, gilt es, auf folgende

Faktoren zu achten, um eine nachvollziehbare und objektive Messung durchführen zu können:

⟶ Die Aufgabe operationalisieren: Die Formulierung von Zielen ist im Bereich von Führungsverhalten generell eine wichtige Sache, da externe Einflüsse nicht geplant und somit nicht in die Zielsetzung eingebunden werden können. Man sollte sich bei der Festlegung von Zielen auf das Beeinflussbare konzentrieren.

⟶ Die Herausforderung der Kausalität: Eine direkte Verbindung zwischen Führungshandeln und Führungserfolg ist meist sehr schwer nachzuvollziehen, da oftmals mehrere Entscheidungen auf ein und dasselbe Ergebnis Einfluss haben. Es sollte auf eine direkte Zurechenbarkeit der Entscheidungen, bei der Zielsetzung, geachtet werden.

⟶ Manipulationsmöglichkeiten: Der Problematik, dass der gemessene Führungserfolg des Topmanagements eventuell durch Verschönerung der tatsächlichen Ergebnisse verfälscht wird, kann nur durch eine externe Messung der betroffenen Manager entgegengewirkt werden.

⟶ Der Widerstand der Betroffenen: Es sollte für die Implementierung eines Messsystems Überzeugungsarbeit geleistet werden, um auf die Vorteile eines solchen Systems hinzuweisen. Ablehnung kann aus Angst vor Reputationsschädigung oder gar des Jobverlusts entstehen. Daher ist es wichtig, das offengelegte Verbesserungspotenzial für den Manager in den Vordergrund zu stellen, um eine produktive Erfolgsmessung zu gewährleisten.[24]

Wenn auf diese Punkte geachtet wird, kann auch ein objektives Erfolgsmessungssystem für Topmanager funktionieren und somit Stärken und Schwächen von Führungsverhalten der Betroffenen offenlegen.[25]

Weiterführende Literatur

Frisch, B.: **When teams can´t decide, In: Harvard Business Manager 11/2008**

Hackman, J. R.: **Leading Teams — Setting the Stage for Great Perfomances, In: Harvard Business School Press, Boston 2002**

Seeger, C. [Hrsg.] : **Motivation — Was Manager und Mitarbeiter antreibt, Frankfurt am Main 2006**

Welch, J.; Welch, S.: **Winning — Das ist Management, Frankfurt am Main 2005**

Führung von Familienunternehmen

Bei der Führung von Familienunternehmen spielen die Festlegung von Zielen und Werten, die Verteilung der Rollen, die Vereinbarkeit der Interessen von Familie und Unternehmen und die Nachfolgeregelung eine zentrale Rolle. Werden diese Faktoren berücksichtigt, hat das Familienunternehmen beste Chancen auf einen langen Fortbestand. Dieses Kapitel dient als praxisbezogene Anleitung für künftige Führungskräfte und enthält wertvolle Expertentipps.

- → **Ziele und Werte stellen den Grundbaustein einer erfolgreichen Familienstrategie dar. Dieses Kapitel zeigt Ihnen, wie Sie mithilfe dieser Elemente Ihr Unternehmen auf Erfolgskurs halten.**
- → **Durch das Zusammentreffen von Familie und Unternehmen besetzen Familienmitglieder häufig mehrere Rollen gleichzeitig, wodurch es häufig zu Rollenkonflikten kommt. Dieses Kapitel zeigt, was dazu führt und wie die Lösung derartiger Rollenkonflikte gelingen kann.**
- → **Interessen der Eigentümerfamilie und des Unternehmens müssen stets aufeinander abgestimmt werden. Alle Beschäftigten, Mitarbeiter sowie Familienmitglieder sollen in die Abläufe und die Vision des Familienunternehmens einbezogen werden, sodass eine positive Entwicklung möglich ist.**
- → **Bei der Frage nach der Nachfolge muss das Wohl des Unternehmens im Vordergrund stehen. Was der ehemalige und der zukünftige Chef beachten sollen und welche Kompetenzen der Nachfolger benötigt, lesen Sie in diesem Abschnitt.**
- → **Bernhard Ölz, Geschäftsführer der Rudolf Ölz Meisterbäcker GmbH, und Dr. Wolf Klammerth, Gesellschafter der Wietersdorfer Gruppe, geben Praxistipps zur erfolgreichen Führung von Familienunternehmen.**

Ziele und Werte

Das Erfolgsrezept erfolgreicher Familienunternehmen liegt darin, dass Werte im Unternehmen tatsächlich gelebt werden. Anders als bei Unternehmen, die ihre Einzigartigkeit durch Corporate Identity auszudrücken versuchen, sind Werte in Familienunternehmen greifbarer. Sie sind Ausdruck unternehmerischer Gestaltungskraft und Tradition.[1]

Eine Führungskraft hat die wichtige Aufgabe, Werte zu definieren, vorzuleben und neuen Bedingungen anzupassen. Dies gelingt 98 % der in einer internationalen Studie befragten Unternehmen, indem sie ihre Werte schriftlich festhalten und somit ständig vor Augen haben. Diese Werte sollten durch regelmäßige interne Kommunikation an alle Mitarbeiter vermittelt werden. Außerdem helfen Schulungen und eine regelmäßige Bewertung der Mitarbeiter, dass Werte langfristig gelebt werden.[2] Und es lohnt sich (tatsächlich), denn es gibt einen Zusammenhang zwischen gelebten Werten und überdurchschnittlichem finanziellen Erfolg.[3] Gelebte Werte verbessern zudem den Teamgeist im Unternehmen, die Unternehmensreputation, die Beziehung zu Mitarbeitern und Kunden und die eigenständige Arbeitsweise.[4]

Für Familienunternehmen spielen Werte eine besonders wichtige Rolle. Vor allem in kleinen Familienunternehmen ist die Führungsperson in der Regel ein Familienmitglied und „allgegenwärtig". Fest steht jedoch, dass je größer ein Unternehmen ist und je mehr „Fremdmanager" in Führungspositionen integriert sind, es desto schwieriger wird, das Unternehmen durch das eigene Vorbild zu prägen. In dieser Situation nimmt das strukturierte und bewusste Wertemanagement an Bedeutung zu.[5]

Dieser Meinung schließt sich auch Dr. Wolf Klammerth, Vertreter der Wietersdorfer Gruppe (über 3.300 Mitarbeiter), an. Wietersdorfer hat folgende zentrale Werte definiert: Wertschätzung der Mitarbeiter, Optimieren statt Maximieren, Eigenständigkeit und soziale Kompetenz.

Anders als Werte sind Ziele konkret und leichter messbar. Eine Familienstrategie beinhaltet in der Regel zwei Arten von strategischen Zielen: jene, welche die Familie betreffen, und jene, die das Verhältnis der Familie zum Unternehmen betreffen. Ein häufig genanntes Ziel von Familienunternehmen ist der Unternehmenserhalt. Allerdings ist zu beachten, dass nicht nur Ziele für das Unternehmen selbst zu entwickeln sind, sondern auch für die Familie, wie z. B. Geschlossenheit der Familie. Fehlt nämlich die eine Art von Ziel, ist das andere Ziel bedroht.[6]

Rollen und Rollenerwartungen klar festlegen

Jedes Familienmitglied hat eine oder mehrere Rollen. Damit keine Identitätskrise entsteht, ist zwischen der eigenen Persönlichkeit und den Rollen, die einem (aufgrund der Aufgabenverteilung) zugeschrieben werden, zu unterscheiden. Rollenausprägungen können verschiedenste Einstellungen, Verhaltensweisen, Gefühle und Beziehungen sein.[7]

Um eine klare Trennung zu erreichen, sollte zuerst eine genaue Definition der Prioritäten des Unternehmens erfolgen. Diese könnten zum Beispiel der Erhalt des Familienunternehmens, die Familienversorgung oder eine klare Nachfolgeregelung sein.

Im zweiten Schritt sollten Rollen und Aufgaben schriftlich getrennt werden. Die Verteilung der Rollen kann beispielsweise nach den Funktionen erfolgen:[8]

⟶ Mitarbeiterfunktion durch ein Familienmitglied
⟶ Managementfunktion durch ein Familienmitglied
⟶ Eigentumsfunktion durch ein Familienmitglied

Im Familienunternehmen Rudolf Ölz Meisterbäcker GmbH (275 Mitarbeiter) wurden die Rollen folgendermaßen verteilt: Bernhard Ölz hat die Position des geschäftsführenden Gesellschafters (Eigentumsfunktion durch ein Familienmitglied) und Florian Ölz die Position des Leiters Einkauf und Materialwirtschaft (Managementfunktion durch ein Familienmitglied) übernommen.[9]

Allerdings ist die Rollenverteilung in Familienunternehmen nicht immer so klar geregelt. Oft nehmen Familienmitglieder mehrere Rollen parallel wahr und es kommt zum Rollenkonflikt.[10]

Folgendes Beispiel zum Thema Nachfolgeregelung veranschaulicht diesen Konflikt: Die fürsorgliche Mutter ist im privaten Familienleben schon immer bestrebt, Reibungspunkte zwischen ihren konkurrierenden Söhnen zu lösen. Im Unternehmen hat sie die Position der Personalverantwortlichen inne und steht nun vor dem Problem, entscheiden zu müssen, welchem ihrer vier Söhne sie den Vorzug für den Geschäftsführerposten geben soll. Die Mutter steht vor einem Rollenkonflikt, da sie die private Mutterrolle und berufliche Rolle zufriedenstellend erfüllen will.

In solchen Fällen ist eine bewusste und kritische Reflexion zielführend. Diese beruht auf einer klaren Definition von Prioritäten, auf einer Rollentrennung im Unternehmen sowie auf Schriftlichkeit mit der Einbeziehung von Dritten (z. B. Anwalt, Notar oder

Berater), um bei Konflikten eine objektive Betrachtungsweise zu erlangen.

Diese Schritte verhelfen dazu, sich seiner unterschiedlichen Rollen im Unternehmen und in der Familie bewusst zu werden und Klarheit über mögliche Rollenkonflikte zu schaffen. Denn nur so können diese gelöst werden.[11]

Familie versus Unternehmen

Die Koordination von Familien- und Unternehmensführung verlangt Familienunternehmern einen laufenden Balanceakt ab.

Durch die alleinige Orientierung an gleichbehandlungsorientierter Gerechtigkeit und Familienharmonie können die Anforderungen an Leistung und Kompetenz schnell aus den Augen verloren werden. Im Familienkontext wird es wahrscheinlich konstruktiver sein, Geschwister gleich zu behandeln. Im Unternehmenskontext wird man jedoch stärker das Leistungsprinzip in den Vordergrund stellen müssen.

Ein einseitiger Fokus auf die Unternehmensinteressen grenzt wiederum die Interessen der Gesellschafter aus. Folgen davon können Entfremdung von Unternehmen und Familie sowie Konflikte sein, welche den Unternehmensfortbestand und das Familienglück gefährden.

Wird der Balance zwischen Unternehmen, Eigentum und Familie genug Bedeutung beigemessen, kann der dauerhafte Unternehmensfortbestand gesichert werden. Ein solches Gleichgewicht lässt sich herstellen, indem die Werte und Kompetenzen von Familie und Unternehmen mit der Führungs- und Personalentwicklung abgestimmt werden.[12]

Tritt eine Unternehmerfamilie einheitlich und mit klaren Visionen im Unternehmen und in der Öffentlichkeit auf, erlangt sie nicht nur in der Gesellschaft, sondern auch bei den Mitarbeitern Vertrauen. Nur so erkennen diese die Familienmission und Vision der Unternehmerfamilie, können sich mit dem Unternehmen identifizieren und werden zu langfristigem Engagement im Familienunternehmen motiviert.[13] Motivierte und vom Unternehmen überzeugte Mitarbeiter erbringen Höchstleistungen und begeistern die Kunden.[14]

Wolf Klammerth, ehemaliger Geschäftsführer der Wietersdorfer Gruppe, pflegt beispielsweise einen kollegialen und partnerschaftlichen Führungsstil. Im Mittelpunkt steht Teamarbeit.[15]

Somit wird die Einbindung aller Beschäftigten in die Abläufe des Familienunternehmens erreicht.

Nachfolgeproblematik

Die Nachfolge sollte ein stets präsenter Teil der Unternehmensplanung sein und nicht erst kurz vor der Pensionierung erarbeitet werden – nur so wird die Nachfolge nicht zum Problemfaktor. Eine erfolgreiche Übernahme durch ein Familienmitglied dauert ca. 7–10 Jahre!

Das Wohl des Unternehmens muss stets im Mittelpunkt stehen. Werden Ideen des Nachfolgers zugelassen, erhält das Unternehmen neue Konzepte für die Zukunft.[16]

Die Angst des Nachfolgers, den Erwartungen der Familie nicht gerecht zu werden, steht im Gegensatz zu den Sorgen des ehemaligen Chefs, ob der Nachfolger alles richtig machen kann. Oft erwartet die Familie, dass die Kinder die Nachfolge antreten. Hier sind jedoch Motivation und Qualifikation der Kinder entscheidende Faktoren. Der Nachfolger darf in keine Rolle gedrängt werden, sondern muss die Entscheidung selbst treffen.[17]

Bernhard Ölz hält es für wichtig, dass Wünsche und Bedürfnisse jeder Generation mit Respekt behandelt werden. Die bisherige Unternehmensführung muss loslassen können. Gleichzeitig soll der Nachfolger auf das bisher Geleistete stolz sein und das Rad nicht neu erfinden.[18]

Die nachfolgende Generation muss mindestens ebenso qualifiziert sein wie Dritte, denn nur so funktioniert die Nachfolge reibungslos und wird von den einbezogenen Führungskräften und Mitarbeitern akzeptiert.[19] Der Junior braucht Überzeugungskraft, muss kommunizieren und sich durchsetzen können und darf Ziele nie aus den Augen verlieren. Eine unternehmerische Persönlichkeit ist ebenso wichtig wie ein gutes Fachwissen.[20]

Um die Entwicklung der persönlichen Kompetenzen des Nachfolgers voranzutreiben, sollte dieser den elterlichen Betrieb für einige Zeit verlassen und eine Führungsposition „außerhalb" annehmen. Dadurch ergibt sich eine andere Sichtweise. Gleichzeitig können Erfolge eigenständig angestrebt und erzielt werden, wodurch man wachsen und voller Stärke in den Betrieb zurückkehren kann.[21]

Empfehlungen erfolgreicher Familienunternehmer[22]

WirtschaftsBlatt und Investkredit küren jährlich die „besten Familienunternehmen Österreichs". Bernhard Ölz (Ölz Meisterbäcker GmbH; 183 Mio. Euro Umsatz in 2010) und Dr. Wolf Klammerth (Wietersdorfer Gruppe; 686 Mio. Euro Umsatz in 2010), deren Unternehmen 2010 mit dem Preis für das beste Familienunternehmen ihres Bundeslandes ausgezeichnet wurden,[23, 24] geben folgende Empfehlungen ab:

- ⟶ Pflegen Sie Kundenbeziehungen, schonen Sie Ressourcen, gehen Sie respektvoll mit Ihren Mitarbeitern um und zeigen Sie Verständnis für die Anliegen Ihres Umfeldes, dann kommen Sie Ihrem Ziel, dem langfristigen Erhalt Ihres Familienunternehmens, näher. (Dr. Wolf Klammerth)
- ⟶ Entwickeln Sie das Unternehmen stetig weiter. Vergessen Sie dabei allerdings nie, bisher geltende Unternehmensprinzipien zu berücksichtigen. (Bernhard Ölz)
- ⟶ Betrachten Sie die Unternehmensnachfolge als Chance und demonstrieren Sie Ihren Vorgängern, dass Sie deren Leistung anerkennen, denn nur so können sich diese beruhigt aus dem Geschäft zurückziehen. (Bernhard Ölz)
- ⟶ Praktizieren Sie einen kooperativen Führungsstil, denn in einem Familienunternehmen sind die Eigentümer besonders auf das Engagement der Mitarbeiter angewiesen. (Bernhard Ölz)
- ⟶ Praktizieren Sie einen kollegialen Führungsstil und wenden Sie Teamarbeit bei der Erarbeitung von Zielen und Lösungen an. (Dr. Wolf Klammerth)
- ⟶ Als Eigentümer einer größeren Unternehmung tun Sie gut daran, die Eigenständigkeit der Unternehmensbereiche zuzulassen und zu erhalten. (Dr. Wolf Klammerth)

Weiterführende Literatur

Baus, K.: Die Familienstrategie — Wie Familien ihr Unternehmen über Generationen sichern, Stuttgart 2010

Meyer, A.: Unternehmerfamilie und Familienunternehmen erfolgreich führen — Unternehmertum fördern, Führungskultur entwickeln, Konflikte konstruktiv lösen, Wiesbaden 2007

Wimmer, R.; Domayer, E.; Oswald, M.; Vater, G.: Familienunternehmen — Auslaufmodell oder Erfolgstyp?, Wiesbaden 2005

Unternehmenskultur gestalten

„Culture matters." Jedes erfolgreiche Unternehmen hat eine einheitliche und unverwechselbare Unternehmenskultur, mit der sich die MitarbeiterInnen identifizieren. In diesem Kapitel erlernen Sie Methoden und Techniken, um aus Unternehmenswerten und -zielen eine authentische Kultur zu entwickeln und diese repräsentativ zu leben.

- → **Die Unternehmenskultur kann aktiv gestaltet werden oder passiv entstehen. Entscheidende Faktoren dabei sind gelebte Werte und Normen, die wirtschaftliche Lage und die Persönlichkeit der Topmanager.**
- → **Genau wie die gesamte Organisation ist auch die Unternehmenskultur gestaltbar. Negativ durch bewusstes Verhalten, wie durch das Beanspruchen fremder Leistungen für sich, oder durch unbewusstes Verhalten, wie blinden Aktionismus. Positiv durch Motivation und Anerkennung, Incentives und der Wahrnehmung der Vorbildfunktion.**
- → **Störfaktoren, die während der Implementierung oder der Veränderung einer Unternehmenskultur auftreten können, müssen vom CEO proaktiv adressiert werden, um Widerstände zu überwinden.**

Was ist Unternehmenskultur?

Unternehmenskultur wird als ein System aus Wertvorstellungen, Verhaltensnormen sowie Denk- und Handlungsweisen verstanden.[1] Im Idealfall prägen, erlernen und akzeptieren die Beteiligten einer Unternehmung dieses System so, dass sich eine „soziale Identität"[2] entwickelt. Durch die Unternehmenskultur als „moralischen und ethischen Unterbau"[3] machen sich Unternehmen einzigartig und können sich so von anderen Unternehmen abgrenzen.

In der Praxis umfasst die Kultur alle Bereiche einer Unternehmung, wie zum Beispiel die Einstellung zu Wachstum und Fortschritt, die Rolle des Gewinns für die Unternehmung oder die Verantwortung gegenüber den Mitarbeitern und Aktionären.[4]

Diese Einstellungen sind verschiedenen Ursprungs und werden häufig als informelle oder ungeschriebene Gesetze von den Beteiligten einer Unternehmung gelebt, wobei es sich teilweise auch um scheinbar selbstverständliche Voraussetzungen des Handelns und Verhaltens handelt.[5]

Eine Unternehmenskultur ist selten statisch, sondern unterliegt vielmehr laufenden Aktivitäten der Unternehmung und ihrer Beteiligten. Daher ist es besonders für Führungskräfte wichtig zu wissen, wie eine Unternehmenskultur sowohl aktiv als auch passiv gestaltet werden kann.

Wie entsteht Unternehmenskultur?

Es ist ein langer Weg, um eine Unternehmenskultur gezielt aufzubauen, und es geht sehr schnell, diese zu zerstören.[6] Jedes Unternehmen hat von Anfang an eine eigene Kultur, welche die Mitarbeiter und die Arbeit in dem Unternehmen prägt.[7] Diese entwickelt sich entweder von ganz allein oder kann von den Managern gezielt in eine Richtung geleitet werden.[8]

Die Entwicklung ist ein interaktiver Prozess, der von vielen Faktoren beeinflusst wird. Nicht nur die Gründer und Manager beeinflussen sie, sondern auch die Mitarbeiter, Investoren sowie äußere Einflüsse wie die wirtschaftliche Lage. Vor allem die Persönlichkeit und der soziodemografische Hintergrund der Gründer und Mitarbeiter haben einen starken Einfluss.[9] Diese Faktoren können „Ziele und Wertvorstellungen“ sowie „Werte und Normen“ schaffen, welche die Unternehmenskultur passiv in eine bestimmte Richtung leiten. Natürlich spielen diese Faktoren auch bei der gezielten, aktiven Gestaltung eine Rolle. Wichtig ist, dass das ganze Unternehmen diese Kultur kennt und lebt, nur so ist sie authentisch und erfolgreich.

Wie kann ich Unternehmenskultur als CEO gestalten?

„Der Fisch stinkt vom Kopf her“,[10] sagt ein altes Sprichwort. Die Haltung eines Chefs ist also ansteckend. Die Mitarbeiter können durch sein Verhalten positiv, aber auch negativ beeinflusst werden. Negative Beeinflussung kann dabei bewusst und unbewusst geschehen.

Dabei ist mit bewusstem Verhalten nicht gemeint, dass der CEO böswillig handelt. Aber zum Beispiel das Beanspruchen fremder Leistungen für sich, der Geiz mit Lob und Anerkennung oder das Nichteinhalten von Versprechen sind bewusste Handlungen, welche bei den Mitarbeitern Zorn, Verletzung und Verbitterung hervorrufen können und sehr wahrscheinlich auch werden. Ein Vorgesetzter, der die Kontrolle über Mensch und Material genießt, seine Mitarbeiter drangsaliert und schikaniert, selbst launisch und gereizt ist und einzelne Mitarbeiter offensichtlich bevorzugt, nimmt seinen Mitarbeitern die Energie, das Engagement und den Optimismus.[11] Die so entstandenen Gefühle und die „Erkrankung" der Mitarbeiter an Lethargie machen aus einer vertrauensvollen und durch Motivation geprägten Unternehmenskultur eine Kultur des Neids, der Angst, der Demotivation und des Unverständnisses.

Versetzen Sie sich in die Perspektive eines Ihrer Mitarbeiter. Ihr Vorgesetzter verfolgt offensichtlich nur das eine Ziel: den Erhalt seines „rechtmäßigen" Bonus am Jahresende. Dazu wird jedem, der das von ihm verlangte Ziel nicht erreicht, der Bonus konsequent gestrichen. Ohne, dass dabei die Marktsituation oder das Bemühen dieser Person berücksichtigt wird. Es wird also im mittleren Management und an der Basis gespart. Würde Sie das motivieren? Könnten Sie einem Kollegen einen Erfolg unter diesen Umständen gönnen? Und würden Sie Ihrem Chef vertrauen?[12]

Aber nicht nur ein Chef auf einem Egotrip erzeugt diese Art der Unternehmenskultur, auch ein CEO, der es gut meint, kann die Kultur einer Organisation negativ beeinflussen. Eine reife und selbstbewusste Persönlichkeit hat die oben beschriebenen Verhaltensweisen nicht notwendig. Aber eben auch unbewusste Verhaltensweisen, wie das Nichtkommunizieren einer neuen Strategie, der eigenen Arbeitsweisen und -prinzipien,[13] blinder Aktionismus oder der Versuch, mehr zu sein als man ist, können dazu führen, dass die Mitarbeiter nicht mehr wissen, woran sie sind.

Das Vertrauen in den CEO und das Unternehmen geht verloren und es entsteht Angst. Selbst harmloses Nachfragen kann von den Mitarbeitern als Verlust des Vertrauens des CEOs in sie gewertet werden. Wenn Menschen die Aussagen oder das Verhalten ihres Vorgesetzten nicht werten können, beginnen sie es zu interpretieren und das meist in Form von „Schwarzmalerei".[14] Die Verhaltensweisen eines CEOs dienen als Vorbild für seine Mitarbeiter.[15] Egal ob diese bewusst oder unbewusst entstehen, dennoch muss er sich immer im Klaren darüber sein, dass er damit direkten und auch negativen Einfluss auf die Unternehmenskultur hat.

Allerdings wäre es falsch, daraus den Schluss zu ziehen, dass, egal wie man sich verhält, die Unternehmenskultur immer negativ beeinflusst wird. Im Gegenteil. Ein guter CEO kann und muss die Unternehmenskultur beeinflussen und zwar positiv. Zunächst muss jedoch untersucht werden, ob die geplante Strategie oder Kultur mit den im Unternehmen bereits bestehenden Traditionen, Wertvorstellungen und Denkhaltungen harmoniert. Ist dies nicht der Fall, muss die geplante Strategie oder die bestehende Unternehmenskultur entsprechend angepasst werden.[16] Somit hat ein CEO, um eine Unternehmenskultur positiv beeinflussen zu können, zuerst die Aufgabe, eine Strategie in Übereinstimmung mit der bereits im Unternehmen gewachsenen Kultur zu entwickeln oder die Unternehmenskultur den beabsichtigten Strategien anzupassen. Nur durch ein solches Zusammenspiel zwischen Unternehmenskultur und Unternehmensstrategie kann nachhaltiger Erfolg entstehen[17]

Um diese Ziele und Rahmenbedingungen umsetzen zu können, muss die Änderung an der Spitze des Unternehmens beginnen, beim CEO. Dieser muss einen guten Mix aus gerechtfertigtem Vertrauen und erforderlicher Kontrolle finden. Um dies umzusetzen, ist die Einführung diverser Normen, Verhaltensregeln und Vorschriften erforderlich, welche mit Belobigungen und Incentives gegenüber den Mitarbeitern verbunden sein sollten, um diesen die nötige Motivation zu geben.

Meist sind solche Umstellungen auch mit unangenehmen Verhaltensänderungen verbunden. Darum sollte der CEO seinen Mitarbeitern klar machen, dass eine Umsetzung auch mit Konsequenzen verbunden ist. Er sollte seinem Team verdeutlichen, dass solche Umsetzungen auch belohnt werden.[18] Folglich zählen zu den wichtigsten Instrumentarien der positiven Beeinflussung der Unternehmenskultur die Motivation und Anerkennung, Lob und Boni in Form von Incentives oder Prämien.[19]

Zum anderen sollte eine Führungskraft mit positivem Beispiel vorangehen, um die geforderten Normen und Werte glaubwürdig repräsentieren und übermitteln zu können.

Stellen Sie sich die Situation wieder aus der Perspektive eines Ihrer Mitarbeiter vor. Ihr Chef kommuniziert anstehende Veränderungen offen und ehrlich, obwohl sie unangenehm sind, und lädt Mitarbeiter dazu ein, sich einzubringen. Dadurch wird den Mitarbeitern vermittelt, dass sie ernst genommen und wertgeschätzt, aber auch gefordert werden. Dadurch entsteht eine vertrauensvolle Umgebung, in der Probleme und Anregungen offen und ehrlich angesprochen werden können.

Diese Vorbildfunktion des CEOs, welche, wie oben beschrieben, sowohl negativen als auch positiven Einfluss auf die Entwicklung der Unternehmenskultur haben kann, verdeutlicht auch nochmals folgendes Zitat: „Wer nicht vorangeht, dem wird auch niemand folgen."[20]

Kulturgestaltung und Störfaktoren

Überall, wo Menschen zusammen leben oder arbeiten, treten auch unweigerlich Störfaktoren auf. Es gibt wohl kaum einen Bereich, in dem es nie zu einem Konflikt kommt. Die Ursachen hierfür sind sehr vielschichtig. In Organisationen kommen sie häufig bei Veränderungs- oder Entwicklungsprozessen vor. Auch konkurrierende Interessen von Gruppen in einer Organisation, die Unternehmens- und Organisationskultur, unterschiedliche Normen und Regeln sowie das Arbeitsklima, Aufgaben und daraus resultierende Arbeitsabläufe bilden hier einen möglichen Rahmen, in dem sich Störfaktoren entfalten können. Dabei ist es kaum möglich, diese gänzlich zu vermeiden.[21]

Widerstände sind oft auf Kommunikationsfehler zwischen den Beteiligten zurückzuführen. Dabei ist zu beachten, dass potenzielle Störungen der Kommunikation mit fortschreitender Entwicklung des Konfliktes zahlreicher und komplexer werden können. Daher ist vor allem bei der Kommunikation während des Implementierungsprozesses einer neuen Unternehmenskultur oder bei der Veränderung der Unternehmenskultur darauf zu achten, dass keine widersprüchlichen Botschaften vermittelt werden.

Sie sollten bei jeder Maßnahme, die Sie setzen, beachten, dass es in einem Unternehmen verschiedene Personengruppen gibt, die auf unterschiedliche Weise den Entwicklungsprozess fördern oder blockieren. Es gibt solche, die auch noch mit Mut und Zuversicht vorangehen, wenn die Zukunft ungewiss ist, und den Risiken gelassen entgegensehen. Diese „Change Agents" treiben den Wandel voran und initiieren auch von sich aus Veränderungsprozesse. Es gibt aber auch solche, die den Wandel um keinen Preis akzeptieren wollen und alles, was Sie unternehmen, blockieren – die „Change Opponents". Und dann gibt es noch die, die den Wandel eigentlich nicht möchten, aber die Notwendigkeit durchaus einsehen, wenn sich im Unternehmen eine „kritische Masse" bildet, die sogenannten „Change Soldiers".[22] Wenn Sie die „Change Agents" bewusst um sich herum sammeln und ihnen bestimmte Freiheiten einräumen, die „Change Soldiers" durch besondere Anreize ins Boot holen und die „Change Opponents" neutralisieren (was auch eine Trennung bedeuten kann), können Sie auftretende Widerstände proaktiv handhaben und die Unternehmenskultur mit dem notwendigen Mindestmaß an Reibungen und Konflikten neu gestalten.

Kernempfehlungen für Führungskräfte

Die Tatsache, dass der CEO durch sein Verhalten die Unternehmenskultur sowohl positiv als auch negativ beeinflusst, führt letztlich zur Notwendigkeit bestimmter Verhaltensregeln als Kernempfehlungen für Führungskräfte.

Mit gutem Beispiel vorangehen. „Die Haltung des Chefs ist regelrecht ansteckend."[23] Wenn Sie etwas von Ihren Mitarbeitern verlangen, sollten Sie auch selbst dazu bereit sein. Etablieren Sie die Unternehmenskultur, „indem Sie sich offen zu eigenen Fehlern bekennen und gleichzeitig klarmachen, was Sie daraus gelernt haben".[24]

Mitarbeiter fördern und fordern. Ihre Mitarbeiter sind Ihr wichtigstes Kapital. Nur überzeugte und motivierte Mitarbeiter können eine Unternehmenskultur aktiv leben und mitgestalten. Nutzen Sie daher jede Begegnung, jedes Gespräch, um das Potenzial Ihres Teams zu erhöhen und Ihnen die Kultur des Unternehmens näherzubringen.

Unternehmensziele leben. Stellen Sie sicher, dass Ihre Mitarbeiter die Unternehmensziele und die damit verbundene Kultur nicht nur kennen, sondern verinnerlicht haben und täglich leben. Auch dies können Sie durch einen dauerhaften und engen Kontakt zu Ihren Mitarbeitern gewährleisten.

Setzen Sie Energie und Optimismus frei. Eine Ihrer wichtigsten Aufgaben ist es, „dem Sog des Pessimismus Paroli zu bieten".[25] Es geht darum, deutlich zu machen, dass eine gemeinsame Kultur auch in schwierigen Zeiten hilfreich sein kann. Zeigen Sie stets eine kraftvolle, motivierende Haltung und stellen Sie so die Basis für das Leben der Unternehmenskultur dar.

Vertrauen schaffen. Genießen Sie nicht Ihre „Kontrolle über Mensch und Material".[26] Seien Sie vielmehr offen, fair und halten Sie Ihr Wort. Das bedeutet unter anderem auch, sich nicht vor negativen Botschaften an Ihr Team zu drücken. Das Vertrauen im Team und der offene Umgang untereinander sind die Grundlagen für das Leben der Unternehmenskultur.

Sie werden sehen, wie leicht es ist, die Kultur Ihres Unternehmens durch das Überdenken Ihrer eigenen Verhaltensweisen zu beeinflussen.

Weiterführende Literatur

Hinterhuber, H. H.: **Strategische Unternehmensführung — II. Strategisches Handeln, Berlin 2004**

Hofstede, G.; Hofstede, G. J.; Minkov, M.: **Cultures and Organizations — Software of the Mind — Intercultural Cooperation and Its Importance for Survival, New York 2010**

Porter, M.: **Seven Surprises for New CEOs — In: Harvard Business Review 10/2004**

Networking und Lobbying

Networking und Lobbying sind wichtige Werkzeuge des CEOs. Diese sollten beherrscht und aktiv genutzt werden, um die Erreichung wichtiger unternehmerischer Ziele zu unterstützen.

- **Um ein effizientes und praktikables Netzwerk aufzubauen, muss sich der „Netzwerker" über seine eigene Situation im Klaren sein. So kann auf der einen Seite versucht werden, über schon bestehende Bekanntschaften neue Kontakte aufzubauen. Es bieten sich Verbände/Organisationen/Businessclubs an, die entweder offen (Zugang für jedermann) als auch geschlossen (Zugang durch Empfehlung/Status/Position usw.) sein können.**[1]
- **Um die kommunikative Agenda erfolgreich umsetzen zu können, muss der CEO erkennen, wer zu den einflussreichen internen und externen Netzwerken gehört und welche Schlüsselpersonen im Unternehmen Unterstützung dafür bieten.**
- **Als CEO ist es wichtig zu verstehen, was Lobbying zum Mehrwert eines Unternehmens beiträgt und welche Methoden hinter der Verwirklichung eines Vorhabens stehen. Die wichtigsten Bausteine von erfolgreichem Lobbying sind Agenda Setting, Monitoring und der Aufbau von Allianzen und Netzwerken.**
- **Einflüsse des Lobbyings: Politik und Lobbying sind sehr eng miteinander verbunden, und Unternehmen und Politik beeinflussen sich gegenseitig. In der EU ist es wichtig, schon in den vorpolitischen Konsultationen anwesend zu sein.**

Networking – ein Schlüsselfaktor zum Unternehmenserfolg

Ein gut ausgeprägtes Netzwerk kann einem CEO, sowohl in privater als auch geschäftlicher Hinsicht, entscheidend weiterhelfen.[2] Denn die richtigen „Seilschaften" öffnen Türen und verschaffen Vorteile.[3] Eine „nützliche" Beziehung muss richtig aufgebaut, genutzt und gepflegt werden, damit sie den erhofften Erfolg bringt.

Wenn man über das Thema Netzwerken spricht, müssen drei Punkte vorausgeschickt werden.

Erstens ist Netzwerken eine sehr zeitaufwendige Aktivität, die hohe Anfangsinvestitionen und Ausdauer erfordert, bevor erste Vorteile genossen werden können. Denn erst wenn eine „kritische Masse“ an Vertrauen bei den Netzwerkpartnern hergestellt ist, kann eine hohe gemeinsame Produktivität entstehen.

Zweitens sind relativ wenige Menschen von Natur aus gute Netzwerker. Daher muss man seine persönlichen Kommunikationsfähigkeiten systematisch aufbauen, aber auch durch Lernen in der Praxis tagtäglich weiterentwickeln. Hier empfiehlt es sich, möglichst früh und in weniger anspruchsvollen Netzwerken zu beginnen, um sich dann erst in weiterer Folge in anspruchsvollere Netzwerke zu begeben.

Drittens ist es notwendig, eben weil netzwerken aufwendig ist, sich vorher wirklich klar zu machen, was man damit erreichen möchte, warum diese Ziele für einen wichtig sind und auf welchen Wegen man sie erreichen möchte. Ansonsten wird man sich verzetteln und/oder aufreiben.

Networking bedarf der Entwicklung angemessener Strategien. Die vier Prinzipien („P-principles“)[4], welche bei jeder Strategie beachtet werden sollten, sind purpose, people, perspective und patience.

Purpose verdeutlicht die Absicht und die Ziele, welche mit dem Networking verfolgt werden sollen, um die gewünschten Unternehmensziele zu erreichen. Um Networking-Strategien umsetzen zu können, sollte ein CEO über die Zielpersonen (people) genaue Überlegungen anstellen und ein Kernnetzwerk aufbauen. Die richtige Perspektive (perspective) zu haben, bedeutet, dass man ohne zahlreiche Kontakte zu keinem Erfolg kommen kann. Patience betont die Ausdauer, welche man beim Aufbau von Netzwerken braucht, denn in eine gute Beziehung muss man viel Zeit und Geduld investieren.[5]

Häufig verwendete Strategien sind das operative, das strategische und das Business Networking.

Das operative Networking umfasst in erster Linie die unmittelbaren Mitarbeiter, Kollegen und Vorgesetzten. Hierbei stehen die Koordination, die Zusammenarbeit und die Vertrauensbildung im Vordergrund.

Das strategische Networking umfasst die Beziehungen zu anderen Managern, Abteilungen und Geschäftsbereichen sowie zu entscheidenden externen Kontakten und das damit verbundene Erkennen künftiger Prioritäten und Herausforderungen.[6]

Business Networking wird gezielt dafür eingesetzt, um auf der Basis von Empfehlungen neue Absatzmöglichkeiten zu entwickeln.

Um die kommunikative Agenda erfolgreich umsetzen zu können, muss der CEO erkennen, wer zu den einflussreichen internen und externen Netzwerken gehört. Der Leitsatz „Make friends before you need them" spielt bei der Umsetzung der kommunikativen Agenda eine wichtige Rolle.[7]

Aufbau und Pflege von Netzwerken

Um ein effizientes und praktikables Netzwerk aufzubauen, muss sich der Netzwerker über seine eigene Ausgangssituation im Klaren sein. Zielsetzung und Kontaktsichtung sind in diesem Fall wichtig.[8] Vielleicht bestehen schon Bekanntschaften im Adressbuch, die weiterhelfen, oder es wird in Erfahrung gebracht, wo zielführende Personen kennengelernt werden können. So kann auf der einen Seite versucht werden, über schon bestehende Bekanntschaften neue Kontakte aufzubauen. Auf der anderen Seite bieten sich Verbände/Organisationen/Businessclubs/Social Media an, die entweder offen (Zugang für jedermann) als auch geschlossen (Zugang durch Empfehlung/Status/Position usw.) sein können.[9]

Nachdem entschieden worden ist, welche Kontaktform einem entspricht, sollte sich der Netzwerker „fit fürs Kennenlernen machen". Dabei ist es wichtig, gut informiert und vorbereitet zu sein und einem bevorstehenden Gespräch positiv entgegenzusehen.[10]

Nach einem erfolgreichen Businesstreffen sollte eine Nachbereitung stattfinden. Denn beim nächsten Treffen soll es doch zu keiner peinlichen Verwechslung kommen. Daher können interessante Kontakte systematisch geordnet werden und sollten neben der Visitenkarte auch kurze Notizen über die jeweilige Person beinhalten.[11] Ein Muss für erfolgreiche Netzwerker ist die regelmäßige Teilnahme an Veranstaltungen und einfache Dinge wie das alljährliche Versenden von Glückwünschen zu Geburtstagen.[12]

Lobbying als wichtiger Baustein der Kommunikation

Unter dem Begriff *Lobbying* versteht man den Versuch, Entscheidungen bzw. den Meinungsbildungsprozess zu beeinflussen, insbesondere im Zusammenhang mit der Entstehung von Gesetzen. Im Vordergrund stehen die Kommunikation von Unternehmensinteressen und Unternehmenspositionen.[13]

Als CEO ist es wichtig zu verstehen, was Lobbying zum Mehrwert eines Unternehmens beiträgt und welche Methoden hinter der Verwirklichung eines Vorhabens stehen. Der Lobbyist bedient sich verschiedenster Instrumente und Methoden, die strategieabhängig ausgewählt werden, um ein Vorhaben durchzusetzen. Hier folgt nun ein Auszug:

⟶ Agenda Setting: Unter dem Begriff *Agenda Setting*, auch Issue Management genannt, versteht man eine Themenschwerpunktsetzung mithilfe von Massenmedien. Dies dient der öffentlich kritischen Betrachtung von Themen, die für das Unternehmen von Interesse sind. Kooperation: Anstelle von Ablehnungen und Drohungen ist es in manchen Fällen zielführender, eine Kooperation einzugehen und sich kompromissbereit zu zeigen, um sein Ziel zu erreichen.[14]

⟶ Netzwerke und Allianzen: Werden gebildet bzw. genutzt, um den eigenen Einflussbereich zu vergrößern.[15]

⟶ Monitoring: Dieses Instrument verhilft den Lobbyisten zu relevanten Informationen, um die Entscheidungsfindung zu optimieren. Es handelt sich um ein Frühwarnsystem mittels Marktbeobachtung.[16]

Einflüsse des Lobbyings

„Kein Unternehmen existiert isoliert von Gesellschaft und Politik in einem eigenen Universum. Zwischen Unternehmen als wesentlichem Teil der Gesellschaft und ihrem soziopolitischen Umfeld bestehen enge und vielfältige Zusammenhänge."[17]

Die Politik ist ein sehr wichtiger Markt für ein Unternehmen. Sie entscheidet schließlich über jeden unternehmerischen Bereich, von Arbeits- und Sozialrecht bis zur Preisgestaltung. Die „Marktpolitik" ist somit sehr wichtig, und die guten, aktiven Arbeitsbeziehungen zu den Entscheidungsträgern müssen gepflegt werden. Lobbying baut auf Government Relations auf, was der Gewinnung von relevanten Informationen aus der Politik dient.[18] Die Einflüsse der Politik sind in verschiedenen Branchen unterschiedlich stark. Sie werden noch stärker, wenn der Staat gleichzeitig Kunde des Unternehmens ist. Die Politik hat auch großes Interesse daran, gute Kontakte zu den Unternehmen zu knüpfen und diese auch zu pflegen. Da die Politik Entscheidungsträger ist und somit die Verantwortung gegenüber der Gesellschaft hat, wollen die Beamten unter Rücksichtnahme der Wünsche und Vorstellungen der Unternehmen diese bestmöglich gestalten.[19]

Da viele staatliche Regelungen in Wahrheit aus den Beschlüssen der Europäischen Union kommen, ist es für europäische Unternehmen wichtig, in Brüssel vertreten zu sein.

„Die Entscheidungsfindung der EU beginnt mit der Kommission, der das alleinige Vorschlagsrecht für die Schaffung von Rechtsvorschriften zukommt. Bei der Erstellung der Vorschläge konsultiert die Kommission der Europäischen Union die Interessengruppen sowie andere Institutionen und Organe.“[20] Die Kommission hat mehrere Tausende Beamte, die beispielsweise in vorpolitischen Konsultationen mit Verbänden oder in Lobbys, wo tatsächlich der Einfluss am größten ist, zu beeinflussen sind.[21]

Der CEO als erfolgreicher Lobbyist

Viele der operativen Lobbyingaufgaben werden besser von qualifizierten Mitarbeitern des CEOs oder Beratern durchgeführt. Der CEO sollte aber bei der Entwicklung der strategischen Lobbyingagenda und dem Controlling ihrer Umsetzung eng eingebunden sein. Um dem Lobbying zum richtigen Zeitpunkt den entscheidenden Nachdruck zu verleihen, kann auch ein persönlicher Einsatz des CEOs zielführend sein. Erfolgreichen Lobbyisten werden folgende Eigenschaften zugeschrieben:

- Politische Neutralität
- Sachverstand
- Eine gute Informationsbasis, um allfällige Diskussionen steuern zu können[22]
- Beobachtungsgabe, da Details für Gesprächsstoff sorgen[23]
- Sensibilität
- Fingerspitzengefühl ist nötig, um jedes Individuum richtig einschätzen zu können[24]
- Die Rolle des Redners und Zuhörers einnehmen zu können
- Diskretion, um Vertrauen zu gewinnen und zu halten
- Vermeidung von negativer Medienpräsenz
- Kontaktfreudigkeit[25]
- Manieren[26]
- Glaubwürdigkeit[27]

Weiterführende Literatur

Merkle, H.: **Lobbying – das Praxishandbuch für Unternehmen, Darmstadt 2003**

Ruck, K.: **Professionelles Networking, Kontakte knüpfen, Beziehungen pflegen, Verbindungen nutzen, Frankfurt am Main 2005**

Corporate Social Responsibility

Nachhaltigkeit und gesellschaftliche Verantwortung spielen heutzutage für den Unternehmenserfolg eine wichtige Rolle. Erfahren Sie in diesem Kapitel die richtigen Strategien, um die ökonomischen und sozialen Folgewirkungen Ihres Geschäfts zu berücksichtigen. Die in diesem Kapitel vorgestellten Maßnahmen sichern den Fortbestand Ihres Unternehmens für weitere Generationen und verbessern durch aktive Kommunikation Ihr Image gegenüber dem Kunden.

- → **Steigende Erwartungen und stärker sanktionierte Fehltritte verlangen die Entwicklung nachhaltiger und verantwortungsvoller Unternehmensstrategien.**
- → **Corporate Social Responsibility (CSR) ist die Umwelt- und Sozialverantwortung entlang der Wertschöpfungskette und unerlässlich, um die Erwartungen der Stakeholder zu erfüllen.**
- → **CSR hat sich als roter Faden durch die Unternehmensstrategie zu ziehen und ist ein laufender Anpassungsprozess.**
- → **Der CEO hat die Grundsatzentscheidungen betreffend das CSR-Konzept zu treffen und das Konzept für dessen Akzeptanz auch zu leben.**
- → **Gezielte Kommunikation des CEOs schafft Glaubwürdigkeit und Vertrauen gegenüber der Öffentlichkeit und innerhalb des Unternehmens.**
- → **Vom CEO willkürlich ausgewählte CSR-Aktivitäten führen zu unproduktiver Ressourcenverteilung.**

Corporate Social Responsibilty – Grundlagen und Motive für CEOs

Um Corporate Social Responsibility (CSR) als CEO erfolgreich durchzuführen und nachhaltig umzusetzen, sind die Kenntnis und die korrekte Verwendung dieses Begriffs von wesentlicher Bedeutung.[1] CSR ist neben Corporate Governance (Schnittstelle zu Aktionären und Gläubigern) und Corporate Citizenship (gemeinnütziges Engagement außerhalb der Wertschöpfungskette) ein Teilbereich der Corporate Responsibility.[2]

Der Bereich CSR befasst sich mit der Umwelt- und Sozialverantwortung des Unternehmens, wobei der Fokus auf Maßnahmen entlang der eigenen Wertschöpfungskette und jener der Lieferanten liegt.[3] CSR beschränkt sich dabei nicht nur auf Maßnahmen zur Einhaltung gesetzlicher Standards, sondern darüber hinaus auch auf freiwillige CSR-Maßnahmen. Entscheidungsträger dieser Maßnahmenpakete ist die Unternehmensleitung bzw. der CEO.[4]

Aufgrund der zunehmenden Globalisierung und der steigenden Erwartungshaltungen der Stakeholder steigt der Druck auf den CEO, soziale und nachhaltige Aspekte bei der Führung des Unternehmens zu berücksichtigen. Wurde in der Vergangenheit vor allem auf Wachstum und Gewinnmaximierung gesetzt, um die Interessen der Shareholder zu befriedigen, stehen heute die Stakeholder im Mittelpunkt. Somit liegt der Fokus neben der Erreichung ökonomischer Ziele nun ebenfalls auf die Verfolgung ökologischer, sozialer und ethischer Ziele.[5] Zudem werden in der heutigen Zeit internationale Unternehmen nach ihrer CSR-Leistung bewertet und in Rankings gebracht.[6]

Der richtige Einsatz von CSR kann langfristig viele Chancen mit sich bringen. Einerseits kann CSR zur Erhöhung des Unternehmenswertes beitragen, Umsatzverläufe begünstigen und in Kostensenkungen resultieren.[7] Andererseits können Mitarbeiterzufriedenheit, -bindung und -motivation, Kundenbindung und Neukundengewinnung, Gewinnung von wichtigen Informationen und Entwicklung möglicher Wettbewerbsvorteile[8] positiv beeinflusst werden, was sich wiederum in den Zielen des CEOs widerspiegelt.[9]

Zudem bietet CSR dem CEO die Möglichkeit, Netzwerke auf- bzw. auszubauen und somit neue Kontakte zu knüpfen sowie innovative Geschäftsideen kennenzulernen.[10]

Um diese Chancen nicht zu verlieren, sollte ein CEO das Thema CSR aktiv vorantreiben.[11] Der Verzicht auf die Durchführung von CSR-Aktivitäten kann zu einer Gefährdung der Wettbewerbsfähigkeit führen, Imageverluste verursachen und schließlich in einer Ressourcenverknappung münden.[12] In Bezug auf CSR sollte die Differenzierung von Konkurrenten und die daraus resultierende Imageverbesserung daher ein primäres Ziel des CEOs darstellen.

Eingliederung in die Unternehmensstrategie

Im Zusammenhang mit der Integration einer CSR-Strategie in die Unternehmensstrategie ist festzuhalten, dass diesbezüglich kein allgemeingültiges Konzept vorliegt. Aufgrund der Individualität der einzelnen Unternehmen ist eine unternehmensspezifische Planung einer CSR-Strategie unumgänglich.[13]

Um CSR erfolgreich und nachhaltig zu betreiben, sollte das CSR-Konzept als fester Bestandteil der Unternehmensstrategie berücksichtigt werden. Zudem wird eine Verankerung dieses Konzepts in die Unternehmensphilosophie und -kultur notwendig sein. Durch diese Maßnahmen können in der Organisation Strukturen geschaffen werden, um dieses Konzept auch leben zu können.[14] In welche Richtung sich das soziale bzw. gesellschaftliche Engagement eines Unternehmens nun bewegt, ist einmal mehr vom Unternehmen abhängig. Jedenfalls sollten die getätigten Maßnahmen bzw. Projekte mit den Grundwerten des Unternehmens übereinstimmen und außerdem thematisch zum Unternehmen passen.[15] Eine mögliche Orientierung bietet die eigene Wertschöpfungskette sowie das Wettbewerbsumfeld.[16]

Ist die Entscheidung für ein bestimmtes CSR-Maßnahmenbündel gefallen, kann dieses Konzept, z. B. mithilfe des weit verbreiteten 3-Säulen-Modells („tripple-bottom-line"), in die Unternehmensstrategie integriert werden.[17] Dieses Modell geht davon aus, dass Unternehmen nur dann langfristig Erfolg erzielen, wenn neben den ökonomischen bzw. finanziellen Zielen ebenfalls auf ökologische und soziale Belange geachtet wird.[18] Mit jeder Säule wird ein Mehrwert für das Unternehmen und für die Gesellschaft geschaffen.[19] In diesem Zusammenhang sollte der CEO sicherstellen, dass ein ganzheitliches Unternehmenskonzept entwickelt wird, welches sich wie ein roter Faden durch das gesamte Unternehmen zieht.[20] Ferner ist sicherzustellen, dass das Management die CSR-Strategie nicht mit einer einmaligen Implementierung abtut, sondern sie als fortlaufenden Anpassungsprozess ansieht.[21]

Der Erfolgsschlüssel einer wirkungsvollen CSR-Strategie ist eine glaubhafte, nachhaltige, ehrliche und konsistente Umsetzung sowie gezieltes Engagement durch den CEO.[22]

Rolle des CEOs bei CSR-Aktivitäten

Die Einführung und nachhaltige Umsetzung eines CSR-Konzepts stellt einen langfristigen Prozess dar, wobei der CEO dabei als tragende Rolle einen entscheidenden Erfolgsfaktor darstellt. In Bezug auf die Akzeptanz eines solchen Konzepts durch die Stakeholder stellen Glaubwürdigkeit und Ernsthaftigkeit eines Unternehmens äußerst wichtige Faktoren dar.[23] Dass diese Faktoren davon abhängen, in welchem Maß ein CEO die vorgegebene CSR-Philosophie auch selbst lebt und vertritt, scheint naheliegend.[24] Aus diesem Grund hat das gesamte Topmanagement, den CEO eingeschlossen, vollstes Commitment zum eigenen CSR-Konzept zu geben, um einen hohen Stellenwert dieser Aktivitäten zu signalisieren.[25] Durch entsprechendes Engagement kann der CEO somit ein langfristiges und nachhaltiges Wertempfinden von CSR schaffen und langfristig die Glaubwürdigkeit des Unternehmens stärken.[26] Die Glaubwürdigkeit des CEOs beeinflusst folglich die Glaubwürdigkeit des Konzepts.[27]

Im Rahmen des CSR-Managements kommt dem CEO zudem Planungs- und Entscheidungsfunktion zu. Er sollte zukünftige Chancen und Gefahren erkennen und diese rechtzeitig in der CSR-Strategie berücksichtigen.[28] Im Rahmen dieser Funktion sieht sich ein CEO außerdem mit zahlreichen Grundsatzentscheidungen konfrontiert, wie z. B. der Freigabe von diversen CSR-Projekten.[29] Um den CEO zu entlasten, hat es sich in größeren Unternehmen bewährt, ein CSR-Gremium bzw. eine CSR-Stabsstelle einzurichten. Dieses Gremium verfügt über Expertenwissen, kann die Unternehmensleitung bzw. den CEO somit in CSR-Angelegenheiten beraten und sämtliche Maßnahmen koordinieren. Die Aufgaben des CEOs können dadurch großteils auf strategische Grundsatzentscheidungen und die Vorgabe der Richtung begrenzt werden.[30] Um eine hohe Qualität zu gewährleisten, sollte die Verantwortung und Kontrolle des CSR-Konzepts weiterhin beim CEO bleiben.[31]

CSR erfolgreich kommunizieren

Kommunikation ist ein wesentlicher Bestandteil im CSR-Management. Einerseits gilt es, ein CSR-Konzept mit sämtlichen Maßnahmen innerhalb des eigenen Unternehmens zu kommunizieren. Andererseits stellt in diesem Zusammenhang vor allem die Kommunikation mit allen anderen Stakeholdern einen bedeutenden Aspekt dar. CSR sollte neben der Unternehmensstrategie ebenfalls fester Bestandteil der Kommunikationsstrategie sein. Erst durch eine aktive, objektive und ehrliche Kommunikation der durchgeführten CSR-Maßnahmen kann ein Unternehmen Glaubwürdigkeit und Vertrauen in der Gesellschaft erlangen.[32] Dazu ist ein laufender Dialog mit allen Interessen- und Anspruchsgruppen des Unternehmens notwendig, um deren Interessen auch in Entscheidungen mit einzubeziehen.[33] Durch diese Kommunikationsmaßnahmen schafft das Unternehmen Transparenz in Bezug auf sein gesellschaftliches Verantwortungsbewusstsein.[34] Damit wird ein Grundgedanke in Hinblick auf CSR verfolgt, nämlich die Verpflichtung eines Unternehmens zu einer wahrheitsgetreuen und objektiven Informations- und Kommunikationspolitik, welche die Auswirkungen der Geschäftstätigkeit auf die Umwelt und die Gesellschaft offenlegt.[35]

Aufgabe des CEOs ist es hier, die CSR-Philosophie des Unternehmens gegenüber allen Stakeholdern glaubwürdig zu vertreten.[36] Der CEO sollte seine Vision und Ziele an seine Mitarbeiter und die breite Öffentlichkeit kommunizieren, um so die Wettbewerbsposition des Unternehmens zu verbessern.[37] Die Entwicklung und Kommunikation einer eindeutigen Vision und Leitlinie für die strategische Ausrichtung obliegt der Führungsebene.[38] Zudem sollte sich die Unternehmensführung zum CSR-Engagement bekennen und den hohen Stellenwert dieser Projekte für das Unternehmen signalisieren.[39] Eine weitere Aufgabe ist die fortwährende Motivation der Mitarbeiter, sich mit diesen Zielen zu identifizieren.[40]

Mögliches Fehlverhalten von CEOs

CSR-Maßnahmen sollten, wie bereits erwähnt, Gemeinsamkeiten mit dem Tätigkeitsbereich des Unternehmens aufweisen. In vielen Unternehmen werden CSR-Aktivitäten allerdings willkürlich von der Unternehmensführung bestimmt. Als Auswahlkriterien werden dazu oft persönliche Interessen und Vorlieben herangezogen.[41] Als Beispiel kann hier das „CEO's wife's syndrome" angeführt werden, wobei der CEO bei der Auswahl von CSR-Projekten indirekt von den Interessen seines Ehepartners beeinflusst wird.[42] Viele Unternehmen lassen sich auch von der Gesellschaft dazu verleiten, sich für allgemeine soziale Themen zu engagieren, allerdings ohne vorhandenen Bezug zum Unternehmen.[43] Diese Vorgehensweisen erscheinen in diesem Zusammenhang unzweckmäßig, sind in der Praxis jedoch häufig anzutreffen.[44]

Ein weiterer Missstand lässt sich in der unkoordinierten Verwaltung von CSR-Tätigkeiten feststellen. Viele Unternehmen verfügen über enorme Summen an Spendengeldern, welche jedoch nicht optimal eingesetzt werden. Dies kann oft auf fehlende Verantwortungszuweisung zurückgeführt werden. Dieses Nichtmanagement der CSR-Aktivitäten kann zum Verlust von wichtigen Potenzialen führen.[45]

Grundsätzlich beruht CSR auf freiwilligen Maßnahmen, was jedoch nicht bedeutet, dass CSR willkürlich, ohne stimmiges Konzept und ohne Bezug zum Unternehmen durchgeführt werden sollte.[46]

Zukünftige Entwicklungen im Bereich CSR

Durch den stetig wachsenden Einfluss der Stakeholder werden CEOs immer mehr gefordert, eine nachhaltige und verantwortungsvolle Unternehmensstrategie zu entwickeln. Zudem steigen auch die Erwartungen dieser Interessen- und Anspruchsgruppen kontinuierlich an. Diese Erwartungen sollten im gesamten CSR-Konzept entsprechend berücksichtigt werden, um keinen Wettbewerbsnachteil zu erlangen. Vielmehr sollte hier versucht werden, bestehende Chancen zu nutzen, um einen verantwortungsvollen Beitrag für die Gesellschaft zu leisten und parallel dazu, das eigene Image zu verbessern. Des Weiteren führt das erhöhte öffentliche Interesse an der CSR-Politik von Unternehmen dazu, dass Fehltritte stärker sanktioniert werden.[47] Dies wird durch die zunehmende Bedeutung von extern geprüften CSR-Berichten zusätzlich verstärkt.[48]

Weiterführende Literatur

Braun, S.; Doerner, U.; Horst, D.; Loew, T.: Unternehmerische Verantwortung praktisch umsetzen — Leitfaden zum Nachhaltigkeitsmanagement, Frankfurt am Main 2010

Habisch, A.; Schmidpeter, R.; Neureiter, M. [Hrsg.]: Handbuch Corporate Citizenship — Corporate Social Responsibility für Manager, Berlin u. a. 2008

Porter, M.; Kramer, M.: Wohltaten mit System — CSR, In: Harvard Business Manager, 1/2007

Werbach, A.: Strategy for Sustainability — A Business Manifesto, Massachusetts 2009

Umgang mit den Medien

In diesem Kapitel wird gezeigt, was man unter Public Relations versteht und welche Bedeutung ein guter Auftritt in der Öffentlichkeit für ein Unternehmen haben kann. Des Weiteren wird auf Web 2.0 eingegangen, dem in der modernen Unternehmenskommunikation immer mehr Beachtung geschenkt werden muss, und darauf, wie ein CEO bzw. ein Unternehmen in einem Krisenfall kommuniziert.

→ **Public Relations sind die Pflege des Kontaktes mit den öffentlichen Dialoggruppen. Durch PR kann eine öffentliche Meinung gebildet bzw. beeinflusst und die Bekanntheit gesteigert werden.**

→ **Die Unternehmenskommunikation ist ein wichtiger Punkt im Tätigkeitsbereich einer Führungskraft. Ein CEO repräsentiert das Unternehmen und verkörpert das Unternehmen in der Öffentlichkeit. Um negative Auswirkungen zu vermeiden, ist eine detaillierte Planung jedes öffentlichen Auftrittes unumgänglich.**

→ **Von einem starken Medienauftritt des CEOs kann ein Unternehmen enorm profitieren. Neben dem Beweisen von Fachkompetenz gilt es aber auch, eine den Zielgruppen angepasste Ausdrucksweise an den Tag zu legen, ehrlich und authentisch zu sein und nicht nur „mit Zahlen um sich zu werfen“. Ein Medientraining ist für einen guten Auftritt unumgänglich.**

→ **Das Web 2.0 rückt immer stärker ins Blickfeld der Kommunikation eines Unternehmens. Durch Web-Monitoring können Negativmeldungen über das Unternehmen oder den CEO rasch erfasst werden und eine schnelle Reaktion wird ermöglicht. Social Media Guidelines sind notwendig, um möglichen Schaden zu verhindern.**

→ **Das Wichtigste in einer Krise ist es, rasch zu reagieren, um der Presse den Wind aus den Segeln zu nehmen und Gerüchte klarzustellen. Der richtige Umgang mit Krisen geschieht jedoch durch präventive Arbeit. Bricht dennoch eine Krise aus, sind einige Regeln zu beachten.**

Erfolgsfaktoren für erfolgreiche PR-Arbeit

Wörtlich übersetzt, beschreibt der Begriff Public Relations die Beziehungen eines Unternehmens mit der Öffentlichkeit.[1] Bes-

12

Praxis-Thema

ser betitelt als „Presse- und Öffentlichkeitsarbeit“, bildet PR-Arbeit die Grundlage des Kommunikationsmanagements und versteht sich als Prozess der Meinungsbildung, durch den gezielten Einsatz von Kommunikationsmitteln. PR als Instrument der Unternehmensführung gilt als zentrale, proaktive Managementfunktion mit strategischer Ausrichtung.[2] Es dient hauptsächlich der Steigerung des Bekanntheitsgrades einer Marke bzw. eines Unternehmens, soll des Weiteren ein positives Image aufbauen und Akzeptanz bzw. Vertrauen schaffen.[3] PR-Maßnahmen können grundsätzlich schriftlich (zum Beispiel mithilfe von Pressemitteilungen oder Pressemappen) und mündlich (via Pressekonferenzen oder Pressegesprächen) umgesetzt werden.[4]

Die PR-Funktion im Unternehmen ist die Erfüllung folgender Kernaufgaben:[5]

⟶ Beratung der Managementebene in kommunikationspolitischen Fragen
⟶ Partizipation an der Unternehmenszielfindung
⟶ Planung und Implementierung strategischer Kommunikationskonzepte
⟶ Steuerung des Unternehmensimages, Krisenkommunikation, Aufbau einer Corporate Identity

Rolle des CEOs in der Unternehmenskommunikation

Die Macht und Wirkung der Medien hat einen enormen Einfluss auf die Glaubwürdigkeit übermittelter Informationen. Als Unternehmen muss daher großes Augenmerk auf die PR-Arbeit gelegt werden.[6] Aufgrund der hohen Handlungskompetenz und der weitreichenden Entscheidungskraft des CEOs kann vor allem dieser einen großen Einfluss auf die Unternehmenskommunikation nehmen.[7] Das Unternehmen und die Führungskräfte werden in der Öffentlichkeit meist als eine Einheit wahrgenommen. Für die Profilierung sind daher ein harmonisches Zusammenspiel und die Beachtung kommunikativer Spielregeln bedeutsam.[8] Viele Unternehmen versuchen den CEO als Marke nach außen zu positionieren. Diese Personalisierung kann einen positiven Einfluss auf das Branding des Unternehmens haben. Vice versa kann aber ein Misserfolg auch negative Effekte nach sich ziehen und das Image schädigen.[9] Bei öffentlichen Auftritten sollten spezifische Aspekte wie Bühnenbild, Dekoration und Sitzpositionen immer wieder kontrolliert werden. Nur so wird das Gesamtbild auch den vom Unternehmen gewünschten Eindruck übermitteln können.[10]

Auftritt im klassischen Medienumfeld

Unternehmen werden immer öfter an den öffentlichen Auftritten ihrer CEOs gemessen. Daraus ergeben sich einige Gefahren, jedoch genauso viele Chancen für Unternehmen.[11] Daher gilt es einige Regeln zu beachten, wenn es darum geht, sich in der Öffentlichkeit gut und für das Unternehmen auf eine förderliche Art und Weise zu präsentieren.[12] Eine gute Reputation des CEOs führt in der Regel auch zu einer guten Reputation seines Unternehmens.[13] Abgesehen davon, dass Nachrichten von CEOs, die in der Öffentlichkeit geschätzt sind, häufiger wahrgenommen werden, stellen sich durch ein positives Image bei der Presse auch die Medienberichte als tendenziell positiver dar.[14]

Wichtig ist es, im Vorfeld festzulegen, wer, was, zu welchem Thema sagen soll. Es macht durchaus Sinn, die Produktmanager zu ihren Spezialgebieten oder den Pressesprecher zu Side-Events Stellung nehmen zu lassen.[15] Oft verwenden CEOs eine auf den Empfänger oft viel zu unverständlich und komplex wirkende Sprache. Mit „unbrauchbaren" Standardbegriffen wie „Kompetenz", „Vision", „Strategie" oder „Technologie" wird jongliert. Zielführender wäre es hierbei, eine dem Zielpublikum verständliche Sprache an den Tag zu legen, um Interesse zu wecken und nicht ignoriert zu werden. Dennoch darf natürlich nicht auf ein professionelles Erscheinungsbild bei öffentlichen Auftritten, wie Pressekonferenzen, verzichtet werden. Hierbei kann ein CEO durch einen guten Auftritt sehr stark an Profil gewinnen. Kurz: Ein CEO muss über Fachwissen und Kompetenz verfügen, deshalb muss er noch lange nicht langweilig sein.[16] Bei öffentlichen Auftritten ist demnach vor allem auf die Stimme und das nonverbale Verhalten zu achten, Sprache und Inhalt spielen eine wichtige, aber keine alleinige Rolle. Jedoch wird von den Unternehmen „dem Inhalt von Medienauftritten oder von Präsentationen vor Publikum immer noch viel mehr Aufmerksamkeit geschenkt als der Inszenierung und dem nonverbalen Verhalten. Dadurch werden viele Chancen verpasst, wirklich zu überzeugen."[17]

CEOs überzeugen Journalisten Studien zur Folge bei öffentlichen Auftritten am besten sowohl durch einen ehrlichen und glaubwürdigen Auftritt als auch durch fachliche Kompetenz.

Viele CEOs, die sich zum ersten Mal eine Aufzeichnung ihres Fernsehauftrittes ansehen, sind darüber schockiert, wie unecht und durchschaubar sie auf den Zuseher wirken. Es empfiehlt sich, einige Male vor einer Kamera mit der Unterstützung von Profis zu trainieren.[18]

Es gibt keine PR-Naturtalente! Jeder CEO muss sich bewusst sein, dass es viel Training und gezielte Vorbereitung benötigt, um sich im klassischen Medienumfeld vor Journalisten und der Öffentlichkeit gut zu präsentieren.[19]

Bei öffentlichen Auftritten haben CEOs aber auch interne Aspekte zu beachten. Große Ankündigungen und Neuigkeiten, die den Mitarbeitern noch nicht kommuniziert wurden, können zu Unverständnis bei selbigen führen.[20]

Richtiger Umgang mit neuen Medien

Im Zeitalter des Internets, wo immer mehr Menschen Firmen primär nach ihrer Homepage beurteilen, ist diese eines der wichtigsten Instrumente, um sich nach innen und außen klar zu positionieren. Hierfür ist ein Verantwortlicher im Unternehmen zu bestimmen, der einige Regeln berücksichtigt sollte.[21]

⟶ Seien Sie stets auf dem neuesten Stand mit der Website und versuchen Sie darüber zu berichten, z. B. durch Newsletter oder RSS-Feeds, und kombinieren Sie den Onlineauftritt mit dem bewährten Marketing.

⟶ Die Homepage sollte sehr gut gestaltet sein und mit Ihrem Unternehmen im Einklang stehen. Nutzerfreundlichkeit, ein „roter Faden“ auf der Website, leichte Navigation und leichte Suchfunktion sind wichtige Elemente (Rücksicht jung/alt).

⟶ Kommunikationsmöglichkeit mit den Kunden über E-Mail, Chats oder Foren anbieten und schnelle Reaktion über diese Medien.

⟶ Bilden Sie Communities (= Zusammenschluss mit anderen Partnern), um gemeinsam noch mehr Kunden zu erreichen.

⟶ Optimieren des Onlineauftritts durch Internetanalysen/-ranking in Suchmaschinen bzw. gezielte Werbung bei Google AdWords.

Eine große Bedeutung soll auch der Überwachung und Kontrolle beigemessen werden. Beim Webmonitoring gilt es vor allem darum, die Veränderungen auf der eigenen und auf fremden Homepages zu überwachen. Ändert z. B. der Mitbewerber seine Website, wird man über die Veränderungen informiert und kann somit ziel- und zeitgerecht reagieren. Dieses Instrument ermöglicht es auch, das Internet auf Negativmeldungen des Unternehmens bzw. des CEOs zu durchsuchen und erlaubt Ihnen somit, eine rasche Stellungnahme abzugeben.[22]

Mitarbeiter kommunizieren immer häufiger mit Kollegen, Freunden oder Geschäftspartnern über das Web 2.0, wobei hier noch viel zu wenig auf den richtigen Umgang geachtet wird. Sensible Unternehmensdaten können schnell in falsche Hände geraten. Hier ist es notwendig, Social Media Guidelines zu erstellen, um die Firma und den Mitarbeiter zu schützen und das Bewusstsein zur Vorsicht zu vermitteln. Die Inhalte müssen individuell auf die Unternehmen abgestimmt werden, enthalten aber meist Datenschutz und Urheberrechtsbestimmungen bis hin zu Handlungsregeln für Mitarbeiter zur Nutzung diverser Medien.[23]

Kommunikation in Krisenzeiten

In der Phase des Krisenbeginns kommt der frühen Kommunikation die größte Bedeutung zu. Wenn eine Krise zu hoher öffentlicher Aufmerksamkeit geführt hat, warten Unternehmen oft zu lange, bevor sie Informationen an die Medien geben. Es wird meist auf Detailinformationen gewartet. Dabei sollen so bald wie möglich die Situation und Spielregeln der Medien erkannt werden, deren primäre Aufgabe die Aufklärung von Sachverhalten und Information der Zielgruppen ist. Wer hier über die ersten und besten Informationen verfügt, hat einen Wettbewerbsvorteil und kann sich profilieren.[24]

Bevor eine Krise eintritt, müssen rechtzeitig Grundlagen geschaffen werden, um frühzeitig Problemfelder aufzuzeigen. Diese sollen dann über das Risikomanagement bewertet und vermieden werden. Die Vorbereitung für die Art und Weise der Krisenkommunikation ist ebenfalls Gegenstand des Risikomanagements. Die Kommunikation hat im Vorfeld einer Krise einen hohen Stellenwert, da sie zur Sensibilisierung, zur Vorsorge und zur Steigerung eines Krisenbewusstseins führt. Dabei sind ein ständiger Dialog mit den Medien sowie die Auswertung von Frühwarninformationen besonders wichtig.[25] Keine Reaktion zu zeigen, ist fast nie empfehlenswert. Daher muss man handeln und gibt so die Meinungsführerschaft aus der Hand.[26]

Nach Jack Welch sind folgende Punkte in Krisenzeiten besonders zu beachten:[27]

- ⟶ Die Situation ist schlimmer, als sie zunächst aussieht. Vergeuden Sie keine Zeit damit zu leugnen, dass etwas nicht stimmt.
- ⟶ Machen Sie kein Geheimnis aus der Situation, es kommt früher oder später ans Tageslicht.

- → Egal wie Ihr Unternehmen die Krise angeht, es wird im für Sie schlechtesten Licht in den Medien präsentiert werden.
- → Oft sind Personalveränderungen unerlässlich.
- → Ihr Unternehmen wird die Krise überwinden und sich stärker als zuvor präsentieren.

Weiterführende Literatur

Garth, A. J.: Krisenmanagement und Kommunikation — Das Wort ist ein Schwert die Wahrheit ein Schild, Wiesbaden 2008

Hurd, B.: social media policy vs social media guidelines, http://123socialmedia.com/2010/11/15/social-media-policy-vs-social-media-guidelines 12.03.2011

Oltmans, T.; Brunowsky R. D.: Think CEO 2 — Manager in der Medienfalle, Köln 2009

Emotional Selling – High-Level-Kommunikation mit Wirkung

Bewährte Verkaufstechniken sind die Pflicht, Emotional Selling ist die Kür. Lernen Sie in diesem Kapitel, wie Sie mit Ehrlichkeit, Empathie und Interesse an Ihrem Gegenüber, Verhandlungen zum Erfolg führen und dabei langfristige vertrauensbasierte Beziehungen aufbauen.

- **Durch das Ansprechen der Emotionen von Kunden, Investoren und Mitarbeitern können sich Unternehmen heutzutage unverkennbar am Markt positionieren. Emotional Selling ist somit ein wichtiges Werkzeug der Public-Relations- bzw. Investor-Relations-Arbeit.**
- **Wissenschaftliche Grundlagen und theoretische Konzepte bestimmen gewisse Fähigkeiten als essenzielle Basis für einen erfolgreichen Einsatz des Emotional Selling. Ein funktionierendes Zusammenspiel aus emotionaler und sozialer Intelligenz gilt hierfür als wesentlich.**
- **In der Arbeitswelt sind der erste und letzte Eindruck für Sympathie, Vertrauen und Glaubwürdigkeit entscheidend. Der Einsatz von Emotional Selling, durch die Verwendung von „Magic Words", ist für die Entstehung einer positiven Stimmung besonders wichtig.**
- **Mithilfe verschiedener Techniken kann die Weiterentwicklung des Emotional Selling vorangetrieben werden. Dadurch können emotionale Kompetenzen gezielt organisiert und verwendet werden.**

Warum Emotional Selling?

Für Unternehmen wird es immer schwerer, sich am Markt optimal zu positionieren. Es tummeln sich viele andere Anbieter für gleiche Produkte bzw. Dienstleistungen mit sehr ähnlicher Qualität auf dem Markt. Daher lassen sich die Güter mittlerweile schwerer mit dem Faktor Qualität verkaufen. So findet das Emotional Selling generell in drei Märkten (Kundenmarkt, Mitarbeitermarkt, Kapitalmarkt) Anwendung und nimmt weiter an Bedeutung zu.

Für Unternehmen ist es deshalb von hoher Wichtigkeit, sich vom Mitbewerber abzugrenzen. Eine Möglichkeit dafür bietet das Emotional Selling. Dabei sollen die Emotionen des Kunden geweckt werden. Aus diesem Grund werden Produkte beispielsweise nicht mit ihrer Qualität beworben, sondern oft mit den Faktoren Familie, Sicherheit, Prestige etc. Der Kunde verbindet mit prestigeträchtigen Produkten automatisch auch eine hohe Qualität.

Emotional Selling zielt jedoch nicht ausschließlich auf Kundenzielgruppen ab. Es sollen sämtliche Stakeholder wie Investoren, Lieferanten, die Öffentlichkeit, aber auch die eigenen Mitarbeiter emotional erreicht werden.

Deshalb ist es wichtig, dass sich CEOs und andere Vorstandsmitglieder mit diesem Thema auseinandersetzen. CEOs und CFOs sollten ihre Investoren im Rahmen der Investor Relations emotional ansprechen, ihnen somit auf emotionaler Ebene vermitteln, warum dieses Unternehmen das richtige für ein Investment ist.

Emotional Selling & Emotionale Intelligenz

Um Emotional Selling erfolgreich anwenden zu können, sind sowohl soziale als auch emotionale Intelligenz relevant. Diese beiden Kompetenzen teilen grundsätzlich mehrere Ähnlichkeiten und ergänzen sich.

Bei emotionaler Intelligenz geht es vor allem um das Wahrnehmen, die Aufnahme, das Verstehen und das Managen von kognitiven Reizen und Verhaltenskomponenten.[1] Für die Darstellung dieser Kompetenzen findet weit verbreitet der MSCEI-Test Anwendung.[III]

Ähnlich der emotionalen Intelligenz beschreibt die soziale Intelligenz die Fähigkeit, in einer sozialen Situation mit angebrachten oder unangebrachten Handlungen zu agieren bzw. zu reagieren.[2] Unterschiedliche Sichtweisen thematisieren grundsätzlich Selbstwahrnehmung, inter- und intrapersonale Fähigkeiten, Motivation, Empathie und allgemeine Stimmungen.

Emotional Selling in der Arbeitswelt

Da derzeit das Internet für die Kommunikation mit Kunden, Mitarbeitern, Betriebsratsmitgliedern, Lieferanten, aber auch mit Banken immer mehr an Bedeutung gewinnt, ist es für Geschäfts-

III — Mayer-Salovey-Caruso Emotional Intelligence Test (MSCEIT) ist der am meisten verwendete und am besten entwickelte Test, der die Messung der emotionalen Intelligenz ermöglicht. Anhand von drei Skalen wird der Fähigkeitsstatus einer Person beschrieben. An oberster Stelle steht die emotionale Intelligenz, darunter folgt die Darstellung von „Emotional Experiencing" sowie „Emotional Reasoning". Die letzte Ebene beschreibt das Erkennen, Verwenden, Verstehen und Verwalten von Emotionen. In dieser Ebene werden mithilfe des MSCEIT-Tests insgesamt sieben Fähigkeiten analysiert. (Vgl. Wilhelm, O. **[Emotional Intelligence 2005]**, S. 136 f.) Auch emotionale Intelligenz kann erlernt werden. Zur Weiterentwicklung dieser Fähigkeit stellt das bereits vorhandene Wissen einen wichtigen Faktor dar. (Vgl. Caruso/Salovey **[The Emotionally Intelligent Manager 2004]**, S. 81.)

leute eine besondere Herausforderung, die Kontaktpersonen über persönliche Gespräche zu erreichen. Dabei steht die Art und Weise, wie etwas gesagt wird, also die nonverbalen Eindrücke wie Augenausdruck und Tonfall, im Vordergrund. Kunden, aber vor allem auch alle anderen Personen, die im Kontakt mit Unternehmen stehen, erwarten „individuelles Verständnis“[3] für einzelne Probleme und ein „angenehmes und individuelles Verhalten“.[4]

Darüber hinaus ist das Verhalten von Mitarbeiter und Führungskraft im Unternehmen ebenfalls bedeutend. Dabei werden bestimmte emotionale Erwartungen in Meetings, Teamsitzungen und bei Telefonaten an jeden einzelnen gestellt, die bei Erfüllung dazu führen, dass ein erfolgreiches Zusammenarbeiten möglich ist.[5]

Um all die besagten Erwartungen zu erfüllen und zu verwirklichen, ist der erste und letzte Eindruck besonders wichtig. Gesprächspartner stellen zu Beginn fest, ob Sympathie, Vertrauen, Glaubwürdigkeit, Aufmerksamkeit und eine positive Erwartungshaltung besteht, was letztendlich ausschlaggebend für den Geschäftsabschluss oder eine erfolgreiche Zusammenarbeit ist.[6] Dieser relativ kurze Augenblick, in dem besonderes Augenmerk auf die Kleidung, den Gang und die Körpersprache gelegt wird, ist entscheidend für den Erfolg des Gesprächs.[7]

Den ersten und letzten Eindruck kann jede Person selbst beeinflussen. Die Sprache, Körpersprache und Mimik wirkt automatisch positiv, wenn eine innere Zufriedenheit, Neugier und Interesse für den Gesprächspartner vorhanden sind. Ein klares Gesprächsziel und ein freundliches Auftreten sorgen außerdem für den idealen Abschluss eines Gesprächs.[8]

Während des Gesprächs ist es notwendig, mehr über den Gesprächspartner herauszufinden: welche Meinung er zum Angebot hat und welche Wünsche und Bedürfnisse für ihn erfüllt werden müssen. Durch Beantwortung dieser Fragen verschafft sich der Mitarbeiter bzw. die Führungskraft des Unternehmens einen Vorteil und kann so das Angebot optimal für den Kunden darstellen und präsentieren, was für den letzten Eindruck besonders wichtig ist.[9] Denn beim letzten Eindruck macht sich der Gesprächspartner ein Bild über die Überzeugungskraft und Willensstärke des Mitarbeiters bzw. der Führungskraft. Darüber hinaus kann in dieser Phase bestimmt werden, welche Bilder, Emotionen und Worte in Erinnerung bleiben sollen.[10]

Da es in Unternehmen auch Erwartungen an das Verhalten jedes Einzelnen gibt, sollten vor allem auch Führungskräfte Emotional Selling in Gesprächen einsetzen. Zuerst sollte jedoch immer auf glaubwürdiges und authentisches Erscheinen geachtet werden.[11] Führungskräfte müssen in der Lage sein, Gefühle ihrer Mitarbeiter und Geschäftspartner zu verstehen, um angemessen auf diese eingehen und reagieren zu können. Damit im Zusammenhang steht auch die Motivation der Mitarbeiter. Voraussetzung hierbei ist die eigene Motivation einer Führungskraft. CEOs sollten ihren Kollegen gegenüber immer positiv gestimmt auftreten, da sich dies unbewusst auf die Körpersprache auswirkt, was wiederum von der anderen Person im Gespräch wahrgenommen wird.

Außerdem sollten Sie als Führungskraft Ihren Mitarbeitern und Geschäftspartnern gegenüber immer so auftreten, wie Sie selbst auch behandelt werden möchten. Wenn Sie also eine wertschätzende und respektvolle Haltung einnehmen, werden die Mitarbeiter und Geschäftspartner, mit hoher Wahrscheinlichkeit, auf die gleiche Art und Weise agieren. Dies führt zu einer erfolgreichen Zusammenarbeit.[12]

Darüber hinaus besteht für Sie die Möglichkeit, „Magic Words" in Ihre Sprache zu integrieren. Dies sind Worte, die bei den Gesprächspartnern warme Gefühle und positive Stimmungen erzeugen (z. B. wir, gemeinsam, wertvoll, lösbar, Erfolg versprechend). Die besagte Integration dieser Wörter in Aussagen führt, mit höherer Wahrscheinlichkeit, dazu, dass Gesprächspartner den gegebenen Empfehlungen folgen und das erwünschte Verhalten aufweisen werden.[13]

Zusammenfassend kann gesagt werden, dass der Einsatz des Emotional Selling sowohl in Beziehungen mit Kunden, aber auch mit Kollegen in einem Unternehmen bedeutend ist. Dabei sollte jedoch immer auf ein ehrliches und authentisches Wirken dem Gesprächspartner gegenüber geachtet werden.

Persönliche Weiterentwicklung des Emotional Selling

Um Emotional Selling in der Arbeitswelt erfolgreich einsetzen zu können, ist es zunächst wichtig, seine eigenen Emotionen zu erkennen, um diese im nächsten Schritt organisieren und schlussendlich richtig verwenden zu können.

Die emotionale Selbstwahrnehmung beschäftigt sich mit dem Erkennen und Benennen der eigenen Emotionen, um sich selbst verstehen und die Gefühle entsprechend steuern zu können und dadurch mit Rückschlägen und Aufregungen des Lebens besser umgehen zu können.[14]

Um Spitzenleistungen erbringen zu können, ist es essenziell, Emotionen zielgerichtet einzusetzen. Verantwortungsbewusstes Handeln, verbesserte Aufmerksamkeit und Konzentration sowie Selbstbeherrschung erhöhen die Produktivität und Effektivität bei der Arbeit.[15] Das gezielte Organisieren und Verwenden emotionaler Kompetenzen ermöglicht es, Sachverhalte aus mehreren verschiedenen Perspektiven zu beurteilen. Dies trägt dazu bei, sich in andere Personen hineinversetzen und sie positiv motivieren zu können.[16]

Jedoch spielt auch die emotionale Selbstkontrolle mit den Faktoren Entschleunigung, Konzentration und Klarstellung eine große Rolle. Beim Entschleunigen liegt der Fokus darauf, Tempo aus der aktuellen Situation zu nehmen.

Außerdem sollte die eigene Konzentration auf das Gegenüber oder eine bestimmte Sache erhöht werden. Es besteht die Möglichkeit, verschiedene Konzentrations- und Entspannungsübungen wie Sport oder Yoga, um Körper, Geist und Seele in Einklang zu bringen, auszuüben.

Außerdem ist die Erkenntnis, dass alles, was erreicht werden kann, auch von anderen Menschen abhängig ist, sehr wichtig. Eine Klarstellung gegenüber relevanten Gesprächspartnern ist essenziell, um die eigenen Ziele erreichen zu können. Deshalb muss die Aufmerksamkeit auch auf diese Menschen gerichtet werden.

Die Kenntnis, Organisation und Kontrolle der eigenen Emotionen stellen die Grundlage für den Einsatz des Emotional Selling in der Arbeitswelt dar. Die Reaktion auf Sachverhalte kann besser gesteuert werden und die positive Motivation anderer Personen ist möglich. Dies bringt dem Unternehmen einen großen Nutzen. Die einzelnen Schritte, wie identifizieren, verwenden, verstehen sowie managen, und auch der MSCEI-Test geben einen Anhaltspunkt zur Organisation und Weiterentwicklung der emotionalen Kompetenzen.

Weiterführende Literatur

Holzheu, H.: **Wer nicht lächeln kann, macht kein Geschäft – Emotional Selling, Heidelberg 2007**

Schulze, R.; Roberts, R. D.: **Emotional Intelligence – An International Handbook, Göttingen 2005**

Vogel, I.: **Top Emotional Selling – Die 7 Geheimnisse der Spitzenverkäufer, Offenbach 2009**

Investor Relations from the Top

Gerade in angespannten Wirtschaftszeiten sind gute und vertrauensvolle Beziehungen zu Ihren Investoren zentrale Erfolgsfaktoren für die langfristige Sicherung Ihres Unternehmens. Erhalten Sie in diesem Kapitel einen Einblick in die Kernthemen der heutigen Investor-Relations-Arbeit und lernen Sie, wie Sie die Beziehungen zu Investoren aktiv und zielführend gestalten. Investor Relations pflegen die Beziehungen zur Financial Community eines Unternehmens und leisten somit einen wesentlichen Beitrag zum Unternehmenserfolg.

→ **Investor Relations bezeichnet die strategisch geplante und zielgerichtete Gestaltung der Kommunikationsbeziehung zwischen dem Unternehmen und der Financial Community, die im dynamischen Markt Qualität und die aktive Beteiligung des CEOs fordert.**

→ **Der CEO spielt in der Finanzmarktkommunikation eine bedeutende Rolle. Entscheidend ist, dass er in der Investorenöffentlichkeit seiner Persönlichkeit angemessen agiert und durch Integrität und Authentizität beständiges Vertrauen schafft.**

→ **Der CEO hat die Aufgabe, ein klares Finanzkommunikationsprogramm zu definieren. Neben den strategischen Aufgaben erfüllt der CEO, als Gesicht des Unternehmens nach außen, auch operative Tätigkeiten.**

→ **Die Financial Community lässt sich in Privatanleger, institutionelle Investoren und Multiplikatoren gliedern. Der übergeordnete Anspruch dieser Zielgruppen besteht in einer fairen, freiwilligen und offenen Informationspolitik.**

→ **Um Investoren und Multiplikatoren für sich zu gewinnen, setzen Unternehmen entsprechende Maßnahmen. Den geeigneten Mix an Maßnahmen zu finden, um die gewünschten Investoren anzusprechen, ist dabei die Herausforderung.**

→ **Der CEO verleiht dem Unternehmen mit einer gewissen Exklusivität das notwendige Gesicht und überdies mediale Beachtung. Darüber hinaus macht sich die kontinuierliche Pflege der Beziehung zur Financial Community gerade in Krisenzeiten bezahlt.**

14

Praxis-Thema

Einführung Investor Relations

„Investor Relations bezeichnet die strategisch geplante und zielgerichtete Gestaltung der Kommunikationsbeziehung zwischen einem […] Unternehmen und der Financial Community."[1]

Ziel effektiver Investor-Relations-Arbeit ist es, relevante Informationen für die Financial Community so aufzubereiten, dass der Wert des Unternehmens eingeschätzt werden kann. Somit soll sichergestellt werden, dass sich die Entwicklung des Unternehmens mit den Erwartungen des Marktes deckt.[2] Faktenbezogene Informationen stehen den Kapitalmarktteilnehmern dank des Internets rund um die Uhr zur Verfügung. Die Qualität der Kommunikation wird somit immer mehr zur Basis für Investoren, Entscheidungen zu treffen.[3] Investoren möchten darüber informiert werden, was mit ihrem Geld passiert. Je besser also der Kommunikationsfluss zu den Zielgruppen, desto geringer sind die geforderte Risikoprämie und damit die Kapitalkosten. Warren Buffet rät Investoren, eine Aktie, die man nicht zehn Jahre zu halten bereit ist, nicht einmal zehn Minuten zu behalten. Ein Investment soll nur dann infrage kommen, wenn der Investor langfristig davon überzeugt ist.[4] Im Umkehrschluss bedeutet dies für ein Unternehmen, die Investor-Relation-Arbeit auf jene Investoren zu fokussieren, die zur strategischen Ausrichtung des Unternehmens passen und damit bereit sind, sich längerfristig an das Unternehmen zu binden.

Rolle und Bedeutung des CEOs in der Finanzmarktkommunikation

Die Rolle und Bedeutung des CEOs für Investor Relations ergibt sich als Mischung aus den externen Erwartungen des Marktes und der individuellen Persönlichkeit der Führungskraft. Während ein CEO diese Herausforderung aktiv und engagiert angeht, verhält sich der andere zurückhaltender und bevorzugt eine stärkere Arbeitsteilung mit dem Finanzvorstand (CFO).[5]

Aus den von den Autoren geführten Experteninterviews mit den Investor Relations Managern der OMV und voestalpine geht hervor, dass folgende Eigenschaften einen erfolgreichen CEO auszeichnen:

⟶ Er besitzt eine kommunikative Persönlichkeit und steht dem Kapitalmarkt offen gegenüber.

Seite 82

- → Anhand einer nachvollziehbaren Strategie unterstützt er die am Kapitalmarkt tätigenden Personen bei der Prognose der Finanzzahlen, ohne dabei Insiderinformationen weiterzugeben.
- → Darüber hinaus ist der CEO in seinen Erwartungen sachlich und besitzt die Fähigkeit, komplexe Zusammenhänge in einfacher Form zu präsentieren.

Die Bekanntheit und Reputation des CEOs in den Augen institutioneller Investoren und Anleger zählen zu den wichtigsten Treibern des Börsenwertes. Es ist jedoch wichtig, dass der Auftritt und die Rolle des CEOs in der Investorenöffentlichkeit seiner Persönlichkeit angemessen bleiben. Beständiges Vertrauen kann nur durch Integrität und Authentizität erreicht werden.[6]

Die von den Autoren geführten Interviews bekräftigen, dass das Image, die kommunikativen Fähigkeiten sowie das Verhalten des CEOs vor allem in wirtschaftlich schwierigen Zeiten bedeutend für die Kaufentscheidung der Investoren sind. Laut einer Studie der Boston Consulting Group lässt sich allein durch das Image des CEOs eine Prämie von 15 % für den Aktienkurs realisieren.[7]

Aufgaben des CEOs

Unternehmen stehen im Spannungsfeld von erhöhten Ansprüchen des Kapitalmarktes, strengen Regulierungen der Börsenaufsichten sowie unter einem spürbaren Kostendruck.[8] Der CEO muss den Markt und auch seine Geschäftspartner (Investoren) gut kennen, um sich etwaigen Veränderungen rasch anpassen zu können.[9] Strategische Aufgabe des CEOs ist es, ein klar definiertes Finanzkommunikationsprogramm vorzugeben und auf dessen Implementierung und die daraus generierte Wertschöpfung zu achten. Darüber hinaus nimmt der CEO selbst eine Vielzahl an operativen Aufgaben wahr, wie zum Beispiel die aktive Präsenz auf Investorenkonferenzen oder „Road Shows". Die direkte Kommunikation mit den Investoren steht dabei immer im Mittelpunkt der Aufgaben des CEOs.[10]

Anspruchsvolle Zielgruppen

Die Zielgruppen der Investor-Relations-Arbeit lassen sich in Privatanleger, institutionelle Investoren und Multiplikatoren einteilen. Zusammengefasst bezeichnet man sie als Financial Community. Der übergeordnete Anspruch dieser Zielgruppen besteht in einer fairen, freiwilligen und offenen Informationspolitik.[11]

Institutionelle Investoren stehen im Fokus der traditionellen Investor-Relations-Arbeit. Diese setzen sich vor allem aus Versicherungen und Investmentfonds zusammen. Aufgrund ihres hohen Kapitaleinsatzes erwarten sich Großanleger detaillierte und rasch zur Verfügung stehende Informationen.[12] Laut den von den Autoren geführten Interviews legen sie zudem großen Wert auf persönliche Kenntnis des Investitionsobjektes, auf die Strategie, das Geschäftsmodell und auf ein glaubwürdiges Management. Diese Faktoren können durch Unternehmensbesuche und persönliche Gespräche mit dem Unternehmensmanagement aufgebaut werden. Derart persönliche Beziehungen können in Krisensituationen vor allem kursstabilisierend wirken.[13]

Private Investoren stellen eine heterogene, zahlenmäßig große Gruppe dar, die pro Investor nur geringes Anlagenkapital aufbringt. Ein relativ hoher Zeit- und Kostenaufwand für die Investor Relations steht einem geringen Anlagenpotenzial pro Aktionär gegenüber. Obwohl die privaten Investoren nur einen relativen Anteil von ca. 16 % aller Kapitalanleger ausmachen, sind sie durch ihren langfristige Anlagenhorizont und ihrer zusätzlichen Tendenz, Aktien auch in Krisensituationen zu halten, sehr beachtenswert.[14]

Die Gruppe der Multiplikatoren setzt sich aus Banken, Finanzanalysten, Fondsmanagern, Ratingagenturen und Wirtschaftsjournalisten zusammen.[15] Die Interviews bestätigen, dass dieser Zielgruppe besondere Bedeutung zukommt, da auf ihre Äußerungen und Urteile über Unternehmen der Markt der Privatanleger relativ sensibel und mit hoher Geschwindigkeit reagiert.

Maßnahmen des Investor Relation Managements

Börsennotierte Unternehmen setzen Maßnahmen, um Investoren und Multiplikatoren für sich zu gewinnen. Dabei ist es wichtig, die Investor-Relations-Arbeit ganzheitlich zu sehen und Teilaspekte wie Information, die Durchsetzung am Meinungsmarkt, Zielgruppenkonsens und die dauerhafte und effektive Kommunikation miteinander zu verbinden.[16]

Die Herausforderung für den CEO besteht darin, die geeignete Kombination an Maßnahmen zu finden, um potenzielle Investoren anzusprechen. Der Fokus dieser Maßnahmen liegt darauf,

Seite 84

ständigen Kontakt zu den Analysten und Investoren zu pflegen. Viele Investoren können nur im persönlichen Gespräch gewonnen werden.[17]

In den Experteninterviews wurden neben Publikationen und einer guten Pressearbeit besonders Veranstaltungen als wichtiges Instrument für die Gewinnung von Anlegern genannt. Die Interviewpartner bekräftigen die Wichtigkeit von Veranstaltungen als Maßnahmen der Investor-Relations-Arbeit. Besonders „Road Shows" und „Capital Market Days" eignen sich, um Meinungsmittler vom Wert des Unternehmens zu überzeugen. Diese zeitintensiven Veranstaltungen werden in wichtigen Finanzzentren im In- und Ausland und in Anwesenheit von ausgewählten institutionellen Investoren durchgeführt. Die Aufgabe der Präsentation des Unternehmens obliegt vor allem dem CEO.[18]

Zukünftige Herausforderungen

Zu den größten Herausforderungen eines Unternehmens gehört es, dauerhaft im Gespräch zu bleiben, ohne zu langweilen oder aufdringlich zu wirken. Die aktive Beteiligung des CEOs an der Inszenierung des Unternehmens ist daher unerlässlich. Eine gewisse Exklusivität der CEO-Auftritte verleiht diesen das notwendige Gewicht und dadurch entsprechend mediale Beachtung.[19]

Die Experteninterviews bekräftigen, dass bei der Informationsweitergabe an die Zielgruppen größtes Augenmerk auf inhaltliche Konsistenz, Einheitlichkeit und Transparenz zu legen ist.

Gute Investor-Relations-Arbeit zeichnet sich durch das Aufrechterhalten des Informationsflusses gerade in Krisenzeiten aus. Der CEO ist in schwierigen Zeiten der „Fels in der Brandung" des Unternehmens, dessen Verhalten von den Investoren mit Argusaugen beobachtet wird. Schließlich ist der CEO das Gesicht des Unternehmens nach außen und auf der Glaubwürdigkeit des CEOs in der Kommunikation mit der Financial Community liegt dabei das Hauptaugenmerk.[20]

Das öffentliche Eingestehen einer Krise, frühzeitige Kommunikation, aktive Aufklärung und die Präsentation konkreter Maßnahmenpläne können verhindern, dass das Vertrauen der Financial Community, und darüber hinausgehend das der breiten Öffentlichkeit, sowie der Politik im Falle einer Krise verloren geht.[21]

Weiterführende Literatur

Arndt, O.; Deekeling, E.: CEO Kommunikation. Strategien für Spitzenmanager, Frankfurt am Main 2006

Kirchhoff, K.: Grundlagen der Investor Relations, In: *Kirchhoff, K.; Piwinger, M. [Hrsg.]:* Praxishandbuch Investor Relations — Das Standardwerk der Finanzkommunikation, Neuwied 2001

Simon, H.: Die Rolle des CEO im Investor Marketing, In: *Ebel, B.; Hofer, M. B. [Hrsg.]:* Investor Marketing — Aktionäre erfolgreich gewinnen — Investoren langfristig binden — Börsenkurse nachhaltig steigern, Wiesbaden 2003

Selbstführung für Topmanager

Auch als Topmanager bleiben Sie Mensch und müssen mit Ihren Kräften haushalten. Um an den gewaltigen physischen und psychischen Herausforderungen Ihrer beruflichen Position nicht zu zerbrechen, sollten Sie sich aktiv mit Themen wie Zeit- und Stressmanagement, Selbstverwirklichung, Work-Life-Balance und Persönlichkeitsentwicklung beschäftigen. Dieses Kapitel bietet Ihnen die Gelegenheit dazu.

- → **Erfolgreiche Führungskräfte sind sich ihrer Haltungen, Werte und Stärken bewusst und erkennen Gedanken klar als Basis der Selbstführung.**
- → **Ganzheitliches Denken und Ziele, die im Einklang mit den persönlichen Werten stehen, anzustreben, sind entscheidende Faktoren, um ganzheitlichen Lebenserfolg zu erreichen.**
- → **Auf Basis einer klaren Lebensvision, Konzentration auf das Wesentliche und den konsequenten Einsatz von Zeitmanagement wird hohe Wirksamkeit ermöglicht.**
- → **Äußere Stressoren verändern – aber auch an der inneren Haltung zu Stress arbeiten.**
- → **Durch die richtige Gestaltung von Berufs- und Privatleben kann eine ausgewogene Work-Life-Balance erreicht werden.**

Persönlichkeitsentwicklung

Unsere Persönlichkeit baut auf inneren Werten und Haltungen auf und spiegelt sich in unseren Handlungen wider. Nur durch Gedanken können wir unsere Werthaltungen hinterfragen – sie stellen daher den zentralen Ausgangspunkt und die Grundlage der Selbstführung dar. Es ist wesentlich, sich seiner Gedanken und seiner „unbewussten Programmierungen“[1] bewusst zu werden, Verantwortung dafür zu übernehmen und dadurch sein Leben aktiv zu verändern. Diese proaktive Haltung ermöglicht es, die eigene Persönlichkeit bewusst zu gestalten.[2]

Dabei kann es hilfreich sein, sich mit diesen Gedanken, den Grundprinzipien persönlicher Verhaltensänderung, vertraut zu machen: Erkennen Sie Ihren Wert und schätzen Sie sich, wie Sie die anderen Menschen schätzen. Beachten Sie Ihre Individualität und berücksichtigen Sie diese auch bei anderen. Seien Sie nicht ungeduldig, sondern geben Sie den Dingen Zeit, sich entwickeln zu können. Akzeptieren Sie Fehler und ziehen Sie einen Nutzen aus ihnen, sie sind Teil unseres Menschseins. Lernen Sie aufzustehen und weiterzumachen. Bauen Sie möglichst auf innere Motivation auf – nutzen Sie äußere Motivation nur zur Stärkung der inneren. Wählen Sie Lösungsmöglichkeiten, die Sie auch bereit sind nachhaltig umzusetzen. Lernen Sie Hilfe zuzulassen und diese sinnvoll zu nutzen. Verinnerlichen Sie Ihre Gedanken und Ziele, sodass diese Teile Ihres ethischen Verständnisses werden.[3]

Paul Watzlawick gibt hierzu ergänzende Ideen: Überdenken Sie ihre Haltungen und Werte. Bleiben Sie fähig, Vorschläge anzunehmen. Hängen Sie nicht an der Vergangenheit und altbewährten Denkmustern, sondern entdecken Sie die Möglichkeiten der Gegenwart und Zukunft. Treffen Sie keine unsicheren Annahmen, wenn Sie die Möglichkeit haben, sich zu vergewissern. Lassen Sie sich nicht von Risiken und Gefahren einengen – denken Sie in Möglichkeiten! Versuchen Sie Ihre Lebensziele durch das Gehen kleiner Schritte zu erreichen.[4]

Innere Haltung und Werte können durch innere Monologe überdacht und gefestigt werden. Nur dann haben Führungskräfte die Möglichkeit, ihre Stärken zu erkennen und richtig einzusetzen.[5]

Selbstverwirklichung

Das ganze Thema der Selbstführung beschreibt, dass Führen mehr bedeutet als nur andere zu führen und vorgegebene Ziele zu erreichen. Vielmehr beschreibt es, in der Lage zu sein, sich selbst führen zu können und sich im Rahmen seiner persönlichen Gaben ideal einzubringen, also sich selbst zu verwirklichen. Als Führungskraft ist es wichtig, die eigenen Werte, Gedanken und Bedürfnisse sowie Gefühle mit seiner Tätigkeit in Einklang zu bringen. Wer sich einer so verantwortungsvollen Aufgabe stellt, muss sich auch der eigenen Stärken und Schwächen bewusst sein. Ohne sich dieser Selbstbildung gestellt zu haben, wird man als Führungskraft seine eigenen Bedürfnisse mit der Führungsaufgabe vermengen und der Führungsstil wird von Emotionen geleitet.[6]

Außerdem sollten Sie als Führungskraft im Einklang mit Ihrem inneren Bereich sein und handeln. Mit innerem Bereich ist dabei vor allem die Seele gemeint, jene Stimme in uns, die uns sagt, was für uns richtig ist. Manche nennen diese innere Stimme auch den inneren Kompass. Aber auch Körper und Geist einer Führungskraft sollen immer in Beziehung zur Führungsaufgabe sein. Es ist wichtig, nicht nur auf äußere Einflüsse zu achten, sondern auch auf seine eigenen Werte, denn nur wer auf seine eigene Seele achtet, der kann als Führungskraft auch die Seele seiner Mitarbeiter beflügeln.[7]

Um den tieferen Sinn der Ziele zu verstehen und das Handeln danach auszurichten, ist eine klare Zielsetzung erforderlich. Eine umfassende Betrachtungsweise der Dinge erzeugt Energie, Konzentration und Produktivität. Kernbedingung gelingenden Führens und Handelns ist es, jeder Aufgabe einen ganzheitlichen Sinn zu geben.[8]

Als Führungskraft muss man immer das tun, wofür man geeignet ist, ansonsten entsteht Unruhe. Als Mensch und Führungskraft muss man deshalb immer sich und seiner Natur treu bleiben.[9]

Alle eigenen Fähigkeiten und Ressourcen in einen Konsens mit dem Umfeld zu bringen, ist das, was unter Selbstverwirklichung für jeden Menschen zu verstehen ist. Nur so kann eine Führungskraft auch das gesamte Potenzial ihrer Ressourcen ausschöpfen und dies in ein klares Führungshandeln umsetzen.[10]

Zeitmanagement

Der Begriff *Zeitmanagement* ist trügerisch, denn man kann die Zeit nicht managen. Man kann nur sich selbst managen und wirksame Arbeitsweisen erlernen. Die Grundlage für die effektive Arbeit als Führungskraft ist es, die verfügbare Zeit rationell einzusetzen. Zuvor muss jedoch im ersten Schritt ermittelt werden, wofür die Zeit aufgewendet wird. Um ein unverfälschtes Ergebnis zu erlangen, sollte man sich nicht auf sein Gedächtnis verlassen, sondern seine Tätigkeiten protokollieren bzw. protokollieren lassen.[11] Sie werden rasch herausfinden, dass Sie mehr verfügbare Zeit haben, als Sie dachten, wenn Sie es schaffen, die zeitverschwendenden Tätigkeiten zu eliminieren, die wenig zum persönlichen Erfolg beitragen.[12]

Das Führen von To-do-Listen trägt maßgeblich dazu bei, dass Zeit wirtschaftlich eingesetzt wird. Bei der Erstellung von Tagesplänen ist darauf zu achten, dass nicht zu viel Zeit verplant wird. In der Regel sollten rund 40–50 % der täglich verfügbaren Zeit für Unvorhergesehenes eingeplant werden. Sollte dadurch Zeit frei bleiben, können Aufgaben der kommenden Tage vorgezogen werden.[13] Überlegen Sie, welche Ziele Sie in Ihren wichtigsten Lebensbereichen (insbesondere Beruf, Familie, Freundschaften, Selbstentwicklung) anstreben. Setzen Sie Aufgaben, die Sie diesen Zielen näherbringen auf Ihren Listen ganz nach oben, und planen Sie den Großteil Ihrer Wochenstunden dafür ein. Fragen Sie sich, welche Dinge Sie hinter sich lassen, um Ihre Zeit und Energie auf das Wesentliche zu konzentrieren. Verantwortung für sein Leben zu übernehmen, bedeutet auch, bewusst zu entscheiden, mit wem und was man seine Zeit verbringt und vor allem, mit wem und was nicht.[14]

Vor der Erstellung Ihrer To-do-Listen sollten Sie sich über die beiden Prioritätskriterien – Wichtigkeit und Dringlichkeit – bewusst werden und anstehende Aufgaben danach bewerten. Wichtige und dringende Aufgaben müssen sofort erledigt werden. In den dringenden, aber nicht wichtigen Aufgaben stecken die meisten Zeitreserven, denn sie nehmen den größten Teil des Zeitbudgets in Anspruch. Reduzieren, eliminieren oder delegieren Sie diese. Planen und terminieren Sie wichtige, nicht dringende Aufgaben und planen Sie für diese die meiste Zeit ein.[15] Wer sich in seinem Denken vom Diktat der Dringlichkeit löst und an der Wichtigkeit orientiert, der ändert auch sein Verständnis der Zeitgestaltung. Dadurch ist die Konzentration auf die eigenen Ziele möglich.[16]

Stressmanagement

Wir alle wissen sehr viel über das Phänomen Stress und halten ihn für ein typisches Kennzeichen unserer heutigen Lebensweise. Durch immer wieder neue Informationen über eine Vielzahl von Krankheiten, die in einem sehr engen Zusammenhang mit einem stressreichen Leben stehen, fühlen wir uns verängstigt. Stress kann dann zu einer Schädigung führen, wenn unser Organismus aus inneren oder äußeren Gründen nicht mehr in der Lage ist, die seelischen oder körperlichen Anforderungen, vor die er gestellt ist, angemessen zu verarbeiten.[17] Ein „Mussdenken" ist kennzeichnend für persönlich stressverschärfende Werte. Es handelt sich dabei um Wünsche und Bedürfnisse, welche zu absoluten Forderungen erhoben werden. Die Erfüllung dieser Wünsche und Bedürfnisse wird als absolut notwendig für das eigene Selbstwertgefühl und Wohlbefinden angesehen.[18]

Beim Stressmanagement handelt es sich um einen längerfristigen Prozess. Das bedeutet, dass Stressmanagement nicht punktuell funktionieren kann. Stressmanagement bedeutet Lebensmanagement im Einklang mit uns selbst und im Alltag.[19]

Im Mittelpunkt unserer Überlegungen ist folgende Frage zu beantworten. Was kann man tun, um so wenigen Stressoren wie möglich ausgesetzt zu sein und um sich selbst so selten wie möglich in einen Zustand überhöhter Anspannung zu bringen bzw. bringen zu lassen?[20] Die Kunst der Stressbalance besteht darin, in jedem einzelnen Lebensbereich eine Balance zwischen Anspannung und Entspannung zu finden. Wichtig dabei ist es, sich auf Wesentliches und Machbares zu konzentrieren. Persönliche Erfolge sollte man sich dabei immer wieder vor Augen führen.[21]

Beim erfolgreichen Stressmanagement geht es darum, innere Nervosität und Unruhe zu dämpfen sowie bestehende körperliche Anspannungen zu lösen. Ziel dabei ist es, langfristig negative Stressfolgen zu lindern, die eigene Widerstandskraft gegenüber Belastungen zu stärken und neue Energien aufzubauen.[22]

Work-Life-Balance

„Wir verfügen nur über ein einziges Instrument unseres Erfolges: uns selbst. Wenn wir dieses Instrument in Grund und Boden fahren, bleibt uns gar nichts mehr. [...] Körper, Geist und Seele des Menschen bilden eine untrennbare Einheit. Gerät ein Teil dieser Einheit aus der Balance, hat das unweigerlich Auswirkungen auf die anderen Teile dieser Einheit. [...] Viele Führungskräfte erreichen ihre Spitzenpositionen in Organisationen nur indem sie einen sehr hohen Preis bezahlen. Gescheiterte Beziehungen, Suchtverhalten und gesundheitliche Probleme sind nur einige Beispiele für die fatalen Auswirkungen der rastlosen Hatz."[23] Die Ursachen für den Ausfall von Topmanagern sind häufig Burnout und andere Stresssyndrome.[24]

„Workaholics aren't heroes. The real hero is already at home, because he figured out a faster way to get things done."[25] Als Ihre große Herausforderung gilt es, sich trotz der zeitlichen Einbindung und der inhaltlich hohen Anforderungen der Arbeit nicht ganz von dieser vereinnahmen zu lassen. Wichtig für den Erhalt Ihrer Gesundheit und Leistungsfähigkeit ist es einerseits, das berufliche Leben so zu gestalten, dass aus den hohen Anforderungen keine Überlastung resultiert. Andererseits sollten Sie das Leben und die Kontakte außerhalb des Berufs als Erholungsinsel zum Tanken neuer Energie nutzen, um so die Work-Life-Balance langfristig zu sichern.[26]

In der Welt der Seemänner gibt es eine Redewendung, die die angestrebte Balance bestens beschreibt: „One hand for the ship, one hand for you." Der Ausspruch stammt aus der Zeit der großen Segelschiffe, in der die Matrosen auf die Schiffsmasten klettern mussten, um die Segel zu fixieren. Sie mussten diese Arbeiten mit einer Hand ausführen, die zweite Hand brauchten sie, um sich festzuhalten. Nicht mehr als 50 % seiner Kräfte für das Schiff oder, im übertragenen Sinne, für das Unternehmen einzusetzen, wird zwar nicht immer möglich sein, man sollte aber jeden Tag danach streben.[27]

Um für den harten Job gerüstet zu sein, ist körperliche Fitness eine Grundvoraussetzung. Menschen, die sich in ihrem Körper wohl fühlen, sind fähig positiv und optimistisch zu denken und andere zu begeistern.[28] Eine positive Lebenseinstellung hat zahlreiche Vorteile. Optimisten sind nicht nur glücklicher, sondern auch erfolgreicher.[29] „Es geht also darum, klare Prioritäten zu setzen, gezielt am inneren Menschen zu arbeiten und die eigene Zukunft souverän zu gestalten."[30]

Weiterführende Literatur

Allen, D.: Wie ich die Dinge geregelt kriege — Selbstmanagement für den Alltag, München 2010

Hinterhuber, H. [Hrsg.]: Servant Leadership — Prinzipien dienender Unternehmensführung, Berlin 2007

Hirt, M.: Selbstführung für Führungskräfte, http://www.hirtandfriends.at/fileadmin/hirtandfriends/Dokumente/Artikel/Selbstfuehrung_fuer_Fuehrungskraefte.pdf, 12.1.2011

Müller, G. [Hrsg.]: Selbstverwirklichung im Arbeitsleben, Lengerich 2003

Persönliche Sicherheit für Topmanager

Als CEO steht man oft im Lichte der Öffentlichkeit. Die damit verbundenen Risiken werden von vielen Topmanagern unterschätzt, können aber, vor allem für international tätige Führungskräfte, von hoher Bedeutung sein. Dieses Kapitel zeigt Ihnen, wie Sie sich und Ihre Familie vor möglichen Gefahren schützen.

- **Mehr Sicherheit zu schaffen, beginnt damit, Risiken wahrzunehmen und ein entsprechendes Sicherheitsbewusstsein zu entwickeln. Sowohl Managern als auch deren Angehörigen und Mitarbeitern müssen mögliche Gefahren bewusst sein, um sich vorbeugend richtig verhalten zu können.**
- **Im Extremfall stellt das Arbeitsumfeld eines Managers eine unmittelbare Gefahr für Leib und Leben dar. Entsprechende vorbeugende persönliche und technische Maßnahmen können die Sicherheit für Manager und deren Mitarbeiter erheblich erhöhen.**
- **Ein Manager steht oft auch als Privatperson im Rampenlicht, mit ihm gemeinsam alle Familienangehörigen. Sicherheitsmaßnahmen rund ums Eigenheim sind deshalb unerlässlich.**
- **Das Risiko für Manager und deren Angehörige, Opfer eines gewalttätigen Übergriffs zu werden, ist gerade am Weg zum Arbeitsplatz bzw. zur Wohnung hoch. Vor allem, wenn sie in schlecht gesicherten Fahrzeugen unterwegs sind.**
- **Jede Entführung besteht aus einem System, einer professionellen Vorgehensweise und Planung. Ein Angst- und Stressmanagementtraining vermittelt richtiges Verhalten als potenzielles Opfer. Eine professionelle Reisevorbereitung erhöht die Sicherheit unterwegs.**

Allgemeine Sicherheits- und Verhaltensempfehlungen[1]

Mehr Sicherheit zu schaffen, beginnt damit, Risiken wahrzunehmen und ein entsprechendes Sicherheitsbewusstsein zu entwickeln. Sowohl Managern als auch deren Angehörigen und Mitarbeitern müssen mögliche Gefahren bewusst sein, um sich vorbeugend richtig verhalten zu können. Vor allem bei Kindern ist es ratsam, immer wieder Verständnis und Einsicht zu wecken.

Durch rechtzeitige Information über Pläne, Absichten, Beobachtungen und mögliche verdächtige Wahrnehmungen werden Gefahren reduziert.

- → Informieren Sie Ihr Umfeld stets über Aufenthaltsort und geplante Rückkehrzeit
- → Vereinbaren Sie mit Schulen, Kindergärten usw., welche Personen Kinder abholen dürfen.
- → Prüfen Sie bei Zusammentreffen mit Unbekannten vorab deren Identität.
- → Buchungen jeglicher Art (Restaurant, Taxi, Reisen) sollten unter der Verwendung von Decknamen getätigt werden, z. B. Berichtigung der Meldeliste erst kurz vor Reiseantritt.
- → Durch variables Verhalten (z. B. Verlassen der Wohnung am Morgen zu unterschiedlichen Zeiten, ebenso das Nachhausekommen) wird potenziellen Tätern das Ausspähen von Lebensgewohnheiten und damit planvolles Handeln erschwert.

Kommunikationseinrichtungen:[2]

Das Zeitalter der Informations- und Kommunikationstechnologie erfordert einen bewussten Umgang damit und speziell im Umfeld gefährdeter Personen besondere Achtsamkeit bei Informationsfreigabe und Informationsweitergabe.

- → Beantragen Sie eine Geheimnummer und achten Sie darauf, wem Sie diese weitergeben.
- → Vermeiden Sie, sensible Themen über das Telefon zu besprechen.
- → Beantragen Sie eine Auskunftssperre Ihrer Wohndaten bei der zuständigen Meldebehörde.

Auf Facebook, Twitter sowie in sonstigen Internetforen werden oft gedankenlos Information und Daten preisgegeben, Videos oder Fotos gepostet. Die damit verbundene Gefahr von Datenmissbrauch ist vor allem Kindern und Jugendlichen nicht bewusst.

- → Überprüfen Sie die IT-Sicherheit (Firewalls usw.) und ändern Sie in regelmäßigen Zeitabständen Ihre Passwörter.
- → Öffnen Sie E-Mails oder Anhänge unbekannter Absender nicht. E-Mails mit bedrohlichem Inhalt müssen gespeichert und umgehend gemeldet werden.
- → Persönliche und wichtige/sensible Daten sollten nur auf externen Datenträgern gespeichert werden.

Seite 94

Öffentliche Verkehrsmittel:[3]

Wer mit öffentlichen Verkehrsmitteln oder Taxi unterwegs ist, kann durch einfache Tipps seine eigene Sicherheit erhöhen.

⟶ Verwenden Sie nur bekannte, telefonisch vorbestellte Taxis/Taxiunternehmen oder solche an gekennzeichneten Taxiständen.

⟶ In öffentlichen Verkehrsmitteln sind Plätze in der Nähe des Fahrers/Kontrolleurs oder in guter Sichtweite zu anderen Fahrgästen am sichersten.

Verdächtige Postsendungen:[4]

Verdächtige Postsendungen sind in der Regel dicker und schwerer als übliche Briefe in ähnlicher Größe. Eine unregelmäßige Gewichtsverteilung, Unebenheiten und Verstärkungen sind ebenfalls Indizien für verdächtige Postsendungen.

⟶ Nehmen Sie keine Geschenkpakete von Unbekannten/unbestellte Warensendungen an.

⟶ Vermeiden Sie im Verdachtsfall mechanische Belastungen, Stöße oder Schläge, legen Sie verdächtige Sendungen sicher ab und verständigen Sie die nächste Sicherheitsstelle.

Sicherheit im geschäftlichen Bereich

Im Extremfall stellt das Arbeitsumfeld eines Managers eine unmittelbare Gefahr für Leib und Leben dar. Entsprechende persönliche und technische Maßnahmen können die Sicherheit für Manager und deren Mitarbeiter erheblich erhöhen.

Technische Möglichkeiten:[5]

Durch Zugangskontrollsysteme wie zum Beispiel Fingerabdruckleser, Retina-Scan oder ID-Scanner können Eingangs- und Ausgangsbereiche abgesichert werden. Mittels Videoüberwachungsanlagen ist die Verfolgung des Geschehens am Arbeitsplatz möglich. Bei einer Überschreitung einer Bereichsgrenze wird Alarm geschlagen. Von einer zentralen Stelle im Unternehmen können alle Bereiche überwacht und geregelt werden.

Verhaltensempfehlungen:[6]

⟶ Machen Sie sich und Ihre Mitarbeiter mit den vorhandenen Sicherheitsvorkehrungen, Fluchtwegen und Notfallplänen vertraut.

- → Lassen Sie Besucher nur in Begleitung von Mitarbeitern den Geschäftsbereich durchqueren.
- → Vereinbaren Sie an Ihrem Arbeitsplatz eine feste Schnittstelle zu Ihrem Büro, z. B. in Form eines vorgelagerten Sekretariats.
- → Lassen Sie keine Gewohnheiten erkennen und variieren Sie regelmäßig Mittagszeiten und besuchte Lokale.

Sicherheit im häuslichen Bereich

Ein CEO und ein Manager stehen oft auch als Privatpersonen im Rampenlicht, mit ihnen gemeinsam alle Familienangehörigen. Sicherheitsmaßnahmen rund ums Eigenheim sind deshalb unerlässlich.

Technische Möglichkeiten:[7]

Bei der Planung eines Sicherheitskonzeptes sollten mechanische Sicherungen an erster Stelle stehen. Qualitativ hochwertige und fachgerecht montierte Einbruchschutzmaßnahmen an allen Zugangs- und Einstiegsmöglichkeiten (Sicherheitstüren und -fenster) geben ebenso Sicherheit wie eine Beleuchtung des Außenbereichs in Kombination mit Bewegungsmeldern. Eingangsbereiche können außerdem mit Gegensprechanlage und Videokamera ausgestattet werden. Alarmanlagen stellen eine optimale Ergänzung dar.

Verhaltensempfehlungen:[8]

Die besten Schutzvorkehrungen sind wertlos, wenn die Besitzer sie nicht nutzen. Alle Familienangehörigen sollten deshalb mit den Sicherheitsvorkehrungen im und ums Haus vertraut sein und in ihrem Verhalten sensibilisiert werden.

- → Halten Sie Außentüren stets verschlossen und Fenster entsprechend unter Kontrolle.
- → Öffnen Sie Unbekannten nie ohne Sicherung (Sperrkette, Kastenschloss o. Ä.) die Tür.
- → Vereinbaren Sie mit Handwerkern feste Termine unter Beaufsichtigung.
- → Vermeiden Sie Zeichen Ihrer Abwesenheit. Während eines Urlaubs sollten Briefkästen geleert und Werbematerial entfernt werden.
- → Prüfen Sie nach längerer Abwesenheit Ihr Heim auf Beschädigungen.

Sicherheit rund ums Auto

Das Risiko für Manager und deren Angehörigen, Opfer eines gewalttätigen Übergriffs zu werden, ist gerade am Weg zum Arbeitsplatz bzw. zur Wohnung hoch. Vor allem, wenn sie in schlecht gesicherten Fahrzeugen unterwegs sind.

Technische Möglichkeiten: [9]

Eine einfach umsetzbare Schutzvorkehrung stellen spezielle Folien für Windschutzscheiben dar. Der extrem haftfähige Kleber sorgt für eine Splitterbindung, d. h., das zerbrochene Glas bleibt im Rahmen und bietet auch Schutz vor Wurfgeschossen. Optimale Sicherheit stellen Fahrzeuge mit integriertem Sicherheitskonzept dar. Diese Fahrzeuge haben standardmäßig eine starke Sicherheitsverglasung, eine durchgehend gepanzerte Fahrgastzelle, eine Überfallalarmanlage, eine Gegensprechanlage, eine Feuerlöschanlage mit Temperaturfühler und Reifen mit Notlaufeigenschaften.

Verhaltensempfehlungen: [10]

⟶ Variieren Sie Fahrstrecken und Fahrzeiten so häufig wie möglich.
⟶ Achten Sie auf Personen und Fahrzeuge in Ihrer Umgebung.
⟶ Stellen Sie Ihr Fahrzeug nur in geschützten oder überwachten Bereichen ab.
⟶ Aktivieren Sie immer die Alarmanlage und versperren Sie das Auto auch in der eigenen Garage.
⟶ Überprüfen Sie vor jedem Start die technische Sicherheit und achten Sie auf Kratz- und Werkzeugspuren.
⟶ Vorsicht bei Zwangshalten – ein Unfall könnte gestellt sein.

Entführung und Geschäftsreise [11, 12]

Jede Entführung besteht aus einem System, einer professionellen Vorgehensweise und Planung. Ein Angst- und Stressmanagementtraining – auch für Familienmitglieder – vermittelt richtiges Verhalten als potenzielles Opfer.

Verhalten im Entführungsfall:

⟶ Ergreifen Sie keine Gegenwehr und leisten Sie den Weisungen des Täters Folge.
⟶ Versuchen Sie am Weg zum Versteck Erkennungszeichen, persönliche Gegenstände unbemerkt abzusetzen.

- → Versuchen Sie eine Beziehung zum Täter aufzubauen.
- → Führen Sie Gespräche über persönliche Dinge, versuchen Sie Vertrauen zu erwecken.
- → Schreiben Sie ein Tagebuch oder führen Sie Gespräche mit imaginären Personen, um den Stress besser bewältigen zu können.
- → Fluchtversuch nur, wenn das Gelingen sicher erscheint.
- → Frühzeitig auf notwendige ärztliche Hilfe oder Medikamente hinweisen.
- → Gezielt alle Wahrnehmungen einprägen.

Geschäftsreise:

Eine professionelle Reisevorbereitung mit Informationseinholung zur politischen Lage am Zielort, Überprüfung der Sicherheit der Fluglinie und der gezielten Hotelauswahl gewährleistet auch unterwegs mehr Sicherheit.

- → Bevorzugen Sie Zimmer, die nicht in der Nähe des Aufzuges, einer Feuertreppe oder am Ende eines langen Ganges liegen.
- → Machen Sie sich bei Ankunft mit den Fluchtwegen vertraut.
- → Beschränken Sie, soweit wie möglich, den Einsatz technischer Geräte und nutzen Sie gesicherte Wege zur Datenübertragung und Kommunikation.

Weiterführende Literatur

BM.I — Öst. Bundesamt für Verfassungsschutz und Terrorismusbekämpfung
Allgemeine Verhaltensregeln für gefährdete Personen

BM.I — Öst. Bundesamt für Verfassungsschutz und Terrorismusbekämpfung
Verdächtige Postsendungen, Verhaltensmaßnahmen

BM.I – Öst. Bundeskriminalamt
http://www.bmi.gv.at/cms/BK/start.aspx

Bundesministerium für europäische und internationale Angelegenheiten —
Reisewarnungen, http://www.bmeia.gv.at/aussenministerium/buergerservice/reisewarnungen.html

Littek, F.: **Sicherheit rund ums Haus, Taunusstein 2006**

Managerhaftung

Wo fängt Ihre Haftung an und wo hört sie auf? Wissen Sie, wie Sie Ihrer Sorgfaltspflicht nachkommen können, um Haftungsfallen zu vermeiden? In diesem Kapitel werden klassische Haftungsfragen der (vorwiegend österreichischen) Gesetzgebung erläutert und genau gezeigt, worauf Sie achten müssen, um nicht ungewollt mit dem Gesetz in Konflikt zu geraten. Das deutsche Haftungsrecht betreffende weiterführende Literatur finden Sie am Ende dieses Kapitels. Die folgenden Handlungsempfehlungen beruhen auf rechtlichen Grundlagen, ersetzen jedoch keine Rechtsberatung.

- → **Geschäftsführer und Vorstände können unter Umständen haftbar gemacht werden. Es ist zwischen unbeschränkter und beschränkter Haftung zu unterscheiden.**
- → **Die oberste Pflicht eines CEOs ist das Handeln zum Wohl des Unternehmens unter Beachtung der Sorgfalt eines ordentlichen und gewissenhaften Kaufmanns.**
- → **Haftung setzt immer einen eingetretenen Schaden, Kausalität, Rechtswidrigkeit sowie ein Verschulden voraus. Haftungsfragen sind abhängig von der jeweiligen Gesellschaftsform zu betrachten.**
- → **Haftung kann nie gänzlich vermieden, sondern nur durch bestimmte Handlungen beschränkt werden.**

Welcher Personenkreis haftet für sorgfaltswidriges Verhalten?

Im Zuge der Abwicklung von Insolvenzen wird, besonders bei hohen Schadenssummen, vermehrt die Forderung nach einer Haftung der verantwortlichen Führungskräfte laut. Somit wird die Leitung eines Unternehmens verstärkt zu einem persönlichen Risiko.[1] Ein mögliches persönliches Fehlverhalten wird nicht nur im Hinblick auf die Einhaltung von Gesetzen und Richtlinien untersucht, sondern es wird auch geprüft, ob die unternehmensinternen Bestimmungen (Corporate Compliance) beachtet wurden.[2] Bei Personengesellschaften, wie z. B. einer OHG, haften die Gesellschafter unbeschränkt und solidarisch auch mit ihrem Privatvermögen. Bei der KG hingegen haften der Komplementär unbeschränkt und der Kommanditist nur bis zur Höhe seiner Einlage.[3] Bei einer GmbH & Co. KG trifft die volle Haftung den Komplementär, der eine GmbH verkörpert, wobei dann nur mit dem Gesellschaftsvermögen gehaftet wird. Der Kommanditist haftet wie üblich nur bis zur Höhe seiner Einlage.[4]

Bei Kapitalgesellschaften ist die Haftung der GmbH-Gesellschafter auf die Höhe ihrer Einlage auf das Stammkapital beschränkt, d. h., sie haften nicht persönlich für die Verbindlichkeiten der Gesellschaft. Bei einer AG beschränkt sich die Haftung der Aktionäre auf ihren Anteil am Grundkapital. Unter bestimmten Bedingungen (Vorliegen eines vorsätzlichen oder fahrlässigen Verschuldens oder einer rechtswidrigen Handlung) haftet auch der GmbH-Geschäftsführer bzw. der AG-Vorstand.[5]

Beispiel: *Ein Bauarbeiter wurde bei einem Arbeitsunfall aufgrund nicht ausreichender Sicherheitsvorkehrungen tödlich verletzt. Dem CEO der Baufirma droht in diesem Fall eine Haftstrafe von bis zu einem Jahr aufgrund fahrlässiger Tötung.*[6]

Was fällt unter die Sorgfaltspflichten eines CEOs?

Grundsätzlich haben CEOs bei all ihren Tätigkeiten die Sorgfalt eines ordentlichen und gewissenhaften Kaufmanns anzuwenden. Dabei wird das Vorliegen jener Kenntnisse und Fähigkeiten vorausgesetzt, wie sie der jeweilige Geschäftszweck üblicherweise erfordert.[7] Man spricht dabei auch vom „objektiven Sorgfaltsmaßstab". Somit ist es dem CEO nicht möglich, sich mit dem Hinweis aus der Verantwortung zu ziehen, dass er die für die ausgeübte Tätigkeit nötigen Einsichten und Befähigungen nicht aufweisen würde.[8]

Falls die genannten Personen ihre Angelegenheiten durch andere besorgen lassen, sind sie trotzdem für die ordnungsgemäße Erledigung verantwortlich. Wenn das Unternehmen einen Nachteil erleidet, gilt Beweislastumkehr, d. h., es muss der Beweis erbracht werden, dass nicht schuldhaft gehandelt wurde. Zu beachten ist auch, dass Unwissenheit nicht vor Strafe schützt.[9] Demgemäß ist auch eine Vereinbarung, wonach ein bloss formell bestellter CEO von der Mitwirkung an der Geschäftsführung ausgeschlossen ist, unwirksam und entbindet diese Person nicht von ihren gesetzlichen Pflichten.[10] Ebenfalls zu beachten ist, dass die

Haftungsausschlüsse nach dem Dienstnehmerhaftpflichtgesetz sowohl auf Geschäftsführer einer GmbH als auch auf Vorstandsmitglieder einer AG nicht angewendet werden können.[11]

Welches sind nun die wichtigsten Pflichten, denen ein CEO nachkommen muss? Ein grundlegendes Gebot ist das Handeln zum Wohl des Unternehmens, worunter vor allem die Treuepflicht, die Verschwiegenheitspflicht und die Pflicht zur sorgfältigen Ausführung aller geschäftlichen Obliegenheiten zu verstehen sind.[12] Es muss sichergestellt sein, dass die Leitung des Unternehmens nach gesicherten und bewährten betriebswirtschaftlichen Grundsätzen erfolgt. Die Aufgaben und Ziele des Unternehmens müssen mittels einer effizienten Unternehmensorganisation wahrgenommen werden und die Bücher müssen nach den Grundsätzen ordnungsgemäßer Buchführung geführt werden.[13] Ebenso ist eine realistische Abschätzung des unternehmerischen Risikos anhand betriebswirtschaftlicher Kennzahlen lt. URG vorzunehmen.[14] Dem Geschäftsführer obliegt auch die Pflicht zur Erstellung eines Jahresabschlusses und zur Einberufung einer jährlichen Generalversammlung (GmbH) bzw. Hauptversammlung (AG).[15]

Beispiel: *Der CEO einer GmbH ließ eine Produktionsstätte in Asien errichten. Bedingt durch die Wirtschaftskrise und ein geändertes Produkthaftungsgesetz musste die Fabrik vor Fertigstellung geschlossen werden. Aufgrund der Beweislastumkehr muss der CEO beweisen, dass seine damalige Entscheidung nicht gegen die Sorgfaltspflicht verstoßen hat. Kann er dies nicht durch Dokumente belegen, haftet er potenziell mit seinem gesamten Privatvermögen.*[16]

Wann entsteht Haftung und wie wird sie geltend gemacht?

Eine Haftung der GmbH besteht nur dann, wenn sie eine Pflichtverletzung wissentlich duldet, vorsätzlich veranlasst oder einen Geschäftsführer beschäftigt, der das Gewerbe unbefugt ausübt.[17] Für die Haftung des CEOs gilt, dass diese nur dann zum Tragen kommt, wenn dieser seine Pflichten verletzt. Grundsätzlich müssen für eine Haftung die folgenden vier Voraussetzungen erfüllt sein:

⟶ eingetretener Schaden: Es kann zwischen Vermögensschaden und ideellem Schaden unterschieden werden. Der Vermögensschaden kann in Geldwerten gemessen werden (z. B. entgangener Gewinn), der ideelle (z. B. Schmerzen) zumeist nicht.[18]

- Kausalität: Der eingetretene Schaden muss durch das Verhalten des CEOs verursacht worden sein.[19] Es stellt sich die Frage, ob der Schaden auch eingetreten wäre, wenn der Schädiger die konkrete Handlung nicht gesetzt hätte.[20] Hier muss noch ein weiteres Eingrenzungskriterium geprüft werden, nämlich die sogenannte Adäquanz. Darunter sind Ereignisse zu verstehen, die durch Ursachenverkettungen bewirkt werden, die außerhalb aller Erfahrungen und Erwartungen liegen.[21]
- Rechtswidrigkeit: Diese ergibt sich aus einem Verstoß gegen eine allgemeine Rechtsnorm, gegen einen Vertrag oder auch gegen die guten Sitten.[22]
- Verschulden: Hier kann zwischen Vorsatz, leichter und grober Fahrlässigkeit unterschieden werden.[23]

Beispiel: *Ein CEO verschiebt aus Kostengründen die gesetzlich vorgeschriebenen Begutachtungen der Verkehrs- und Betriebssicherheit der Firmenwagen um sechs Monate über die gesetzlich erlaubte Höchstfrist hinaus. Aufgrund von verschlissenen Bremsen tritt ein Schaden durch Unfall an einem Firmenfahrzeug auf, woraus ein Produktionsausfall resultiert. Der eingetretene Vermögensschaden ist also durch die vorsätzliche Nichtbeachtung der Überprüfungsintervalle laut Gesetzgebung entstanden. Da alle vier genannten Voraussetzungen erfüllt sind, haftet der CEO.*

Für die Geltendmachung von Schadenersatzansprüchen seitens der Gesellschaft gegenüber dem CEO einer GmbH bedarf es eines Beschlusses der Generalversammlung und in bestimmten Fällen auch des Aufsichtsrates. Weisungen und Gesellschafterbeschlüsse des Aufsichtsrates oder Beirates befreien den Geschäftsführer von seiner Haftung. Dies gilt jedoch nicht, wenn deliktische Handlungen berührt sind oder der Schadenersatzanspruch zur Befriedigung der Gläubiger erforderlich ist. Der CEO haftet zudem persönlich gegenüber den Gesellschaftern und den Gesellschaftsgläubigern für Schäden, die durch Unterlassung der Anmeldung oder durch falsche Angaben zum Firmenbuch entstanden sind.[24] Ebenso ist der CEO verpflichtet, ohne schuldhaftes Zögern, einen Antrag auf Eröffnung des Konkursverfahrens bei Zahlungsunfähigkeit oder Überschuldung einzubringen.[25] Der Aufsichtsrat fungiert als Kontrollorgan gegenüber der Geschäftsleitung. Ihm obliegt die Kontrolle der sachgemäßen Ausübung der rechtlichen bzw. kaufmännischen Pflichten durch die Geschäftsführung.[26]

Eine Haftung des Geschäftsführers gegenüber der Öffentlichkeit kann sich entweder aus strafrechtlichen Verantwortlichkeiten oder aus der Stellung der Öffentlichkeit als Gläubiger ergeben. Folgende Handlungen werden unter Strafe gestellt: unrichtige Wiedergabe der Verhältnisse der Gesellschaft im Jahresabschluss, im Lagebericht, in der Generalversammlung und bei sonstigen Auskünften, Verschweigen erheblicher Umstände und Unterlassen eines Sonderberichts an den Aufsichtsrat angesichts der drohenden Gefährdung der Liquidität. Tatbestände, für die Gesellschafter haften, sind Betrug, Untreue, betrügerische Krida und grob fahrlässige Beeinflussung von Gläubigerinteressen. Derartige strafbare Handlungen sind verbunden mit Freiheitsstrafen und einer Eintragung in das Strafregister.[27] Können die Abgabepflichten bzw. die Sozialversicherungsbeiträge aufgrund von schuldhafter Verletzung der Pflichten durch den CEO nicht entrichtet werden, da die Gesellschaft über keine liquiden Mittel verfügt, haftet dieser ebenfalls.[28]

Vorstände in Aktiengesellschaften handeln grundsätzlich weisungsfrei. Es besteht jedoch die Möglichkeit, vertraglich festzuhalten, dass gewisse Entscheidungen vom Aufsichtsrat beschlossen werden müssen. Handelt der Vorstand gegen diesen Beschluss, ist er schadenersatzpflichtig. Für die Schadensgeltendmachung ist nach Hauptversammlungsbeschluss der Aufsichtsrat zuständig.[29] Vorstandsmitglieder haften ab ihrer Berufung für ihre Entscheidungen, wie z. B. für falsche Angaben, unrichtige Darstellungen, Verletzung der Geheimhaltungspflicht, Veruntreuen von Arbeitsentgelt usw.[30] Die Beweislast liegt im Innenverhältnis beim Vorstandsmitglied, im Außenverhältnis liegt sie beim Kläger.[31] Auch wenn durch unwahre Aussagen im Börsenprospekt Anleger einen Schaden erleiden, sind alle mit der Transaktion verbundenen Kosten zurückzuerstatten.[32]

Sollten mehrere Personen, die das Amt des Aufsichtsrates oder des Vorstandes innehaben, einen Schaden verursachen, dann haften diese solidarisch.[33] Schadenersatzpflichtig sind nur dann vorsätzlich verursachte Schäden, wenn sie Folgen von Entscheidungen sind, die zum Zeitpunkt ihres Fällens wirtschaftlich nicht nachvollziehbar waren. Der Vorstand ist gegenüber der AG an die Schweigepflicht gebunden. Er muss den Aufsichtsrat im Jahresbericht über untypische Entwicklungen in Kenntnis setzen und quartalsweise einen Geschäftsbericht vorlegen. Die Buchhaltung der AG muss demnach so gestaltet sein, dass etwaige negative Entwicklungen frühzeitig zu erkennen sind.[34]

Wie können Haftungsrisiken reduziert werden?

Die gewissenhafte Einhaltung der Sorgfaltspflichten ist die beste Vorgangsweise, um sich Haftungsansprüchen zu entziehen.[35] In der folgenden Checkliste sind weitere wichtige Maßnahmen, mit denen sich Haftungsrisiken minimieren lassen, kurz zusammengefasst. Zusätzlich kann ein Kontrollsystem durch den Geschäftsführer eingeführt werden.[36]

Haftung gegenüber der Gesellschaft	Haftung gegenüber Dritten
Dokumentieren von Entscheidungen	Befolgen der gesetzlichen Vorschriften
Jährliche Entlastung durch die Generalversammlung/die Hauptversammlung	Zeitgerechte Bezahlung von Abgabenschulden
Einholen sachkundigen Rates durch (externe) Berater	Korrekte Angaben im Firmenbuch
Vereinbarung einer Haftungsbeschränkung im Arbeitsvertrag des Managers, z. B. ⟶ Ausschluss der Beweislastumkehr oder ⟶ Aufrechnungsverbot (Gehaltsansprüche gegen Schadenersatzansprüche) ⟶ Abschluss einer D&O-Versicherung (auch gegenüber Dritten wirksam) ⟶ Bei AG Abschluss einer Schad- und Klaglosvereinbarung (wirkt auch gegenüber Dritten)	Korrekte Wiedergabe der Verhältnisse der Gesellschaft/der AG, z. B. ⟶ Keine falschen Angaben bzw. kein Verschweigen erheblicher Umstände ⟶ Offenlegung des Jahresabschlusses ⟶ Bei AG Berichtspflicht gegenüber dem Aufsichtsrat ⟶ Zeitgerechte Anmeldung der Insolvenz ⟶ Keine Vereitelung oder Schmälerung von Gläubigeransprüchen (Krida)
Für Geschäfte und Beteiligungen im selben Geschäftszweig Zustimmung der Generalversammlung einholen	Achtung auf Übereinstimmung mit den gewerberechtlichen Vorschriften
Bei GmbH: Befolgen von Weisungen	Keine Überschreitung der Vertretungsmacht
Laufende Kontrolle der Buchführung	

[37, 38, 39]

Beispiel: *Aufgrund mangelhafter Kontrolle der Buchhaltung wurde der ehemalige Geschäftsführer eines großen kommunalen Veranstaltungsbetriebes auf € 580.000,– verklagt. Kann er sein ordnungsgemäßes Handeln nicht nachweisen und hat er keine D&O-Versicherung abgeschlossen, muss er im Fall einer Verurteilung diese Summe mit seinem Privatvermögen begleichen.*[40]

Wann verjähren Haftungsansprüche? Mit dem Rücktritt eines Geschäftsführers endet dessen Haftungsrisiko nicht, dies tritt grundsätzlich erst fünf Jahre nach Kenntnisnahme von Schaden und Schädiger ein (gleich dem deutschen Recht[41]). Jene Delikte, die mit mehr als einjähriger Freiheitsstrafe bedroht sind und vorsätzlich begangen wurden, verjähren erst nach 30 bzw. 40 Jahren.[42] Im Fall der AG kann die Gesellschaft nach fünf Jahren ab Entstehen eines Anspruches gegen den Vorstand auf Schadenersatz verzichten oder sich darüber vergleichen, wenn zumindest 80 % der Aktionäre zustimmen.[43]

Weiterführende Literatur

für Österreich:

Buchhorn, E.; Werle, K.: **Risiko Manager, In: Manager Magazin 11/2010**

Karollus, M.; Huemer, D.; Harrer, M.: **Casebook Handels- und Gesellschaftsrecht — 391 Kurzfälle und Prüfungsfragen, Wien 2008**

Pichler, J.; Weninger, E.: **Aktienrecht in der Managerpraxis, Wien 2002**

Roth, G. H.; Fitz, H.: **Unternehmensrecht — Handels- und Gesellschaftsrecht, Wien 2006**

für die Schweiz:

Fehr, B.: **Grundzüge der arbeitsvertraglichen Haftung von Managern, Bern 2003**

Staub, L.; Hehli Hidber Ch. (Hrsg.): **Management von Anwaltskanzleien, Zürich 2012**

für Deutschland:

Dahnz, W.: **Manager und ihr Berufsrisiko — die zivil- und strafrechtliche Haftung von Aufsichtsräten, Vorständen und Geschäftsführern, Hamburg 2007**

Eschenbruch, K.: **Konzernhaftung — Haftung der Unternehmen und der Manager, Düsseldorf 1996**

Krieger, G. [Hrsg.]: **Handbuch Managerhaftung — Risikobereiche und Haftungsfolgen für Vorstand, Geschäftsführer, Aufsichtsrat, Köln 2007**

Patzina, R.; Bank, S.; u. a.: **Haftung von Unternehmensorganen — Vorstände, Aufsichtsräte, Geschäftsführer, München 2009**

Plück, R.: **Haftungsrisiken für Manager — Deckungskonzepte und Praxisbeispiele für Geschäftsführer und Vorstände, Wiesbaden 2000**

Eckpfeiler setzen: Vision & Mission

Die Grundlage für ein funktionierendes Unternehmen, insbesondere wenn es eine bestimmte Größe erreicht hat, ist eine klare Mission und eine fordernde Vision. Beides sind mächtige Instrumente, um Menschen in ihrer Handlungs- und Denkweise zu vereinen. In diesem Kapitel werden Ihnen die Grundzüge dieser beiden Statements nähergebracht. Zusätzlich werden ein paar Beispiele von Missionen und Visionen aufgezeigt.

- → **Bei den Begriffen Mission und Vision handelt es sich um essenzielle Arbeitsinstrumente der zeitgemäßen Unternehmensführung.**
- → **Die Mission ist der Kernauftrag des Unternehmens und beschreibt seinen Beitrag und seine Existenzberechtigung.**
- → **Die Vision ist eine Beschreibung, wie die Welt aussieht, wenn das Unternehmen seinen Kernauftrag (Mission) erfüllt hat („Mission completed“).**

Definition Mission & Vision

„Wenn du ein Schiff bauen willst, so trommle nicht Männer zusammen, um Holz zu beschaffen, Werkzeuge vorzubereiten, Aufgaben zu vergeben und die Arbeit einzuteilen, sondern lehre die Männer die Sehnsucht nach dem weiten endlosen Meer.“ [1]

Die Mission (Kernauftrag) eines Unternehmens beantwortet folgende Fragen: [2]

- → Warum wir tun, was wir tun.
- → Die Aufgabe unseres Unternehmens auf diesem Planeten, den Beitrag, den es leistet.
- → Die Daseinsberechtigung unseres Unternehmens.
- → Der Sinn und Zweck unseres Unternehmens.
- → Wofür wir in Erinnerung bleiben möchten.

Die Vision eines Unternehmens beantwortet folgende Fragen:[3]

- ⟶ Wie die Welt ausschaut, wenn wir unsere Aufgabe (unseren Kernauftrag) erfüllt haben.
- ⟶ Was ist dann der positive Zustand?
- ⟶ Wo wir in [10] Jahren sein wollen.
- ⟶ Was wir in [10] Jahren sein wollen.[IV]

Eine Mission und eine Vision sind nützliche Anhaltspunkte zur Unterstützung der Strategieformulierung. Sie geben Auskunft über den Nutzen, den das Unternehmen den verschiedenen Stakeholdern (Eigentümer, Mitarbeiter, Kunden, Lieferanten usw.) bringt.[4] Wenn man eine Mission schließlich in nur einer Kernfrage beschreiben müsste, würde diese am besten – Wozu sind wir hier? – lauten. Jedes gut funktionierende Unternehmen einer gewissen Größe braucht nicht nur eine Mission, sondern auch eine Vision um ein langfristiges Ziel vor Augen zu haben. Jeder Mitarbeiter sollte wissen, was das Unternehmen und somit auch er selbst erreichen will.

Die Vision hält einen für die Zukunft erwünschten Zustand der Umwelt des Unternehmens und des Unternehmens selbst fest. Sie gibt vor worauf die vorhandenen Ressourcen verwendet werden sollen. „Wo will das Unternehmen hin?" Weiters stellt sich die Frage: Wie wird die Welt ausschauen, wenn das Unternehmen seinen Kernauftrag erfüllt hat? Die Vision sollte klar formuliert, herausfordernd, inspirierend sein und sollte motivierend wirken. Sie schafft „Commitment", und es fällt den Mitarbeitern leichter, sich mit den Unternehmenszielen zu identifizieren.[5]

Mission und Vision stehen in einem sehr engen Verhältnis, sind aber nicht ein und dasselbe. Viele Elemente, die in der Mission (Kernauftrag) entwickelt werden, spiegeln sich in der Vision wider, trotzdem sollte bei der Entwicklung eine klare Trennung vorgenommen werden. Da sich die Vision auf einen zukünftigen Zustand bezieht und so in einer engen Beziehung zu den strategischen Zielen steht.

Mission

In der Regel wird unter einer Mission die allgemeine Umschreibung des Geschäftszweckes verstanden („Wozu sind wir hier?"), die idealerweise mit den Wertvorstellungen und Erwartungen der wichtigsten Stakeholder übereinstimmen und die Grenzen der Geschäftstätigkeit abdecken.[6] Die Entwicklung

---

IV — Der Zeitraum, auf den die Vision sinnvollerweise ausgerichtet ist, ist je nach Unternehmen und Branche unterschiedlich.

der Mission ist eine verantwortungsvolle und herausfordernde Aufgabe.

In der Praxis werden Mission und Vision oft von einer kleinen Führungsgruppe entwickelt bzw. zumindest grob formuliert. In einem zweiten Schritt wird dann oft ein breiterer Führungskreis in die Be- bzw. Überarbeitung von Mission und Vision miteinbezogen. Die Antworten auf die weiter oben beschriebenen Fragen werden schriftlich festgehalten. Wichtig dabei ist der klar definierte und verständliche Inhalt. Der nächste Schritt besteht in der Kommunikation an die gesamte Mitarbeiterschaft und in den meisten Fällen auch an Außenstehende.

In den letzten Jahren gibt es immer wieder Beispiele für Ansätze, in denen sehr große Unternehmen eine sehr große Anzahl von Mitarbeitern in die Gestaltung der verschriftlichten Kultur miteinbezogen haben. Ein legendäres Beispiel ist die Firma IBM, die z. B. im Jahr 2003 mit ihrer eigenen JAM-Technologie über 50.000 Mitarbeiter in die Neugestaltung der Firmenwerte einbezogen hat.[7]

Peter Drucker empfiehlt folgende Checkliste, um eine Mission auf ihre Tauglichkeit zu prüfen.[8]

Ist die Mission:

- → kurz & fokussiert (passt auf ein T-Shirt)
- → klar und leicht zu verstehen
- → sinnorientiert – beschreibt, warum wir tun, was wir tun, unsere Daseinsberechtigung
- → schreibt die genauen Wege nicht vor
- → breit genug
- → inspirierend und führt zur Entschlossenheit
- → eindeutig, wofür wir am Ende in Erinnerung bleiben wollen

Bei der Mission ist es essenziell, auf die Bedürfnisse der Shareholder/Stakeholder einzugehen, da das Mission Statement starken Einfluss auf das tägliche Business hat.

Beispiele tatsächlicher Missionen:

- → Starbucks: „to inspire and nurture the human spirit – one person, one cup and one neighborhood at a time“[9]
- → Zumtobel: „Through light, we care. Addressing the needs of the planet and its people with superior innovations in lighting.“[10]

- → Google: „To make the world's information universally accessible and useful."[11]
- → Walt Disney: „We create happiness by providing the finest in entertainment for people of all ages, everywhere."[12]

Vision

„Die Vision stellt die Richtung dar, in die sich das Unternehmen entwickeln soll."[13] – „Wo will das Unternehmen hin? Wie wird die Welt ausschauen, wenn das Unternehmen seine Kernauftrag erfüllt hat?"

Ein möglicher Weg zu einer Vision soll hier kurz beschrieben werden: Bevor mit der Arbeit begonnen werden kann, muss sich der CEO über seine eigenen Ziele Klarheit verschaffen. Er sollte seine eigene Vision entwickeln. Anschließend gibt er ein konkretes Gerüst einer Vision an sein Führungsteam aus. Dieses erarbeitet mit seinen Mitarbeitern in den Abteilungen anhand der Grundvision verschiedene Vorschläge für die Unternehmensvision.

Bei der Formulierung der Vision sollte darauf geachtet werden, dass diese nicht mit kurz- bis mittelfristigen Zielen verwechselt wird, wie beispielsweise: „Wir wollen im Jahr 2012 Marktführer in Europa sein."

Nach erfolgreicher Ideenfindung werden die Ergebnisse aus den einzelnen Abteilungen durch die Führungskräfte in einem Workshop dem CEO präsentiert. In Anlehnung an die Grundvision wird die endgültige Version beschlossen.

Der CEO präsentiert dann die neue Vision bei einem Kick-off. Dieser interaktive Prozess ist notwendig, um alle Mitarbeiter ins Boot zu holen. Eine Vision ist immer nur so gut, wie sie von den Mitarbeitern eines Unternehmens gelebt wird. Das Ziel der Vision ist es nicht, zu existieren, sondern den Mitarbeitern ein Ziel vor Augen zu sein, an das sie glauben.

Eine wirksame Vision sieht das Unternehmen in seiner Gänze und schafft ein optimales und harmonisches Gleichgewicht zwischen allen Interessengruppen. Wem gegenüber muss sich die Unternehmensführung für ihr Handeln rechtfertigen? Einerseits vertritt die eigentümerorientierte Sicht (Shareholder-Ansatz) die Auffassung, dass sich ein Unternehmen ausschließlich auf das Ziel der Gewinnmaximierung und die Aktionäre zu konzentrieren hat. Die gesellschaftsorientierte Sicht (Stakeholder- bzw. Anspruchsgruppen-Ansatz) geht hingegen davon aus, dass neben den Aktionären auch andere Interessengruppen (Mitarbeiter, Eigentümer/Aktionäre, Kunden, Lieferanten, Umweltgruppen, Konkurrenten, Regierungen usw.) von Bedeutung sind. Diese beeinflussen die Ziele des Unternehmens und/oder sind vom Schicksal des Unternehmens ebenso betroffen.[14]

In der Praxis finden wir zahlreiche Beispiele erfolgreicher Unternehmensvisionen. Bill Gates beschreibt z. B. die Gründung von Microsoft: „We had dreams about the impact it could have. We talked about a computer on every desk and in every home.“[15] „Ein Auto für jedermann“ war Henry Fords Vision, die der Entwicklung und Vermarktung des preisgünstigen Model T zugrunde lag. Der Gründer der Migros, Gottlieb Duttweiler, verfolgte die Vision, die Lebensmittelversorgung zu verbessern und damit den armen Bevölkerungsschichten zu helfen.[16]

Bis zum heutigen Tag gibt es keine Step-by-Step-Anleitung zur Erstellung von Vision und Mission, oft werden Unternehmensberater für die Unterstützung bei der Erstellung der Statements beauftragt.

Weiterführende Literatur

Drucker, P.: The Five Most Important Questions You Will Ever Ask About Your Organisation, Hoboken 2008

Freilinger, C.: Die Kraft der Vision — Mit Vision-Aufbau zu neuen Ufern, Linz 1996

Welch, J.: Winning — Das ist Management, Frankfurt am Main 2005

Die Strategie entwickeln

Strategieentwicklung und -optimierung sind komplexe Prozesse, die auch von erfahrenen Führungskräften nicht unterschätzt werden dürfen. Dieses Kapitel zeigt Ihnen, wie Sie systematisch Ihre Strategie analysieren und optimieren sowie konsistente neue Strategien entwickeln.

- **„Strategie ist die vorsätzliche Suche nach einem Aktionsplan, durch den Wettbewerbsvorteile eines Unternehmens entwickelt und gefestigt werden."**[1]
- **Durch strategische Analyseverfahren soll ein Verständnis für die Istsituation (Wo sind wir heute?) und Sollsituation (Wo wollen wir hin?) entwickelt werden.**
- **Aufbauend auf die Analyseergebnisse wird eine geeignete Strategie ausgewählt.**
- **Eine kontinuierliche Optimierung der Strategie ist notwendig, um auf Veränderungen zu reagieren.**
- **Regelmäßige (z. B. 1×p. a.) Strategiekonferenzen bieten eine Plattform für konzentriertes Arbeiten an der Strategie für das Topmanagement und ggf. für den erweiterten Führungskreis.**

Strategie

Strategie ist „die vorsätzliche Suche nach einem Aktionsplan, durch den Wettbewerbsvorteile eines Unternehmens entwickelt und gefestigt werden".[2] Sie ist zukunftsorientiert und gibt zur Orientierung lediglich eine ungefähre Marschroute des Unternehmens vor.[3] Dabei wird ein bestimmtes Muster an konsistenten Handlungen vorgegeben.

Die Strategie umfasst auch eine Position im Wettbewerbsgefüge,[4] mit dem Ziel, langfristig am Markt erfolgreich und wettbewerbsfähig zu sein. Hierbei ist es von entscheidender Bedeutung, dass die Führungskraft eine grobe Vorstellung von zukünftigen Entwicklungen besitzt.[5]

Ebenen der Strategie:

Bei der Strategie lassen sich drei unterschiedliche Ebenen klassifizieren. Die oberste ist die Unternehmensgesamtstrategie (Corporate Strategy), gefolgt von der Geschäftsfeldstrategie (Business Strategy) und den Funktionalstrategien (Functional Strategies) (Bsp.: Personalstrategie, Marketing-, Finanzierungsstrategie).[6]

Verantwortlich für die Unternehmensgesamtstrategie ist in der Regel der CEO, der die einzelnen Geschäftsfelder definiert, in denen das Unternehmen tätig sein möchte. Oft ist es ein wichtiges Ziel, dass Synergieeffekte der einzelnen Geschäftsfelder genutzt werden.[7]

Bei dem Strategieentwicklungsprozess ist es sinnvoll, dass (bereichsübergreifend) ausreichend viele Mitarbeiter miteinbezogen werden.[8]

Die Geschäftsfeldstrategie bestimmt eine angestrebte Position im Marktgefüge (z. B. Zielmärkte, Markanteil ...)[9] und wird mithilfe der Funktionsstrategien umgesetzt.[10]

Strategieanalyse

Die Grundlage, um Strategien entwickeln zu können, ist eine Analyse der Ausgangslage.[11] Diese strategischen Analysen beschäftigen sich mit der Unternehmensumwelt, der unternehmensinternen Sicht sowie darauf aufbauend mit den kombinierten Analysen,[12] die nachstehend erläutert werden.

Umweltanalyse:

Diese untersucht das globale und spezifische Umfeld des Unternehmens. In der globalen Umweltanalyse werden politische und rechtliche, technologische, kulturelle, sozio-demografische und andere globale Einflüsse berücksichtigt. Die spezifische Analyse umfasst beispielhaft die Branchen-, Stakeholder-, Konkurrenz- und Marktanalyse.[13] Anschließend wird die Branchenanalyse näher beschrieben.

Branchenanalyse: Die Verhandlungsstärke der Lieferanten, die Bedrohung durch Konkurrenten, die Verhandlungsmacht der Abnehmer, die Bedrohung durch Ersatzprodukte oder -dienste und die Rivalität unter den bestehenden Unternehmen sind die von Michael Porter definierten fünf Wettbewerbskräfte, die eine Branche wesentlich beeinflussen. Durch die Analyse dieser einzelnen Elemente wird festgestellt, ob die Wettbewerbskräfte stark ausgeprägt sind und somit das Gewinnpotenzial in dieser Branche gering ist.[14] Weiters ermöglicht die Branchenanalyse diejenigen Ansatzpunkte zu identifizieren, die es dem Unternehmen möglicherweise erlauben, einen Wettbewerbsvorteil zu erlangen.

Unternehmensanalyse:

Sie beschäftigt sich mit den Potenzialen sowie Stärken und Schwächen des Unternehmens. Zu den Analyseinstrumenten zählen beispielweise die Stärken- Schwächen-, die Potenzial-, die GAP-,[15] die Ressourcen- sowie die Erfahrungskurvenanalyse.[16] Nachfolgend wird auf die Kernkompetenz- und die Wertkettenanalyse näher eingegangen.

Kernkompetenzanalyse: Anhand dieser Analyse können die Kompetenzen eines Unternehmens erkannt werden, die zum Unternehmenserfolg beitragen. Diesen Kompetenzen lassen sich die Eigenschaften wertvoll, selten, nicht imitierbar und nicht substituierbar zuschreiben. Aufbauend auf diesen Fähigkeiten wird die Strategie entwickelt, um Kernkompetenzen systematisch auf- und auszubauen und damit die gewünschte Wettbewerbsposition zu erreichen.[17]

Wertkettenanalyse: Die Kosten und Differenzierungsmöglichkeiten werden in den einzelnen Wertschöpfungsschritten im Vergleich zu den Mitbewerbern genauer betrachtet, um festzustellen, ob ein zusätzlicher Kundennutzen gewonnen werden kann.[18] Durch die Prüfung der Wertschöpfungskette eines Unternehmens werden strategische Wettbewerbsvorteile identifiziert und daraus entsprechende Strategien entwickelt.[19]

Kombinierte Analysen:

Die kombinierte Analyse setzt sich aus der Unternehmens- und Umweltanalyse zusammen und verbindet somit die Innen- und Außensicht eines Unternehmens. Die SWOT- und Portfolioanalysen werden folgend näher dargestellt.

SWOT-Analyse: Die Stärken und Schwächen aus der Unternehmensanalyse werden mit den Chancen und Risiken aus der Umweltanalyse verglichen und aufeinander abgestimmt, um eine bestmögliche Entwicklung des Unternehmens sicherzustellen.[20]

Portfolioanalysen: Durch diese gesamtunternehmerische Darstellung können die nachhaltigsten Produkt-Marktkombinationen identifiziert und Normstrategien zur Erreichung des Zielportfolios abgeleitet werden.[21] Die am weitesten verbreiteten Portfolioanalysen sind das Marktanteils-Marktwachstums-

Portfolio (BCG) und das Marktattraktivitäts-Wettbewerbsstärken-Portfolio (McKinsey).[22]

Typische strategische Schwerpunkte

Aufbauend auf die Daten der Strategieanalyse kann eine geeignete Strategie für das Unternehmen gewählt werden.[23] Da es jedoch eine Vielzahl an möglichen Strategien gibt, werden nachfolgend beispielhaft zwei herausgegriffen und kurz erläutert:

Produkt-Markt-Wachstumsmatrix

Die Vier-Felder-Tabelle nach Igor Ansoff zeigt die vier Basisstrategien für Wachstum:[24]

Marktdurchdringung/Marktpenetration: Das Unternehmen versucht, mit bestehenden Produkten in bestehenden Märkten zu wachsen. Möglich ist das durch eine Erhöhung des Absatzes bei bestehenden Kunden, durch die Gewinnung von Neukunden oder durch Abwerben von Kunden der Konkurrenz. Das Wachstumspotenzial ist jedoch begrenzt.[25]

Produktentwicklung: Bei dieser Strategie werden neue Produkte in das Leistungsprogramm des Unternehmens aufgenommen, um die Bedürfnisse bestehender Märkte zu befriedigen.[26]

Marktentwicklung: Ziel dieser Strategie ist es, mit der bestehenden Produktpalette offene Marktpotenziale in anderen Regionen oder bei anderen Zielgruppen zu erschließen.[27]

Diversifikation: Dabei tritt ein Unternehmen mit neuen Produkten in einen noch nicht bearbeiteten Markt ein.[28] Es handelt sich dabei um die risikoreichste der vier betrachteten Strategien, da weder Erfahrungen mit dem Markt noch mit dem Produkt vorhanden sind.[29]

Wettbewerbsstrategien nach Michael E. Porter

Ziel ist es, dass sich ein Unternehmen gegen Wettbewerbskräfte verteidigen oder diese zum eigenen Vorteil nutzen kann.[30] Dabei werden drei Strategietypen unterschieden:[31]

Kostenführerschaft: Die Strategie zielt darauf ab, durch niedrigere Kosten einen Wettbewerbsvorteil zu erlangen.[32] Beispiele: Hofer/Aldi, Ryanair

Differenzierung: Dabei wird versucht, die individuellen Bedürfnisse der Kunden besonders zu befriedigen, sodass diese bereit sind, einen höheren Preis dafür zu bezahlen.[33] Beispiele: Apple, Red Bull

Nische/Konzentration auf Schwerpunkte: Hierbei konzentriert sich ein Unternehmen auf bestimmte Teilmärkte oder Zielgruppen und versucht somit, die Kundenbedürfnisse in diesen Marktnischen besser zu erfüllen als größere, weniger spezialisierte Unternehmen.[34] Beispiele: Porsche, Rosenbauer

Strategieoptimierung

Aufgrund von Veränderungen (neue Wettbewerber, neue Produkte, neue Technologien usw.) muss ein Unternehmen sein Wertesystem, seine Zielsetzung und seine Strategie anpassen bzw. neu ausrichten. Ein geeignetes Instrument dazu ist der Strategy-Life-Cycle.[35]

Ein möglicher Regelkreis der Unternehmensstrategie umfasst folgende Komponenten: strategische Zielplanung, strategische Analyse und Prognose, Strategieformulierung und Strategiebewertung, Strategieimplementierung sowie Strategiekontrolle. „Eine Unternehmensstrategie wird i. d. R. periodisch verbessert und auf neue Ziele ausgerichtet."[36]

Strategiekonferenz

Strategiekonferenzen sind normalerweise Treffen der ersten und zweiten Führungsebene,[37] die einmal jährlich stattfinden. Ziel dieser Konferenzen ist es, sich ausschließlich mit den strategischen Fragen zu beschäftigen, wie beispielsweise dem Geschäftsbereich des Unternehmens oder dem Aufbau neuer Kernkompetenzen. Für eine erfolgreiche und sinnvolle Strategiekonferenz ist eine ausführliche Planung und Vorbereitung unerlässlich.[38]

Vor der Strategiekonferenz müssen die Organisatoren die Teilnehmer sowie die Gesprächsthemen (die Ziele der Konferenzen betreffend) festlegen und die notwendigen Vorbereitungsarbeiten durchführen (Verteilung der Hintergrundinformation an die Teilnehmer und Strukturierung des Treffens).[39]

Während des Treffens sollte, nach manchen Autoren, darauf geachtet werden, dass Meinungen anonym vorgetragen und diskutiert werden, um eine bessere Objektivität zu erreichen.[40] Dabei ist es wichtig, die Teilnehmer zur aktiven Mitarbeit anzuregen.[41]

Nach dem Treffen sollte die Implementierung der Strategie mit konkreten Handlungsschritten, die in der Strategiekonferenz entwickelt wurden, sofort starten. Weiters ist es wichtig, dass die Ergebnisse der Strategiekonferenz niedergeschrieben werden und in den folgenden Meetings regelmäßig überprüft wird, ob sie noch eingehalten werden.[42]

Weiterführende Literatur

Hageman, G.: Methodenhandbuch Unternehmensentwicklung — Ist-Situation analysieren, Strategie entwickeln, Marke positionieren, Wiesbaden 2003

Leinwand, P.; Cesare, M.: Die Stärken des Unternehmens richtig nutzen, In: Harvard Business Manager 09/2010

Walter, S.: Kursbuch Strategieentwicklung — Analyse, Planung, Umsetzung, München 2008

M&A-Strategien

M&As (Mergers & Acquisitions = Kauf und Verkauf von Unternehmen) sind komplexe Transaktionen mit einer Vielzahl kritischer Verhandlungen. Um Ihr Unternehmen erfolgreich durch die einzelnen Phasen der Transaktion zu steuern, gilt es, eine intelligente Strategie zu entwickeln und umzusetzen. Wir zeigen Ihnen in diesem Kapitel, welche Möglichkeiten Sie dabei haben und wie Sie die richtige Strategie für Ihr Unternehmen finden.

- → **M&As gelten als Schlüsselinstrumente zur Erreichung strategischer Unternehmensziele. Internes Wachstum ist dabei zwar weniger risikoreich, wer jedoch Wettbewerber abhängen und höhere Gewinne erzielen will, muss M&As in Betracht ziehen.**
- → **Für M&As gilt der Grundsatz: „Fehlt die richtige Strategie, fehlt auch die Grundlage für eine erfolgreiche Übernahme oder Fusion."**
- → **Der Ablauf eines M&As wird in drei Phasen geteilt, wobei die Basis in der Pre-Merger-Phase geschaffen wird.**
- → **Die richtige M&A-Strategie ist abhängig von der jeweiligen Marktphase des Unternehmens, wobei aktive Ansätze gegenüber reaktiven Ansätzen Vorteile haben.**
- → **Erfolgreiche Unternehmenskäufer entwickeln spezifische Handlungsmuster, die den Rahmen für wiederholten Erfolg mit M&A-Projekten bilden.**

Gründe für M&As

M&As gelten als Schlüsselinstrumente zur Realisierung strategischer Unternehmensziele. Grund dafür sind die begrenzten Möglichkeiten von Unternehmen, strategische Ziele ausschließlich durch internes Wachstum zu erreichen.[1] Grundsätzlich wird in der klassischen Betriebswirtschaft als oberstes Ziel eines Unternehmens die Steigerung des Unternehmenswertes gesehen.[2] Ausgehend davon, lassen sich für M&As vor allem strategische und finanzielle Motive differenzieren. Zu den strategischen Gründen zählen zum Beispiel die Nutzung von Synergien, die Risikoverteilung und die Stärkung der Wettbewerbsmacht. Finanzielle Motive umfassen beispielsweise den Ausbau finanzieller Ressourcen und die Erweiterung des Kapitalspielraumes.[3]

Es gibt zahlreiche Beispiele für gescheiterte M&As, wie Daimler und Chrysler oder Adidas und Salomon. Viele Führungskräfte stellen sich daher vermehrt die Frage, ob sie nicht dem internen Wachstum den Vorzug geben sollten.[4] Im Allgemeinen gilt, dass internes Wachstum weniger Risiko birgt, jedoch wird die Umsetzung in weit entwickelten Märkten immer schwieriger. CEOs sollten daher nicht vor M&As zurückschrecken, denn wer weiterhin Gewinne erzielen und das bereits Erreichte absichern will, muss früher oder später über Fusionen und Übernahmen nachdenken. Um langfristig und nachhaltig zu wachsen, ist somit meist ein Mix aus internem und externem Wachstum durch M&As sinnvoll.[5]

Erfolgsfaktor Strategie

Der Erfolg von M&As wird durch verschiedene Faktoren bestimmt. Die schlimmsten Fehler werden meistens jedoch bereits vor Beginn der eigentlichen Übernahme begangen.

Nur wer das Ziel kennt, kann den Weg bestimmen. Daraus ergibt sich folgender Grundsatz: „Fehlt die richtige Strategie, fehlt auch die Basis für den gesamten Prozess einer erfolgreichen Unternehmensübernahme oder -fusion."[6] CEOs müssen sich also bewusst für eine geeignete Strategie entscheiden, um die festgelegten Unternehmensziele zu erreichen. Erst dann können weitere Schritte und Maßnahmen zur Umsetzung eingeleitet werden.[7]

Pre-Merger-Phase – Prozess der Strategieentwicklung

Bei M&As werden idealtypisch drei Phasen unterschieden. Die strategische Phase, die Transaktionsphase und die Integrationsphase.[8] Der Grundstein für eine erfolgreiche M&A-Abwicklung wird, wie bereits erwähnt, in der ersten Phase, der Pre-Merger-Phase, gelegt. Dabei gilt es insbesondere, die Fragen nach dem Warum und dem Wie zu beantworten.[9]

Bei der Frage nach dem Warum ist im Rahmen des Strategieentwicklungsprozesses zu klären, welche Strategie das Unternehmen zur Erreichung der Unternehmensziele und dem Auf- bzw. Ausbau seines Wettbewerbsvorteiles verfolgen will.[10] Dabei sollte zunächst durch eine Situationsanalyse das eigene Unternehmen und seine Umwelt untersucht werden. Basierend auf diesen Erkenntnissen werden die Ziele formuliert, die das Unternehmen mit dem Wachstum verfolgt. Diese können nicht nur in der Steigerung des Unternehmenswertes, sondern zum Beispiel auch in der Abwehr von Konkurrenten liegen. Anschließend folgt im Rahmen einer Gap-Analyse die Identifikation und Analyse der Unterschiede zwischen der tatsächlichen Situation und der Sollsituation.[11] Auf Basis der identifizierten Lücken können dann entsprechende Entscheidungen über die geeignete Wachstumsstrategie getroffen werden.[12] Dabei bieten sich dem Management zwei Alternativen, nämlich das interne oder das externe Wachstum. Es gilt nun die Vor- und Nachteile beider Möglichkeiten abzuwägen, wobei wiederum die maßgeblichen Unternehmensziele berücksichtigt werden müssen.[13]

Zeigt sich im Zuge dieser Analysen, dass ein M&A die vorteilhaftere strategische Option ist, muss im nächsten Schritt die konkrete M&A-Strategie erarbeitet werden. Dadurch wird die Frage nach dem Wie beantwortet.[14]

Die richtige M&A-Strategie

Die richtige M&A-Strategie für ein Unternehmen kann mithilfe des Merger-Endgames gefunden werden.[15] Das Endgame-Konzept zeigt, dass viele Branchen weltweit in ähnlicher Weise konsolidieren. CEOs, die wissen in welcher Konsolidierungsphase sich die Branche ihres Unternehmens befindet, können dadurch die richtigen strategischen Entscheidungen treffen.[16]

Im Rahmen des Endgame-Zyklus sollen Unternehmen unabhängig von der Industrie vier Phasen durchlaufen oder sie drohen am Markt unterzugehen.[17] Beispiele für Branchen, die dies bereits geschafft haben, sind der Schiffsbau, die Tabakindustrie und die Schuhbranche.[18] Die vier Stufen werden als Öffnungsphase, Kumulationsphase, Fokussierungsphase und Balancephase bezeichnet.[19]

⟶ In der Öffnungsphase steigt die Zahl der Marktteilnehmer rasch an, vor allem deshalb, weil alle Anbieter Gewinnchancen wahrnehmen wollen. In weiterer Folge sinkt der Konsolidierungsgrad des Marktes. Unternehmen in der ersten Phase sollten Marktanteile aufbauen und sich auf mögliche M&As vorbereiten.

⟶ Die Kumulationsphase ist durch den Begriff *Wachstum* geprägt. Die Anzahl der Fusionen steigt und viele Unternehmen verschwinden vom Markt.

- Die Fokussierungsphase ist durchzogen von weitreichenden M&As. Das Hauptaugenmerk liegt darauf, diese Phase als Gewinner und letztendlich als großer Konzern zu verlassen. Vor allem CEOs sind in dieser Stufe angehalten, das Unternehmen zu seinen Kernkompetenzen zurückzuführen. Unternehmen, welche in der Fokussierungsphase neu auf den Markt kommen, haben es schwer, gegenüber den großen Firmen zu bestehen.
- In der abschließenden Balancephase herrscht eine eindeutige Dominanz der großen Konzerne. Die Aufgabe der Unternehmensführung ist es dabei, die bereits bestehenden Geschäfte auszubauen, um dadurch Wachstum zu initiieren.[20]

Ziel im Merger-Endgame ist es, sowohl schneller als der Markt und schneller als die entsprechenden Konkurrenten zu wachsen, und dazu kann ein Unternehmen M&As als Schlüsselinstrument einsetzen. Dennoch muss beachtet werden, dass das Merger-Endgame nicht notwendigerweise in jeder Branche anzuwenden ist, die Anwendbarkeit muss vom CEO daher im Einzelfall geprüft werden.[21]

Ein weiterer Aspekt für die richtige M&A-Strategie ist, dass aktive M&A-Ansätze Vorteile haben. Studien zeigen, dass damit höhere Wertsteigerungen erzielt werden können. Aktiv bedeutet dabei, M&As kontinuierlich durchzuführen und zwar unabhängig von den konjunkturellen Rahmenbedingungen. Aktive Ansätze setzen jedoch eine entsprechende strategische Grundausrichtung des Unternehmens voraus. Ist diese gegeben, kann mit einer ausgewogenen M&A-Strategie durch ein aktives Management des Beteiligungsportfolios eine höhere Wertschöpfung erzielt werden.[22]

Grundlegende Weichenstellungen für M&A-Strategien

M&As sind komplexe Transaktionen, die von einer Vielzahl von Faktoren beeinflusst werden. Betrachtet man M&As jedoch auf einer übergeordneten Ebene, sind wiederkehrende Muster erkennbar.[23] Erfolgreiche Unternehmenskäufer entwickeln daher spezifische Handlungsmuster, die den Rahmen für das jeweilige M&A-Projekt bilden. Im Folgenden werden solche grundlegenden Entscheidungen bzw. Weichenstellungen, die vom CEO bei jedem M&A bedacht werden müssen, dargelegt.[24]

Seite 122

- → Strategie: An erster Stelle steht das Festlegen des strategischen Planes, mit dem das Vorgehen bestimmt wird, dass zum angestrebten Ziel führen soll.
- → Kandidatenwahl: Auf dieser Stufe werden Rahmenbedingungen festgelegt, die der Kandidat seitens des Käufers zu erfüllen hat. Natürlich wird der Käufer auch mit den Bedingungen des Kandidaten konfrontiert werden. Daher ist es in dieser Phase sehr wichtig, dass man ein konkretes Wunschprofil für einen Zusammenschluss erstellt.
- → Geschäftsdefinition: Die gesamte Wertschöpfungskette beider Unternehmen sollte auf Verbesserungspotenziale überprüft werden, vor allem, wenn sich die Angebote der beiden Unternehmen überlappen.
- → Transaktionsform: Für die Transaktionsform bieten sich verschiedene Möglichkeiten, wie beispielsweise die Auktion, der Direkterwerb oder die Ausgliederung an. Es gilt hier zudem, rechtliche Sachverhalte zu klären. Wird durch M&As zum Beispiel eine marktbeherrschende Position erreicht und wird dies erst vor der Kartellbehörde bekannt, kann es zu Verzögerungen oder sogar zu einem Verbot kommen.
- → Geschäftsprozesse: Die Geschäftsprozesse der Unternehmen sollten bewertet und in einem weiteren Schritt harmonisiert werden. Im Rahmen der Bewertung lässt sich erkennen, ob die Fusion zeitaufwendig und teuer werden könnte. Daraufhin können z. B. IT-Spezialisten der Partner jedoch Kontakt aufnehmen und bereits frühzeitig beginnen, entsprechende Lösungen zu entwickeln.
- → Integrationsmodell: Bereits in der Pre-Merger-Phase sollte entschieden werden, ob die beiden Unternehmen separat bestehen bleiben, ob nur gewisse Organisationsteile zusammengelegt werden oder ob die beiden Organisationen voll integriert werden.
- → Rechtliche Strukturen: Die Beteiligten müssen festlegen, welche Rechtsform das Unternehmen nach der Fusion bzw. Übernahme haben soll.
- → Führungsstrukturen: Wichtig ist es, rechtzeitig zu bestimmen, wer die Schlüsselfunktionen im fusionierten Unternehmen übernimmt, um eine entsprechende Führungsstruktur zu schaffen.[25]

Weiterführende Literatur

Harvard Businessmanager/Seeger,C. (Hrsg.): Fusionen. M&A-Strategien entwickeln — Kandidaten analysieren — Kulturen vereinen, Frankfurt am Main 2005

Jansen, S. A.: Mergers & Acquisitions — Unternehmensakquisitionen und -kooperationen. Eine strategische, organisatorische und kapitalmarktorientierte Einführung, 5. überarb. und erw. Auflage, Wiesbaden 2008

Klesse, H.-J. (2008): Mangel an Strategie. In: Wirtschaftswoche, 07.07.2008, S. 78

Picot G. (Hrsg.): Handbuch Mergers & Acquisitions. Planung, Durchführung, Integration, 4. überarb. und akt. Auflage, Stuttgart 2008

Strategien umsetzen

Die ausgeklügeltste Strategie nützt Ihnen nichts, wenn diese nicht erfolgreich umgesetzt wird. Um die erfolgskritische Aufgabe der Strategieimplementierung zu meistern, werden Ihnen bewährte Methoden und Konzepte gezeigt, die Sie dabei unterstützen.

- → **Bei der Implementierung einer Strategie wird zwischen zwei großen Phasen unterschieden: der Strategieformulierung und der Strategieimplementierung selbst.**
- → **Die Balanced Scorecard vereint kurz- und langfristige Ziele in einem gesamtheitlichen Kontext und ermöglicht mithilfe von vier Perspektiven, eine übersichtliche Darstellung von Unternehmenszielen.**
- → **Total Quality Management ist ein möglichst breit angelegtes Programm zur kontinuierlichen Verbesserung der Qualität, mit dem Ziel, dem Kunden fehlerfreie und hochwertige Produkte zu liefern, das aber auch als unternehmensweites Instrument der Strategieumsetzung eingesetzt werden kann.**
- → **Eine Organisation besteht aus weit mehr als nur aus ihrer Struktur. Das 7-S-Modell ermöglicht es, auch andere Variablen zu erkennen und sie effektiv aufeinander abzustimmen.**
- → **DOs and DON'Ts bei der Strategieumsetzung: Dieses Kapitel nennt die wesentlichen Fehlerquellen und Erfolgsfaktoren, welche im Zusammenhang mit einer Strategieumsetzung zu beachten sind.**

Implementierung

Das Wort *Implementierung* stammt aus dem Lateinischen (implementum) und kann mit dem Begriff *Erfüllung* übersetzt werden.[1] In Verbindung mit Strategien ist darunter die „Umsetzung strategischer Pläne in konkretes, strategiegeleitetes Handeln der Unternehmensmitglieder“[2] zu verstehen.

Trotz gut entwickelter Planungs- und Ausführungsinstrumente misslingt die Umsetzung von Strategien in vielen Unternehmen. Der Mitbegründer des strategischen Managements, Igor

Ansoff, äußerte sich zu diesem Thema wie folgt:[3] „Es ist kein Kniff, eine Strategie zu formulieren, das Problem liegt darin, sie erfolgreich umzusetzen."[4] Um eine Strategie erfolgreich zu implementieren, ist es sinnvoll, etwaige Hürden zu erkennen. Diese Hürden können sowohl in der Strategie selbst, aber auch bei Mitarbeitern, Ressourcen oder in der Führung auftreten.[5] Alan Brache nennt in diesem Zusammenhang sieben Erfolgsfaktoren bei der Strategieimplementierung: Reporting/Monitoring (Berichterstattung/Überwachung), Identification (Identifikation), Priority Setting (Prioritätensetzung), Organization Structure (Organisationsstruktur), Culture (Kultur), Roles (Rollen) sowie Management Process (Managementprozesse).[6]

Grundsätzlich dient die Implementierung der Erfüllung von zwei Aufgabenbereichen. Zum einen der Spezifizierung der Strategie und der damit verbundenen Teilbereiche (sachorientierte Umsetzung) und zum anderen gilt es Akzeptanz für die vorgelegte Strategie im betroffenen Unternehmen zu generieren (verhaltensorientierte Umsetzung).

Phasen der Strategieimplementierung

Das „Harvard-Modell"[V] unterscheidet grundsätzlich zwischen Formulierung und Implementierung von Strategien.[7] Uwe Kolks untergliedert den Implementierungsprozess weiter in die Implementierungsplanung, Implementierungsrealisation und Implementierungskontrolle.[8]

In der ersten Phase, der Implementierungsplanung, sind die Qualitätsmerkmale einer Strategie, wie etwa Operationalität, Widerspruchsfreiheit und Transparenz, zu ermitteln, um mögliche Akzeptanzprobleme und Implementierungsmaßnahmen ableiten zu können. Außerdem ist die Implementierungsumgebung hinsichtlich der betroffenen Bereiche und des Gestaltungsbedarfs der zuvor definierten Erfolgsfaktoren zu analysieren. Die abschließende Aufgabe der Implementierungsplanung bildet die Formulierung von Implementierungszielen. Dadurch sollen einerseits der Umfang der Implementierung und andererseits die Kosten, die Terminplanung, die organisatorischen Regelungen und der Implementierungsstil begrenzt werden. Ferner lassen sich daraus zieladäquate Implementierungsmaßnahmen bestimmen, welche in der Phase der Implementierungsrealisation durchzuführen sind.[9]

Die Phase der Implementierungsrealisation untergliedert sich wiederum in drei Teilphasen. Zunächst erfolgt die Durchsetzung

V — Das **Harvard-Modell** wurde in den 1960er-Jahren in der Harvard Business School als erstes wichtiges Modell, welches sich mit Strategieprozessen in Unternehmen beschäftigt und bis heute noch große Verwendung findet, entwickelt.

kommunikativer Aktivitäten, wie die Vermittlung der Strategieinhalte oder die Durchführung strategiegerechter Schulungen. In der anschließenden Umsetzungsphase werden Projektteams gebildet, welche Teilstrategien konkretisieren und Maßnahmen zur Anpassung der Erfolgsfaktoren in kurzfristige Aktivitäten überführen. Im letzten Schritt der Implementierungsphase werden die geplanten operativen Aktionen in den einzelnen Bereichen durchgeführt, wodurch es zur eigentlichen Realisation der Strategie kommt.[10]

In der letzten Phase des Implementierungsprozesses, der Implementierungskontrolle, werden die Ergebnisse der Implementierung ermittelt und mit den geplanten Zielen verglichen. Eine Abweichungsanalyse gibt zusätzlich Aufschluss darüber, ob weitere Durchsetzungs- und Umsetzungsmaßnahmen durchzuführen oder die Implementierungsziele anzupassen sind, wodurch ein neuer Implementierungsprozess beginnt.[11]

Balanced Scorecard

Von Robert S. Kaplan und David P. Norton im Jahr 1992 entwickelt, stellt die Balanced Scorecard (BSC) ein Instrument dar, welches Unternehmen dabei hilft, Strategien zu formulieren und operative Maßnahmen zur Strategieumsetzung abzuleiten.[12] Unternehmen agieren in einem von Wettbewerb und Leistung geprägten Umfeld, wobei oftmals eine Führung, ausschließlich basierend auf vergangenheitsorientierten Steuergrößen nicht ausreicht.[13] Die BSC schafft es, kurz- und langfristige Ziele zu vereinen und dabei solche Perspektiven miteinzubeziehen, welche entweder einen direkten oder indirekten Einfluss auf finanzwirtschaftliche Ergebnisse darstellen.[14] Hierbei werden vier verschiedene Perspektiven unterschieden:[15]

⟶ Finanzwirtschaftliche Perspektive (z. B.: Cashflow, ROI, EBIT)
⟶ Kundenperspektive (z. B.: Marktanteil, Kundenrentabilität, Kundentreue)
⟶ Interne Prozessperspektive (z. B.: langfristiger Innovations- bzw. kurzfristiger Produktionszyklus)
⟶ Lern- und Entwicklungsperspektive (z. B.: Weiterbildung von Personen und Systemen)

Der größte Nutzen der BSC liegt darin, dass sie ein gut einsetzbares Kommunikationsinstrument darstellt. Die übersichtliche und gesamtheitliche Darstellung der vier Perspektiven ermöglicht es, die Ziele einfacher zu vermitteln. Weitere Vorteile liegen in der unkomplizierten Handhabung sowie in der Flexibilität dieses Tools. Es stellt kein starres Konstrukt dar, sondern es kann situativ angepasst werden.[16]

Total Quality Management

Optimierung der Qualität von Produkten und Dienstleistungen eines Unternehmens in allen Funktionsbereichen und auf allen Ebenen durch Mitwirkung aller Mitarbeiter.[17] Richtig verstanden kann TQM als unternehmensweites Instrument zur Strategieumsetzung eingesetzt werden.[VI] Typischerweise erfolgt die Einführung von TQM durch die Schaffung einer Parallelstruktur von Qualitätszirkeln, die oftmals von Qualitätsmanagementgremien und -arbeitsgruppen koordiniert werden.[18]

Jeder der drei Buchstaben des TQM steht für einen wichtigen Inhalt:[19]

„T" für Total: Hierunter versteht man das Einbeziehen aller Mitarbeiter, aber im Besonderen auch die Berücksichtigung der Lieferanten und Kunden. Der Weg soll vom isolierten Funktionsbereich hin zum ganzheitlichen Denken führen.

„Q" für Quality: Darunter wird die Kontrolle der Arbeits-, Prozess- und Unternehmensqualität an sich verstanden, wodurch in weiterer Folge auch die Qualität der Produkte, der Prozesse im Unternehmen sowie der Strategieprozesse steigt.

„M" für Management: Dieser Begriff bedeutet, dass die Führungsaufgabe Qualität bereichs- und funktionsübergreifend wahrgenommen werden sollte. Großer Wert sollte auch auf Vorbildfunktion und Beharrlichkeit gelegt werden. Einige Prinzipien des TQM lauten u. a.: neue Sichtweisen verinnerlichen, Engagement der Geschäftsführung steigern, strategische Ausrichtung auf Basis von Grundwerten und festen Unternehmenszwecken festlegen oder aber auch präventive Maßnahmen zur Qualitätssicherung einführen.

7-S-Modell

Das 7-S-Modell (McKinsey 7-S) wurde in den 1980er-Jahren von Tom Peters und Robert H. Waterman entwickelt. Es eignet sich gut, um Veränderungsprozesse, wie etwa neue Strategien, einzuleiten und ihre Richtung zu bestimmen.[20] Bei der Strategieimplementierung ist dieses Modell zu erwähnen, da es besonders gut geeignet ist, die Implementierung zu strukturieren.[21] Der Grundgedanke des 7-S-Modells ist, dass ein Unternehmen nicht

VI — Als weitere Werkzeuge zur Strategieumsetzung können beispielsweise die **Six-Sigma-Methode**, die Methode des **kontinuierlichen Verbesserungsprozesses** (kurz: KVP) oder die **Kaizen-Philosophie** herangezogen werden.

nur aus der Struktur[VII] besteht, sondern vielmehr durch verschiedene Elemente charakterisiert wird. Diese Elemente können in sieben harte und weiche „S" unterteilt werden.[22]

Zu den harten Variablen zählen die Unternehmensstrategie (Strategy), die Organisationsstruktur (Structure) sowie die Managementsysteme (Systems). Demgegenüber zählen Fähigkeiten (Skills), das Personal (Staff), geteilte Werte (Shared Values) und der Stil (Style) zu den weichen Elementen.[23]

Diese weichen und harten Faktoren werden in den sogenannten übergeordneten Zielen (Superordinate Goals) miteinander in Beziehung gestellt. Das 7-S-Modell weist auf die Notwendigkeit der optimalen Nutzung aller „S" zur Erreichung der übergeordneten Ziele sowie die optimale Abstimmung der „S" untereinander hin.[24] Organisationen, welche effektiv tätig sind, zeichnen sich durch eine ausgeglichene Balance dieser Variablen aus.[25] Beispiele für die Anwendung des 7-S-Modells können u. a. sein, wenn die Produktionsart umgestellt, das Handlungsfeld verändert bzw. ganz allgemein ein Wandel im Unternehmen vollzogen werden soll.[26]

Dos and Don'ts bei der Strategieumsetzung

Ein wesentlicher Punkt bei der Umsetzung von Wissen bzw. der Umsetzung von Strategien ist, dass den Worten auch Taten folgen müssen. Diskussionen über eine sinnvolle Vorgehensweise oder das Sammeln von Daten stellen lediglich eine Basis und Richtlinie für Veränderungen dar.[27] Damit die Umsetzung einer Strategie zum Erfolg wird, werden nun etwaige Erfolgsfaktoren und Fehlerquellen zusammenfassend dargestellt:[28]

Erfolgsfaktoren:

- ⟶ Erläutern Sie die Strategie all denjenigen Mitarbeitern verständlich, die nicht an der konkreten Strategieerarbeitung beteiligt waren.
- ⟶ Leben Sie die Strategie persönlich vor.
- ⟶ Richten Sie das Training der Mitarbeiter auf die Strategie aus.
- ⟶ Bleiben Sie im täglichen Kontakt mit den Mitarbeitern.
- ⟶ Fördern Sie die Mitverantwortung der Mitarbeiter und die Identifikation mit der Strategie.

VII — Structure follows Strategy, dies bedeutet, dass sich die Unternehmensstruktur bei einer Änderung der Strategie anpassen muss.

Fehlerquellen:

⟶ Mangelnder Einbezug der Mitarbeiter.
⟶ Überbetonung formalistischer Aspekte.
⟶ Entwurf zu komplizierter Pläne.
⟶ Setzung zu vieler Ziele gleichzeitig.
⟶ Setzung widersprüchlicher Ziele.
⟶ Unzureichende Qualifizierung[VIII] der Mitarbeiter.
⟶ Beharren auf Erfolgsrezepten von gestern.

Weiterführende Literatur

Brache, A. P.; Bodley-Scott, S.: Implementation — How to transform Strategic Initiatives into Blockbuster Results, New York 2006

Götze, U.; Mikus, B.: Strategisches Management — Lehrbuchreihe 3, Chemnitz 1999

Kaplan, R. S.; Norton, D. P.: Balanced Scorecard — Strategien erfolgreich umsetzen, Stuttgart 1997

VIII — Darunter werden u. a. unzureichende Ressourcen, Rahmenbedingungen und Weiterbildungsmaßnahmen verstanden.

Schwierige Verhandlungen

Als Führungskraft an der Spitze führen Sie permanent Verhandlungen auf höchster Sachebene und mit enormer Tragweite für die Entwicklung Ihres Unternehmens. Gespräche mit Investoren, dem Vorstand oder dem Aufsichtsrat erfordern nicht nur Überzeugungskraft und Entschlossenheit, sondern auch spezielle Verhandlungsmethoden und Taktiken. Wir zeigen Ihnen in diesem Kapitel, wie Sie diese Verhandlungen zu Ihren Gunsten entscheiden.

- → **Der Stellenwert von Verhandlungsführungen im Managementalltag darf nicht unterschätzt werden. Vor allem der Zeitaufwand für deren Vorbereitung ist zu berücksichtigen und eine klare Abgrenzung zum Konfliktmanagement ist zu beachten.**
- → **Nicht nur Fach- und Methodenwissen ist ausschlaggebend für den Erfolg bei einer Verhandlung. Soziale Kompetenz und Charisma können gerade bei schwierigen Verhandlungen die entscheidenden Faktoren sein.**
- → **Neben der eigenen Persönlichkeit ist vor allem die des Verhandlungspartners maßgebend bei schwierigen Verhandlungen. Gerade bei Verhandlungen mit Führungspersönlichkeiten darf man sich nicht von Emotionen leiten lassen.**
- → **Eine gute Vorbereitung ist oft der halbe Weg zum erfolgreichen Abschluss einer Verhandlung. Erfahren Sie daher, wie Sie Ihre begrenzte Zeit optimal zur Vorbereitung nutzen können.**
- → **Ziel ist es, ohne Zeitverlust zu einem positiven Kompromiss für beide Seiten zu gelangen (win-win) und gleichzeitig zu vermeiden, am Verhandlungstisch gefangen zu werden.**

Verhandlungsführung als Managementaufgabe

Das Verhandlungsgeschick eines Managers wird im Berufsalltag ständig eingefordert. Verhandlungen zu führen ist keine einfache Aufgabe, sie ist von Strategie, Taktik und psychologischen Spielchen geprägt. Die Bedeutung von Verhandlungsführung wird durch eine aktuelle Studie bestätigt. Zwei Drittel aller befragten Manager sind überzeugt, dass gute Verhandlungsführung als Managementaufgabe einen hohen bis sehr hohen Stellenwert besitzt.[1]

Neben dem Verhandlungsgeschick ist die Vorbereitung ein entscheidendes Kriterium für den erfolgreichen Abschluss einer Verhandlung. Nur mit einer entsprechenden Vorbereitung können Sie auch in Stresssituationen Ihre Strategie beibehalten. Um dies zu gewährleisten, dürfen Sie sich bei der Planung nicht nur auf den Verhandlungsgegenstand konzentrieren, sondern müssen auch auf die Gesprächspartner und deren Verhandlungsziele eingehen. Daher benötigt man für die Vorbereitung zumindest denselben Zeitaufwand wie für die Verhandlung selbst.

Das Konfliktmanagement kommt dann zum Einsatz, wenn die Verhandlungsführung gescheitert ist bzw. zu scheitern droht.

Soziale Kompetenz als Grundvoraussetzung

Die soziale Kompetenz und auch das Charisma sind oftmals entscheidende Faktoren. Nutzen Sie die Emotionen Ihrer Gesprächspartner zu Ihren Gunsten. Dass die Auswirkungen von Charisma messbar sind, zeigt eine Studie des MIT. Diese definiert Charisma als „die Fähigkeit die eigenen Emotionen über ehrliche Körpersignale auf andere Menschen zu übertragen“. In Verhandlungen mit charismatischen Personen sollten Sie daher die Möglichkeit nutzen, die Ebene des Augenkontaktes zu verlassen, um davon unbeeinflusst Entscheidungen treffen zu können.[2]

Die soziale Kompetenz wiederum lässt sich unterteilen in Kommunikationsfähigkeit, Kooperationsfähigkeit, Motivation, Konfliktfähigkeit und Menschenkenntnis. Kommunikation umfasst die bewusste Information sowie die unbewusste Projektion der eigenen Gefühle. Setzen Sie daher bei der Kommunikation gezielt Ihre Gefühle ein. Die Information, die Sie übermitteln wollen, muss deckungsgleich mit Ihrer Mimik, Gestik, Betonung und Satzmelodie sein. Die Kooperation zeigt sich in der gegenseitigen Achtung und Akzeptanz der Interaktionspartner sowie Toleranz im Umgang mit Menschen, auch wenn Sie einem unsympathisch sind oder eine abweichende Meinung vertreten. Die Motivation ist ebenfalls ein bedeutender Aspekt. Sie geht verloren, wenn Menschen keine Ziele haben. Sorgen Sie daher in der Verhandlung dafür, dass das Ziel nie aus den Augen verloren wird.

Verhandlungen haben von vornherein hohes Konfliktpotenzial. Zusätzliche Konflikttreiber sollten daher unbedingt vermieden werden. Hierfür sind einige Spielregeln zu beachten. Vermeiden Sie Vorurteile und zeigen Sie kein unbegründetes Misstrauen. Meiden Sie es auch, ihrem Gegenüber den Anreiz zur Machtdemonstration zu bieten. Absolut unangebracht sind feindselige Einstellungen, Aussagen und Aggressionen. Wer solche Emotionen zulässt, macht sich angreifbar. Ein Konflikt tritt meist dann auf, wenn sich das ursprüngliche Problem mit Emotionen vermischt.

Der wichtigste Faktor der sozialen Kompetenz ist die Menschenkenntnis. Diese umfasst die Fähigkeit, das Verhalten und den Charakter seines Gegenübers einzuschätzen. Hierfür müssen Sie sich bewusst machen, dass Menschen in vielen Situationen antrainiertes Verhalten zeigen.[3]

Die Verhandlungspartner

Der Schwierigkeitsgrad einer Verhandlung wird maßgeblich durch die Persönlichkeit der Verhandlungspartner beeinflusst. Daher ist es entscheidend, Person und Inhalt getrennt voneinander zu behandeln.

Verhandlungspartner sind in erster Linie Menschen und keine abstrakten Repräsentanten. Dieser Aspekt kann sich in Verhandlungen sowohl positiv wie auch negativ auswirken. Ohne Berücksichtigung dieser menschlichen Aspekte des Gegenübers werden dessen Worte oft falsch interpretiert, was in weiterer Folge zu Missverständnissen und Konflikten führen kann. Trennen Sie daher die persönliche Beziehung von der Sachfrage und kümmern Sie sich auch unmittelbar um den Faktor Mensch („Hard on the issues, soft on the people."). Die Berücksichtigung der drei folgenden Aspekte sind für dessen Lösung besonders hilfreich: Vorstellung, Emotion, Kommunikation.

Bei der Vorstellung ist das Verständnis für das Wie und Was im Denken der Gegenseite entscheidend. Diese Differenz zwischen eigenem Denken und dem der Gegenseite existiert oft nur in den Köpfen der Verhandlungspartner und es gilt dies in einer Verhandlung zu überwinden. Egal wie nützlich die Betrachtung der objektiven Wirklichkeit einer Verhandlung ist, so müssen die Differenzen im Denken gelöst werden, um eine Verhandlung erfolgreich abzuschließen.[4]

Es kommen weitere Hürden hinzu, wenn Sie es mit einem schwierigen Verhandlungspartner zu tun haben. Das kann unter anderem an seiner Taktik liegen. Ein schwieriger Verhandlungspartner kann mauern, Sie angreifen oder Tricks einsetzen. Das Mauern ist die Weigerung, vom eigenen Standpunkt abzuweichen. Dies können Sie am besten bekämpfen, indem Sie Ihrem Verhandlungspartner seine Unflexibilität vor Augen führen. Angriffe dienen dazu, Sie unter Druck zu setzen und sollen dazu führen, dass Sie sich unbehaglich fühlen. In diesem Fall bietet es sich an, auf eine indirekte Strategie zu setzen und dadurch dem Angriff die Wucht zu nehmen. Pausieren Sie die Verhandlung oder brechen Sie diese vorübergehend komplett ab.

Oft setzen erfahrene Gegenspieler auch Tricks ein, um Ihr Denken zu entschlüsseln. Zeigen Sie in solchen Fällen niemals Ihre Karten. Beliebte Tricks sind das Vorlegen falscher Zahlen oder das Spielen auf Zeit. Diese Taktiken können aus Furcht und anderen Emotionen hervorgehen. Gerade Führungspersönlichkeiten neigen oft zum Angriff, wenn Sie sich in Ihrer Autorität bedroht fühlen. In schwierigen Situationen greifen Menschen auch gerne auf gewohntes Verhalten zurück. Zu Skeptizismus bzw. Konkurrenzhaltung hingegen neigen Verhandlungspartner, die sich nicht über die möglichen Vorteile des Verhandlungsergebnisses bewusst sind bzw. die Verhandlung als ein Spiel sehen, in dem es um Gewinnen und Verlieren geht.[5]

Die Vorbereitung

Der Schlüssel zu jeder erfolgreichen Verhandlung ist die Vorbereitung. Hier legen Sie Ihre Ziele fest, die Sie erreichen wollen, und gewinnen Informationen über die Persönlichkeit Ihres Verhandlungspartners. Legen Sie genauso viel Wert auf die Vorbereitung der zwischenmenschlichen Aspekte wie auf die der Verhandlungsthemen und Inhalte. Sie sollten sich daran gewöhnen, Profile Ihrer Verhandlungspartner zu erstellen. So haben Sie kurz vor der Verhandlung die Möglichkeit, sich auf Ihr Gegenüber zu eichen. Ebenso müssen Sie sich bewusst machen, was Ihre Zielsetzungen in der Verhandlung sind. Nur so können Sie Ihre Verhandlungsführung sinnvoll und effektiv ausrichten.

Folgende Punkte sollte daher eine gute Vorbereitung beinhalten:

⟶ Formulieren Sie klare Verhandlungsziele und definieren Sie Ihre Interessenslagen.

⟶ Legen Sie den Spielraum fest, innerhalb dessen sie verhandeln wollen, Ihre Mindestziele, Ihre „Spieljetons".

Seite 134

- Überlegen Sie sich, wie Sie Ihr Angebot attraktiver machen können. Wechseln Sie vom Single-issue- zum Multi-issue-Denken.[IX]
- Sammeln Sie Informationen über Ihren Gesprächspartner, die es Ihnen ermöglichen, einen „persönlichen Draht" zu entwickeln. Achten Sie beispielsweise besonders auf das richtige Aussprechen seines Namens.
- Schneiden Sie Ihre Argumentationsstrategie auf die jeweilige Verhandlungskultur und den Vorlieben Ihrer Verhandlungspartner zu.
- Halten Sie eine Gesprächseröffnung parat, die Ihre Kompetenz verdeutlicht.
- Stimmen Sie sich kurz vor der Verhandlung auf Ihre Gesprächspartner ein. Nutzen Sie dazu die, in der Vorbereitung erstellten, Profile.[6]
- Wenden Sie das BATNA-Konzept[X] an (Best Alternative To Negotiated Agreement)[7] – je mehr Alternativen Sie haben, desto besser ist Ihre Verhandlungsposition.

Am runden Tisch

Das Vorgehen bei der Verhandlung selbst ist von Ihrer Vorbereitung und Ihrem Verhandlungspartner geprägt. Ein guter Start ist bei jeder Verhandlung entscheidend, denn der erste Eindruck, den Verhandlungspartner voneinander gewinnen, ist oft ausschlaggebend für den weiteren Verlauf des Kontakts. Behalten Sie während der Verhandlung Ihre Ziele, trotz der Eigendynamik in einer Verhandlung, im Auge, ohne dass Sie sich dabei aber selbst unter Druck setzen.

Ihr Ziel ist es, Gemeinsamkeiten herauszuarbeiten und nicht der Sieg über Ihr Gegenüber. Treten Sie dennoch souverän auf, nur so können Sie auch andere Menschen überzeugen. Wenn Sie Unsicherheit zeigen, nehmen Sie sich die Möglichkeit, von Ihrem Verhandlungspartner ernst genommen zu werden. Es genügt daher nicht nur, gute Argumente zu haben, Sie müssen diese auch glaubwürdig vermitteln.

IX — „Single-Issue" ist eine Verhandlung, bei der sich alles nur um eine Frage dreht, meistens den Preis. Die Verhandlung reduziert sich auf einen Machtkampf, bei dem es einen Gewinner und einen Verlierer gibt. „Multi-issue" ist eine Verhandlung, wo es eine Reihe von Verhandlungsthemen (z. B. Preis, Lieferzeit, Zahlungszeitpunkt, Cash vs. Non-Cash-Zahlung, etc.) gibt und dadurch ein Abtausch auf der Basis der unterschiedlichen Interessen der Verhandlungspartner möglich ist. Der gute Verhandler wird immer versuchen, von Single-Issue zum Multi-Issue zu kommen und Verhandlungspunkte zu identifizieren, wo ein Entgegenkommen seinem Verhandlungspartner viel bringt, aber ihn selber nicht viel kostet.

X — Der Begriff stammt aus dem Harvard-Konzept, einer Methode für sachbezogenes Verhandeln, die im Buch Getting to Yes von Fisher und Ury ausgeführt wird.

Beachten Sie die emotionale Seite des Menschen, indem Sie Ihr Wissen über die Vorlieben Ihres Gesprächspartners gezielt einsetzen. Vermeiden Sie es, aneinander vorbeizureden.

Bei Verhandlungen zwischen Gruppen sollten Sie versuchen, nicht nur einzelne Verhandlungspartner auf Ihre Seite zu ziehen. Versichern Sie sich, dass ein tragfähiges Ergebnis für die gesamte Gruppe erzielt worden ist. Denn ein Verhandlungsergebnis, das nicht von allen getragen wird, ist leicht zum Scheitern verurteilt.[8]

Das Ergebnis jeder erfolgreichen Verhandlung ist ein gelungener Interessensabgleich zwischen den Parteien (Win-Win). Vermeiden Sie es daher, nur bei einzelnen Verhandlungspunkten zu feilschen, sondern konzentrieren Sie sich auf die Interessen und die dahinterstehenden Sorgen, Nöte, Wünsche und Ängste Ihres Gegenübers. Die Frage nach den Interessen Ihres Verhandlungspartners ist das Warum – Was ist die Motivation für die Verhandlung? Suchen Sie daher nach Vorteilen, welche die Interessen beider Seiten befriedigen und zeigen Sie Flexibilität bei Verhandlungspunkten. Streben Sie nach einer Win-Win-Lösung.[9]

Auch wenn es aufgrund der Komplexität nie eine 100-prozentige Garantie auf einen erfolgreichen Ausgang der Verhandlungen geben wird, so können Sie durch Berücksichtigung der erwähnten Aspekte die Chance auf einen Verhandlungserfolg doch maßgeblich beeinflussen und erhöhen.

Weiterführende Literatur

Becker, A.; Becker, H.: Psychologisches Konfliktmanagement — Menschenkenntnis, Konfliktfähigkeit, Kooperation, München 1996

Fisher, R.; Ury, W.; Patton, B.: Das Harvard-Konzept — Der Klassiker der Verhandlungstechnik — Handelsblatt Karriere und Management Band I, Frankfurt am Main 2006

Kohlrieser, G.: Gefangen am runden Tisch — Klarheit schaffen, Entschlossen verhandeln, Leistungen freisetzen, San Francisco 2004

Püttjer, C.; Schnierda, U.: Die heimlichen Spielregeln der Verhandlung — So trainieren Sie Ihre Überzeugungskraft — Strategien des Erfolgs Band I, Frankfurt am Main 2007

Ury, W.: Schwierige Verhandlungen — Wie Sie sich mit unangenehmen Kontrahenten vorteilhaft einigen, Frankfurt am Main 1992

Schwierige Entscheidungen

Das Treffen von Entscheidungen gehört zum Tagesgeschäft von CEOs. Um schwierige Entscheidungen richtig zu treffen, empfiehlt sich ein begründetes, nachvollziehbares Vorgehen. Doch stellt sich die Frage, was schwierige Entscheidungen sind, welche auf einen CEO zukommen und wo die Probleme im Entscheidungsprozess liegen.

- **Größere Veränderungen im Unternehmen führen dazu, dass Manager (schwierige) Entscheidungen treffen müssen, um strategische Entschlüsse über diese Veränderungen fassen zu können.**
- **Die Entscheidungsbereiche eines CEOs können in drei Kategorien unterteilt werden – Strategie, Kultur und Mitarbeiter.**
- **Um systematische, rationale und konsistente Entscheidungen zu treffen, hilft es neun Schritte in der Entscheidungsanalyse zu beachten.**
- **Im Entscheidungsprozess können Probleme und Fehler wie z. B. Fehleinschätzungen, Angst vor Veränderungen, Zeitdruck und zu viele Prioritäten aufkommen.**
- **Eine gezielte Einbindung von Betroffenen und eine gezielte Kommunikation sind geeignete Gegenmaßnahmen zur Fehlerreduktion, die ein CEO treffen kann.**

Erkennen von schwierigen Entscheidungen

Die schwierigste und anspruchsvollste Art zu entscheiden, sind langfristig geplante und strategische Entschlüsse, welche erst auf längere Frist Auswirkungen zeigen. Diese Entscheidungen benötigen besonders viel Fingerspitzengefühl.[1]

Es ergeben sich vier Möglichkeiten, die es notwendig machen, als Manager eine Entscheidung zu treffen: bei Störungen (Probleme und Notfälle), Gelegenheiten (neue Chancen), Ressourcenzuweisung (Geld, Personal & Material) und bei Verhandlungen (Interessenvertreter einer Organisation bzw. einer Einzelperson).[2] Entscheidungen sind dahingehend als schwierig einzustufen, dass häufig das genaue Ziel und die exakten Vorstellungen zur Erreichung des

Seite 137

Zieles fehlen. Darüber hinaus können die Konsequenzen einer Entscheidung als unangenehm empfunden werden, da das Ergebnis im Voraus in den meisten Fällen nicht bekannt ist. Weiters kann es aufgrund vieler verschiedener Grundinformationen zu einer Überlastung und somit zu einem verzerrten Bild der momentanen Situation kommen.[3]

Beispiele für schwierige Entscheidungen eines CEOs

Schwierige Entscheidungen eines CEOs können in folgende Kategorien eingeteilt werden:[4]

Strategie: Der wohl wichtigste Aufgabenbereich eines CEOs ist die Strategieentwicklung, in deren Mittelpunkt die Erstellung einer erfolgreichen Mission und Vision steht, die dem Unternehmen einen Sinn gibt und das Bild einer wünschenswerten und richtungsweisenden Zukunft gestaltet. Dies beinhaltet die Aufgabe, die Mitarbeiter in ihrem selbstständigen Handeln in Richtung der Strategie zu unterstützen. Weitere Entscheidungen betreffen den Auf- bzw. Ausbau von Wettbewerbsvorteilen sowie die Expansion in neue Produkte bzw. Märkte und Akquisitionen. Hierbei darf ein CEO aber nicht vergessen, genauso für den Umgang mit Schwierigkeiten und Krisenzeiten vorbereitet zu sein, da gerade in diesen Zeiten viele strategische Entscheidungen von einem CEO zu treffen sind.

Kultur: Die Unternehmenskultur dient als Unterstützung zur Erreichung der strategischen Ziele. Dieser Bereich umfasst die Aufgabe eines Unternehmens, nach innen und außen entsprechend seiner Werte aufzutreten, um die Erfüllung der Vision zu gewährleisten. Der CEO muss sich in diesem Zusammenhang die Frage nach den gelebten anerkannten Werten, Normen und Zielvorstellungen stellen, deren Summe die Unternehmenskultur ausmacht.

Mitarbeiter: Die Mitarbeiter sind das Humankapital des Unternehmens, daher sind die Entscheidungen in diesem Bereich von größter Bedeutung. Da die Kundenzufriedenheit und Kundentreue in einer engen Verbindung mit der Mitarbeiterleistung steht, muss ein CEO die optimale Organisationsform finden. Diese soll die Mitarbeiter in die Lage versetzen, hohe Leistungen zu erbringen und somit die Kunden optimal zu betreuen.

Um die Entscheidungen eines CEOs zu optimieren – und da kein CEO alle Recherchen selbst machen kann –, sollte er dabei von seinen Mitarbeitern (entweder von einem Berater oder einem Projektteam) unterstützt werden.[5]

Entscheidungsanalyse – neun Schritte auf dem Weg zur Entscheidung

Der Umgang mit schwierigen Entscheidungen kann erleichtert werden, indem grundlegende Entscheidungsprozesse zum Einsatz kommen. Das bedeutet, ein Prozess der Identifizierung, Analyse, Bewertung, Auswahl und Planung geht der eigentlichen Entscheidung voran.[6]

Die Entscheidungsanalyse ermöglicht das systematische, rationale und konsistente Treffen von Entscheidungen und basiert auf neun Teilschritten. Allein durch den Einsatz des Entscheidungsinstruments kann jedoch nicht automatisch ein 100-prozentiger Erfolg garantiert werden. Der Einsatz von Entscheidungsanalysen kann allerdings als „richtiger Weg zu erfolgreichem Entscheiden" gesehen werden.[7]

Eine mögliche Herangehensweise zur Entscheidungsfindung lässt sich in den folgenden neun Schritten darstellen:

1. Definition des Problems
2. Festlegen der Ziele, Entscheidungskriterien und Rahmenbedingungen
3. Suchen nach Alternativen
4. Bewerten der Alternativen – Vor- und Nachteile, Kosten, Nutzen, Folgen etc.
5. Entscheidung für eine Alternative bzw. eine Kombination mehrerer Alternativen
6. Entwicklung eines konkreten Umsetzungsplans
7. Prüfung der Stabilität des Plans, ggf. Bestätigung des Entschlusses
8. Aktionsprogramm – Implementierung der Entscheidung
9. Erfolgskontrolle und Feedbackanalyse – ggf. Anpassung des Aktionsprogramms

Fehler und Probleme im Entscheidungsprozess

Folgende Probleme und Fehler treten typischerweise in einem Entscheidungsprozess auf:

1. Fehleinschätzung und falsche, unbewusste Gewichtung von ersten Zahlen und Eindrücken

2. Angst vor Veränderung und dem damit verbundenen Aufwand – Beibehaltung des Status quo
3. Festhalten an der Fehlentscheidung, aufgrund bereits getätigter Investitionen (sunk costs)
4. Entscheidungen auf Basis von „Bauchgefühl" und Intuition treffen, beides hängt stark von der Tagesform ab
5. Treffen von Ad-hoc-Entscheidungen aufgrund des Zeitdrucks
6. Verwerfen der delegierten Entscheidungen in den anderen Hierarchieebenen (unterschiedliche Prioritäten)
7. Vertreten und Verwendung von Meinungen, Ideen, Interessen und Standpunkten, die einen persönlich weiterbringen und den eigenen Standpunkt unterstützen (Dissonanzabbau)
8. Systematische und laufende Analysen werden aufgrund von Zeitdruck nicht durchgeführt – insbesondere Grenzen, Messgrößen, Referenzpunkte und Rahmen der Entscheidung werden nicht festgelegt[8]

Führungskräfte sehen die folgenden drei Aspekte als die größten Hindernisse bei Entscheidungen an. Hierzu wurden 560 Führungskräfte der deutschen Wirtschaft zum Thema Entscheidungskraft befragt:[9]

Häufig wurde von den befragten Führungskräften (83,6 %) ein zu großer Personenkreis im Entscheidungsprozess kritisiert. Sie gaben an, dass Entschlüsse durch die Anzahl der beteiligten „Entscheider" eher blockiert und verhindert wurden, als das deren Input hilfreich war.

Am zweithäufigsten (76,4 %) wurden von den Befragten die Zweifel an der Qualität von getroffenen Entscheidungen genannt. Laut deren Angaben verhindern Macht- und Interessenskonflikte häufig die effektivste Entscheidung.

Mit 72,8 % am dritthäufigsten wurde der Transfer von Entscheidungen, sprich die Kommunikation zu den Mitarbeitern genannt. So kann es zu sinnlosen, langen Diskussionen zwischen Beteiligten kommen, was zu einem Zweifel an der Qualität der Entscheidung führen kann und häufig die Entscheidung in der Umsetzungsphase feststecken lässt. Aufgrund dessen bleibt ein Erfolg aus und eine Integration der Entscheidung in das Handeln der Organisation kann nicht stattfinden.

Geeignete Gegenmaßnahmen zur Fehlerreduktion

Jede Entscheidung, welche von CEOs getroffen wird, erzeugt Reaktionen bei den Mitarbeitern in den darunterliegenden Hierarchien. Die Mitarbeiter haben daher einen großen Einfluss darauf, ob die Entscheidung im Nachhinein als gut oder schlecht bewertet wird. Daher sollten CEOs folgende Prinzipien beachten:

- ⟶ Übermittlung der relevanten Informationen an Beteiligte
- ⟶ Grenzen der Probleme definieren
- ⟶ Externe Daten einholen
- ⟶ Beim Aufkommen von neuen Zahlen, Daten und Fakten sind Entscheidungen ggf. zu revidieren
- ⟶ Beteiligte (Stakeholder) sind in die Entscheidungsfindung miteinzubeziehen
- ⟶ „Junge Wilde" (= junge Manager aus unterem Management) ins Entscheidungsteam holen
- ⟶ Aufzeichnungen führen, um zukünftig Basis für wiederkehrende oder ähnliche Entscheidungen zu haben
- ⟶ Etablieren eines Systems zur Einbeziehung von Ergebnissen aus vorangegangenen Entscheidungen
- ⟶ Wichtigste Aspekte anhand von Schätzungen miteinbeziehen

Weiterführende Literatur

Bamberg, G.; Coenenberg, A. G.: **Betriebswirtschaftliche Entscheidungen, München 2006**

Braun, W.: **Die (Psycho-)Logik des Entscheidens — Fallstricke, Strategien und Techniken im Umgang mit schwierigen Situationen, Bern 2010**

Goldbach, A.; Grommas, D.: **Entscheidungslehre — Methoden und Techniken öffentlich-betriebswirtschaftlicher Entscheidungen in elementaren Grundzügen, Rinteln 2009**

Suttrich, O.: **Entscheiden als Prozess — Besser Entscheiden in Organisationen, In: Hernsteiner 3/2006**

Weißhahn, G.: **Entscheidungsanalyse — wie Manager schwierige Entscheidungen rational treffen können, In: Wirtschaftspsychologie 1/2001**

Veränderungen umsetzen

Sind Sie ein Change Agent? Tief greifende Veränderungsprozesse im Unternehmen müssen aktiv durch Sie unterstützt und vorangetrieben werden. Ihre Aufgabe als Topmanager ist es auch, alle notwendigen Veränderungen rechtzeitig und ehrlich an alle Beteiligten zu kommunizieren. Erlangen Sie in diesem Kapitel ein umfassendes Verständnis für die Kernfaktoren eines erfolgreichen Changemanagement-Prozesses!

→ **Um eine Veränderung optimal umsetzen zu können, müssen mehrere Grundsätze beachtet werden. Zu Beginn müssen das Problem identifiziert und ein klares Ziel definiert werden. Allen voran ist es wichtig, sich zu überlegen, inwieweit die Mitarbeiter in den Prozess miteinbezogen werden und welche Personen als Schlüsselpersonen ausgewählt werden.**

→ **Widerstände stellen für Manager kein Risiko, sondern eine Chance dar. Es ist wichtig, diese zu erkennen und durch gewisse Maßnahmen wie Diskussion bzw. Beeinflussung zu lösen.**

→ **Wesentliche zusätzliche Erfolgsfaktoren für den Veränderungsprozess sind: die Bedürfnisse der Mitarbeiter berücksichtigen, die Mitarbeiter motivieren, eine überzeugende Vision vermitteln, Vertrauen schaffen und greifbare Ergebnisse aufzeigen.**

Durch die notwendige Schaffung von anpassungsfähigen Strukturen, durch Fusionsvorhaben sowie durch die steigende Dynamik am Markt kommt dem Unternehmenswandel eine immer größer werdende Bedeutung zu. Deshalb ist Changemanagement einer der wichtigsten Wachstums- und Erfolgsfaktoren.[1]

„Change Management (= Management des Wandels) ist ein ganzheitlicher Ansatz, Veränderungen, sowohl der harten Faktoren eines Unternehmens (z. B. Struktur, Prozesse), als auch der weichen Faktoren (z. B. Unternehmenskultur, Verhalten), dauerhaft zu realisieren."[2]

Rahmenbedingungen

Bei der Umsetzung von Veränderungen müssen im Allgemeinen folgende Rahmenbedingungen beachtet werden:

Technik: Die Technik beeinflusst unsere Arbeit und unser Handeln enorm. Nahezu jede Aktivität wird heutzutage per Computer gesteuert. Durch das Internet werden uns ein weltweites Netzwerk und der gleichzeitige Aufbau vieler Geschäftsbeziehungen ermöglicht.[3] Durch diese Chance ist es möglich, einen Mehrwert zu schaffen. Es kann z. B. Wissen durch Videokonferenzen oder Chatrooms schnell übertragen werden.[4]

Zeit und Geld: Infolge der Technik werden die Geschäftsabläufe beschleunigt und der Leistungsdruck erhöht. Aufgrund der permanenten Veränderungen von Verhalten und Einstellungen der Menschen sind rasche Entscheidungen und Anpassungsmaßnahmen unabdingbar.[5] So müssen Produkte oder Dienstleistungen zum richtigen Zeitpunkt, mit der richtigen Qualität und dem richtigen Preis auf den Markt gebracht werden.[6]

Die Ressource Geld ist ein knappes Gut. Es wird von den Menschen immer mehr gefordert, selbst wenn die Löhne sinken. Die Unternehmen sind auf Kosten- bzw. Leistungsoptimierung aus.[7]

Interkulturelle Zusammenarbeit: Die Globalisierung ermöglicht den Menschen eine rasche und kostengünstige Kommunikation bzw. Kooperation. Wenn unterschiedliche Denkmuster und Handlungsgewohnheiten gegeben sind, kann dies jedoch schnell zu Konflikten führen.[8] Es ist im Vorhinein wichtig zu wissen, was das Gegenüber erwartet. Deshalb ist es notwendig, von Anfang an in persönlichen und ständigen Kontakt mit den Mitarbeitern zu stehen, um eine gemeinsame Lösung zu erarbeiten.[9]

Optimale Umsetzung von Veränderungen

„Ich brauche einen neuen Brauch, den wir sofort einführen müssen; nämlich den Brauch, in jeder neuen Lage neu nachzudenken." Bertold Brecht[10]

Dieses Kapitel beschäftigt sich mit wichtigen Grundsätzen, welche beachtet werden müssen, um eine Veränderung im Unternehmen optimal umsetzen zu können.

Problemdiagnose und Zielvereinbarung: Eine Veränderung soll ein möglichst geordneter Prozess sein. Die Beteiligten sollen verstehen, warum die Umgestaltung notwendig ist und was das

Ziel dieses Wandels ist.[11] Deshalb ist ein wichtiger Grundsatz, um brauchbare Ergebnisse zu erzielen, dass der Veränderungswunsch zielorientiert vermittelt wird. Dabei ist es von Bedeutung, mehrere Punkte zu beachten.

Zu Beginn muss klargestellt werden, warum die Veränderung notwendig ist. Im nächsten Schritt werden die Ziele einer erfolgreichen Veränderung definiert. Weiters sind jene Kriterien zu definieren, an welchen der Erfolg gemessen werden kann. Ein weiterer wichtiger Punkt ist die Organisation des Veränderungsprozesses. Darunter ist zu verstehen, dass z. B. die Aufgabenverteilung oder die Projektsteuerung bzw. -verantwortung festgelegt wird. Darauf aufbauend erfolgt die Planung der einzelnen Phasen und Meilensteine. Zur Orientierung sollten mittels eines Meilensteinplanes die einzelnen Zwischenstationen festgelegt werden.[12]

Nach oft jahrelanger, harter Arbeit neigen Manager dazu, sich beim Auftreten erster Erfolge siegessicher zu fühlen. Sie bezahlen ihre teuren Berater und beenden den Veränderungsprozess. Doch genau dies kann zur Katastrophe führen. Das Setzen einzelner Zwischenziele ist daher sehr wichtig.[13] Unabdingbar ist die ständige Kontrolle des Projektfortschritts während der gesamten Projektdauer.[14]

Für eine erfolgreiche Veränderung ist es nicht nur wichtig, Ziele zu definieren, sondern diese auch regelmäßig an neue Gegebenheiten anzupassen und eventuell neu zu formulieren.[15]

Beteiligung und Unterstützung von Mitarbeitern: Im Vorfeld muss sich das Unternehmen überlegen, ob es zunächst nur die Führungskräfte bzw. den Betriebsrat über den Veränderungsprozess informiert oder ob die Mitarbeiter ebenfalls von Anfang an in den Prozess miteinbezogen werden. Sinnvoll ist es, die Führungskräfte etwas früher zu informieren.[16]

Auswahl Schlüsselpersonen: Vor der Umsetzung von Veränderungsprozessen müssen potenzielle Schlüsselpersonen definiert werden. Dabei sollten drei wichtige Gruppen von Mitarbeitern identifiziert werden.

In erster Linie sollten jene Personen ausgewählt werden, welche den Veränderungsprozess und die jeweiligen Arbeitsschritte leiten.[17] Diese werden auch als „Change Agents“ bezeichnet. Sie müssen fest an die Veränderungsmöglichkeiten glauben und wissen, wie diese realisiert werden können. Weiters gibt es noch die „Durchzieher“ („Change Soldiers“), die sich der Veränderung anschließen, wenn sie diese für unaufhaltsam halten oder sich einfach anpassen, weil es erforderlich ist.[18] Diese Personen wirken aktiv bei der Umsetzung mit.[19] Besonders wichtig ist es jedoch, dass Widerständler ("Change Opponents") identifiziert und neutralisiert werden müssen, da diese keine Verbesserungsmöglichkeiten erkennen können bzw. wollen.[20] Um die Erfolgsaussichten im Auge behalten zu können, sollte daher nicht die ganze Energie in die Diskussion mit den Change Opponents gesteckt werden. Die Konzentration sollte auf den Unentschlossenen und den Befürwortern liegen.[21]

Umgang mit Widerständen

Widerstände können bei jeder notwendigen Veränderung auftreten. Deshalb ist es wichtig, Widerstände nicht zu ignorieren, sich damit zu beschäftigen und eine Lösung zu finden.

Widerstände erkennen: Widerstände sollen von Managern bewusst wahrgenommen werden, da sie ein wichtiges Signal darstellen und als Chance genutzt werden sollen. Widerstände zeigen sich oft dadurch, dass die Mitarbeiter grundsätzlich nicht wissen, worum es bei der Veränderung geht bzw. die Ziele oder Hintergründe für diese Maßnahmen nicht verstehen. Mitarbeiter zweifeln oft an der Glaubhaftigkeit des vorgegebenen Ziels oder haben Angst, der gestellten Herausforderung nicht gewachsen zu sein.[22]

Widerstände lösen: Um Widerstände zu lösen, werden verschiedene Methoden, im positiven und negativen Sinne, angewandt. Einerseits ist es wichtig, die Mitarbeiter rechtzeitig über die Veränderung in Kenntnis zu setzen und einzubeziehen. Dies kann durch Präsentationen oder Diskussionen erfolgen. Andererseits können Widerstände durch Beeinflussung gelöst werden, indem Manager den Mitarbeitern bewusst gewisse Schlüsselrollen und somit auch Verantwortung übergeben. Darüber hinaus besteht die Möglichkeit, Trainingsprogramme anzubieten, um einzelne Mitarbeiter zu fördern. Die letzte Option für den Manager, eine Veränderung durchzusetzen, ist die Durchsetzung von Zwangsmaßnahmen. Der Manager erzwingt die Akzeptanz der Veränderungen durch Drohungen wie z. B. Kündigung.[23]

Erfolgsfaktoren des Changemanagements

Wie bereits erwähnt, ist es wichtig, bestimmte Grundsätze bei der Umsetzung einer Veränderung einzuhalten. Darüber hinaus ist es von Bedeutung, folgende Faktoren für ein erfolgreiches Changemanagement zu beachten:

Bedürfnis nach Veränderung: In der Vorphase einer Veränderungsumsetzung im Unternehmen muss den Mitarbeitern das vorhandene Problem zuerst bewusst gemacht werden. Es muss ihnen klar vermittelt werden, dass auch sie davon betroffen sind. Erst dann ist eine erfolgreiche Motivation zur Veränderung möglich. Doch wie ist es möglich, die Mitarbeiter wachzurütteln? Dies kann erreicht werden durch das Aufzeigen der zukünftigen Entwicklung, wodurch Ängste und Beunruhigung bei den Mitarbeitern ausgelöst werden.[24] Eine weitere Maßnahme, um das Bedürfnis nach Veränderung zu wecken, ist das Aufzeigen des verbesserten Lebens nach der Umstellung. Wurde genügend Überzeugungsarbeit geleistet, kann mit dem wirklichen Vorhaben, etwas zu verändern, begonnen werden.[25]

Gute Motivation und Führung: Für die weiteren Phasen der Veränderung ist ständige Motivation notwendig. Zum Beispiel durch das Schaffen einer Vision, durch das Aufzeigen von erreichten Zielen oder durch die Vermittlung eines „Dazugehörigkeitsgefühles" bei den beteiligten Mitarbeitern. Gute Führung zeichnet sich durch Belohnung und Lob gegenüber den Mitarbeitern aus, was wiederum deren Motivation steigert.[26]

Vertrauen durch Kommunikation

Die interne Vernetzung im Unternehmen durch Kommunikation ist für das Management unerlässlich. Jeder Mitarbeiter sollte genauestens über die Vorgänge informiert werden. Um dies zu ermöglichen, sollten Sie jede Informationslücke aufdecken.[27] Dabei ist es wichtig, die richtige Form der Informationsübermittlung zu wählen. Diese kann z. B. durch Betriebsversammlungen, Internetforen oder Einzelgespräche erfolgen.[28] Voraussetzung für eine erfolgreiche und effiziente Kommunikation ist zudem Vertrauen. Gibt es im Unternehmen Misstrauen, werden mehr Informationen benötigt. Dadurch kann der ganze Unternehmensablauf verzögert und die Wirtschaftlichkeit beeinträchtigt werden.[29]

Greifbare Ergebnisse, erste Erfolge

Um Veränderungen durchsetzen zu können, müssen den Mitarbeitern erste Erfolge aufgezeigt werden. Eine Notwendigkeit, um die Motivation und den Glauben an das Projekt beizubehalten.[30]

Weiterführende Literatur

Carr, D.; Hard, K.; Trahant, W.: Managing the Change Process, New York 1996

Cohin, D.: The Heart of Change — Field Guide, Boston 2005

Kostka, C.; Mönch, A.: Change-Management — 7 Methoden für die Gestaltung von Veränderungsprozessen, München 2009

Kotter, J.: Leading Change — Why Transformation Efforts Fail, In: Harvard Business Review on Change, Boston 1988

Rigall, J.; Wolters, G.: Change Management für Konzerne — Komplexe Unternehmensstrukturen erfolgreich verändern, Frankfurt am Main 2005

M&A-Transaktionen durchführen

M&A-Transaktionen (Mergers & Acquistitions, Kauf und Verkauf von Unternehmen) erfreuen sich in den letzten Jahrzehnten größerer Popularität, obwohl die Erfolgsquote dieser Transaktionen von vielen kritisch beurteilt wird. Das Unternehmen befindet sich in einer außergewöhnlichen Situation. Der CEO muss sich daher einer äußerst komplexen Aufgabe stellen und diese unter einem extrem hohen Zeitdruck bewältigen.[1] Dieses Kapitel soll dem CEO Tipps und Vorschläge geben, um eine M&A-Transaktion erfolgreich abzuschließen.

- → **Teambildung und Informationsgewinnung: Diese Phase stellt den Grundstein der M&A-Transaktion dar. Das Ziel dieser Phase ist die Bildung eines geeigneten M&A-Teams, welches den Unternehmenszusammenschluss realisiert.**
- → **Kontaktphase: Hier stellt sich für den CEO erstmals die Frage, wie er in dieser Phase aktiv teilnehmen soll oder ob er auf die Vertretung durch geeignete Berater setzt.**
- → **Verhandlungsphase und vorvertragliche Agreements: Der CEO muss in dieser Phase nicht zwingend anwesend und im Vordergrund sein. Vielmehr ist eine gründliche Vorbereitung wichtig, um mit engagiertem Einsatz den Mitarbeitern ein gutes Vorbild zu sein.**
- → **Due Diligence: Stellt die Analyse von Chancen und Risiken des Kaufobjekts dar und hilft dem CEO, eine Entscheidung hinsichtlich der Realisierbarkeit des Unternehmenskaufs zu treffen.**
- → **Schlussverhandlungen: Diese Phase ist gekennzeichnet durch Relativierung der ursprünglichen Anforderungen beider Verhandlungsparteien.**

Teambildung und Informationsgewinnung

Für die Durchführung der gesamten Transaktion ist ein internes M&A-Team zu gründen. Als Projektleiter sollte der CEO oder ein von ihm beauftragter Koordinator eingesetzt werden, der dem CEO regelmäßig berichtet und ihn in alle wichtigen Verhandlungen und Entscheidungen einbezieht. Das Team hat die

Aufgabe, mögliche Akquisitionsalternativen zu überprüfen, entscheidungsrelevante Unterlagen für den CEO und den Aufsichtsrat zu erarbeiten und den Unternehmenszusammenschluss zu realisieren. Der Projektleiter hat im Speziellen die Aufgabe, die Ziele und Strategie der Akquisition genau zu kennen und als Führungskraft das Team durch das Projekt zu leiten. Es wird geraten, kleinere Teams zu bilden – mit immer gleichbleibenden Mitgliedern – zwecks Geheimhaltung und Kontinuität.[2] Als ersten Schritt sollte das Team einen konkreten Zeit- und Aufgabenplan erarbeiten, der sich über die gesamte Unternehmenszusammenführung erstreckt.[3]

Die Informationsgewinnung und damit die Erfassung, Systematisierung und Aufbereitung von Informationen über die potenziellen Kandidaten stellt den Grundbaustein der Transaktion dar, der meistens unterschätzt wird.[4]

Zuerst wird anhand der festgelegten Kriterien des Anforderungsprofils eine Vorauswahl über die interessantesten Akquisitions- oder Kooperationskandidaten getroffen. Dieses Anforderungsprofil enthält Kriterien in den Bereichen allgemeine Firmenangaben, Management, Absatz, Produktion, Forschung & Entwicklung, Personal, Finanzen sowie Rahmenbedingungen des Erwerbs. Letzteres enthält die angenommenen Verkaufsmotive sowie den voraussichtlichen Kaufpreis. Hier muss der CEO besonders darauf achten, dass alle Kriterien auf die Zielsetzung und die M&A-Strategie abgestimmt sind. Dieses Profil stellt die Basis für das Ranking der potenziellen Kandidaten dar und hilft dem CEO, mit den daraus resultierenden Informationen eine Vorauswahl zu treffen.[5]

Da diese Informationen oft schwer zu erhalten sind, kann man zur Unterstützung eine Unternehmensberatung bzw. ein auf M&A spezialisiertes Beratungshaus hinzuziehen. Weiters sollte berücksichtigt werden, dass idealerweise während der gesamten Durchführung der Transaktion das interne M&A-Team durch einen erfahrenen M&A-Transaktionsberater zu ergänzen ist.[6]

Kontaktphase

Das M&A-Team beginnt mit der Identifizierung potenzieller Kaufobjekte auf Basis der Vorauswahl und mit dem detaillierteren Recherchieren von Background-Informationen wie etwa allgemeine Daten über das Unternehmen, Strategic Fit, wirtschaftliche Daten und Gesellschafter.[7] Da mehr Unternehmen als Kaufobjekte aufscheinen als schließlich kontaktiert werden sollen, empfiehlt es sich, die sogenannte „Longlist“ zu überarbeiten und eine priorisierte „Shortlist“ von Kaufobjekten zu erstellen, bei denen die größten Erfolgsaussichten erwartet werden können.[8]

Im nächsten Schritt werden die Shortlist-Kandidaten anonym durch einen Berater oder in Ausnahmefällen direkt vom CEO kontaktiert. Der Einsatz von Beratern bringt den Vorteil, das Interesse auszuloten, ohne sich selbst dabei in den Vordergrund zu stellen, um etwaige unerwünschte Marktreaktionen zu vermeiden.[9] Die erste Kontaktaufnahme ist zwar für den weiteren Verlauf der Transaktion entscheidend, allerdings sollte dieser Prozessschritt eher ausgelagert werden. Bei sensiblen und der Anonymität unterworfenen M&A-Projekten bietet es sich an, auf die Hilfe eines Vermittlers bzw. eines Beraters zurückzugreifen.[10] Unabhängig davon, ob Berater, Vermittler oder CEOs den ersten Kontakt aufnehmen, ist der Erstkontakt mit einer autorisierten Person durch das Zielunternehmen bestimmt. Bei kleineren, eigentümerbezogenen Privatunternehmungen sind die Eigentümer bzw. die Gesellschafter erste Kontaktpersonen und bei großen Unternehmen ist ein Kontakt mit der Geschäftsführung zu überlegen.[11]

Am Ende der erfolgreichen Kontaktaufnahme mit den Entscheidungsträgern der zu akquirierenden Unternehmen sind meist schon erste Termine für Vorgespräche vereinbart worden. Es sind bestimmte Rahmenbedingungen zu beachten, die den Erfolg deutlich beeinflussen. Vorrangig geht es dabei um die absolute Diskretion der Berater, der Vermittler und des CEOs, es sollte ein möglichst kleiner Führungskreis in die Vorverhandlungen involviert werden.[12]

Verhandlungsphase und vorvertragliche Agreements

Der CEO spielt eine wichtige Rolle für die Motivation der Mitarbeiter, er sollte ein gutes Vorbild darstellen und Engagement für das M&A-Projekt zeigen. Doch es ist nicht zwingend notwendig, dass er bei jedem Gespräch anwesend ist und immer im Vordergrund steht. Es kann auch als Verhandlungstaktik genützt werden, wenn der CEO bei manchen Gesprächen nicht anwesend ist.

Nach der erfolgreichen Kontaktaufnahme mit den möglichen Kaufobjekten ist es besonders wichtig, sich als CEO so früh wie möglich mit den eigenen Erwartungen in Bezug auf das Projekt auseinanderzusetzen. Ein praktischer Fehler ist es oft, unvorbereitet in die ersten Gespräche zu gehen.[13] Die Erstellung eines Zeitplanes über den Fortgang der Gespräche gestaltet den Prozess effizienter und es kann ein gewisser Druck erzeugt werden, um Verschleppungen von Gesprächen zu verhindern. Mit der Nominierung eines Verhandlungsteams können die Verhandlungsgespräche erfolgreicher gestaltet werden.[14] Die gründliche Vorbereitung einer M&A-Transaktion ist für den CEO nicht nur ein Einflussfaktor für den positiven Erfolg des Projektes, sondern der CEO muss auch bedenken, dass er bei fehlgeschlagener Integration des gekauften Unternehmens in die Haftung genommen werden kann.[15]

Um ein Verhandlungsgespräch optimal gestalten zu können, ist eine gründliche Vorbereitung die Voraussetzung und das Schaffen einer positiven Atmosphäre die Ausgangsbasis und das Zusammenfassen von Zwischenergebnissen von Vorteil. Es ist wichtig, die eigenen Vorteile mit Fakten und Dokumenten zu begründen, sowie sich gut auf Gegenvorschläge der anderen Partei vorzubereiten. Für jedes Teammitglied muss eine Rolle im Verhandlungsgespräch definiert werden, zum Beispiel nach dem Prinzip „good-cop-bad-cop“.[16]

Um ein bestimmtes Niveau für die Verhandlungsführung zu erreichen, wird eine unverbindliche und formfreie Absichtserklärung in Form eines „Letter of Intent“ oder „Memorandum of Understanding“ erstellt.[17] Dieses Instrument bestärkt das Interesse der Verhandlungspartner zur Kaufabsicht und wird als Grundlage für die konkrete Vertragsvorbereitung und folgenden Gespräche verwendet.[18]

Das notwendige Know-how und die entsprechende Sensibilität des CEOs sind für den Erfolg der Transaktion von Bedeutung. Viel mehr hängt der Erfolg der Transaktion jedoch von den Maßnahmen und Aktivitäten der CEOs nach dem Vertragsabschluss ab. Der CEO muss auch nach dem Closing weiteres Interesse, Motivation und Führungskompetenzen einbringen.[19] Die Präsenz und das Verständnis für die Belange der Mitarbeiter sind besonders wichtig für den Erfolg einer solchen Transaktion.[20] Bei vielen gescheiterten M&A-Transaktionen wurde der CEO nicht genügend in den Prozess eingebunden und es fehlte an effektivem Controlling der M&A-Aktivitäten.[21]

Due Diligence

Die Due Diligence stellt den nächsten Schritt der Transaktionsphase dar.[22] Einer Due-Diligence-Prüfung kommt dreifache Bedeutung zu. Erstens wird die Verhandlungsbasis des Käufers dank der Beseitigung der asymmetrischen Informationsverteilung verbessert. Zweitens werden mittels einer Analyse die Chancen und Risiken des Kaufobjektes ermittelt und schlussendlich wird eine Offenlegung und Dokumentation der gewonnenen Informationen gewährleistet.[23]

Infolge der Due-Diligence-Prüfung werden Informationen nicht nur gesammelt, sondern auch analysiert. Somit hilft die Due Diligence Prüfung dem CEO bei der Auswahl des geeigneten Bewertungsverfahrens des Kaufobjektes und ebenso bei der Entscheidungsfindung hinsichtlich der Realisierbarkeit des Unternehmenskaufs.[24]

Abhängig von Charakteristika des potenziellen Kaufobjektes variiert sowohl die Festlegung des Schwerpunktes der Due-Diligence-Prüfung als auch die Zusammensetzung des Prüfungsteams. Der CEO hat zu klären, auf welche Bereiche (finanzielle, steuerliche, rechtliche, strategische, technische etc.) sich das Prüfungsteam konzentrieren soll. Basierend auf den festgelegten Zielen der Due-Diligence-Prüfung muss auch das Prüfungsteam zusammengestellt werden. In diesem Zusammenhang stellt sich für den CEO die Frage, welche Dienstleistungen von welchen externen Experten bezogen werden sollen.[25] Um die Effektivität der Due-Diligence-Prüfung zu sichern, ist zu berücksichtigen, dass eine „Leitperson" des Prüfungsteams bestimmt werden muss. Diese Person hat die Koordinations- und Steueraufgabe gegenüber den Teammitgliedern und soll über umfangreiche Kenntnisse des Kaufobjekts verfügen.[26]

Im Zusammenhang mit der Due-Diligence-Prüfung findet auch die „Management-Präsentation" statt, bei der das Management des Kaufobjektes vor dem Management des Käuferunternehmens vortritt. Zweck dieser Präsentation ist das gegenseitige Kennenlernen der Managementteams. Falls sich der CEO dazu entschieden hat, bisher nicht an den Verhandlungen teilzunehmen, sollte er diese Präsentation dazu nutzen, um das Management des Kaufobjektes einzuschätzen, aber auch um selber einen guten ersten Eindruck zu hinterlassen. Dies ist von wesentlicher Bedeutung für die weitere Zusammenarbeit. Ebenfalls steht die Klärung der noch offenen Fragen des Managements vom Käuferunternehmen im Mittelpunkt. Diese Präsentation dient somit der Beurteilung der Qualität und Potenziale des Managements des Kaufobjektes.[27]

Schlussverhandlungen

Nachdem in den vorhergehenden Phasen insbesondere durch die Due-Diligence-Prüfung die asymmetrische Informationsverteilung beseitigt bzw. reduziert worden ist, kommt es in der letzten Phase zu den finalen Verhandlungen. Beide Vertragsparteien haben bereits eine genaue Vorstellung über die Kaufbedingungen sowie über den internen Wert des Unternehmens und verfolgen konträre Interessen.[28] Da eine friedliche Einigung angestrebt wird, versuchen sie diesen Konflikt durch das Anstreben einer Übereinkunft interaktiv zu beeinflussen und durch diese kompromissbereite Haltung Vorteile zu erhalten.[29]

Die Realisation dieser zuversichtlichen Einstellung bedarf einerseits der Relativierung der ursprünglichen Forderung der fordernden Partei und andererseits das Entgegenkommen der anderen Partei. Somit kann ein Annähern an die Wünsche der fordernden Partei erreicht werden. Es obliegt dem CEO, während der finalen Verhandlungen im Hintergrund zu agieren und die juristischen und wirtschaftlichen Berater ins Vorfeld treten zu lassen, die er in der Vorbereitungsphase ausgewählt hat.[30]

Der CEO ist meist erst wieder beim Signing, d. h. bei der Unterzeichnung der Unternehmenskaufverträge, aktiv an der M&A-Transaktion beteiligt. Das Closing, d. h. der eigentliche Vertragsvollzug, stellt dabei den Abschluss und die Abwicklung der Transaktion dar.[31]

Zusammenfassend ist es für den CEO von großer Bedeutung, eine taktisch kluge Entscheidung zu treffen, wie und wann er sich in der M&A-Transaktion einbringt. Des Weiteren ist es für den CEO äußerst wichtig, sich mit dem Projekt intensiv auseinanderzusetzen, gute und gründliche Vorbereitungen vor jedem Verhandlungsgespräch zu treffen, die Mitarbeiter einzubinden und ein engagiertes und motiviertes Vorbild für diese zu sein, wenn er den M&A-Prozess mit Erfolg abschließen möchte.

Weiterführende Literatur

Berk, J.; De Marzo P.: **Corporate Finance, Boston 2007**

Eder, S.; Schmid-Schmidsfelden, W.: **Das Joint-Venture Arbeitshandbuch — Verhandlung — Absicherung — Finanzierung — Steuern — Vertragswesen — Realisation — Schritt-für-Schritt, Wien 1991**

Kranebitter, G.: **Due Diligence — Risikoanalyse im Zuge von Unternehmenstransaktionen, München 2002**

Mit M&As Wert schaffen

Das nachhaltige Vereinen zweier Unternehmen stellt auch für die erfahrensten Führungskräfte eine große Herausforderung dar. Dieses Kapitel zeigt Ihnen, wie Sie mit Instrumenten wie z. B. Human Due Diligence einen „Fit“ zwischen beiden Unternehmen herstellen und damit den langfristigen Erfolg des M&As sichern.

- → **Die Integrationsphase ist das entscheidende Kriterium, um langfristigen Wert für das Unternehmen zu schaffen, und gliedert sich in Design- und Umsetzungsphase.**
- → **Der CEO kann sich in unterschiedlichem Ausmaß an der Integration beteiligen. Er kann ein Team ernennen, welches die Integration durchführt.**
- → **Die Bewertung und Analyse des Humankapitals anhand quantitativer und qualitativer Merkmale ist eines der wichtigsten Instrumente, um den Erfolg der Transaktion zu sichern.**
- → **Die Integration wird als Prozess dargestellt, die unterschiedlichen Umsetzungsziele werden daher in Fristen realisiert.**
- → **Aufgrund einer strukturierten Integrationsplanung und der Einbeziehung der Mitarbeiter kann langfristig der Erfolg gesichert werden.**

Schlüsselfaktor Post-Merger-Integration

In vielen Unternehmen zählen Fusionen und Akquisitionen mittlerweile zu den Standardstrategien, um höhere Profitabilität zu erzielen. Integrationsarbeiten müssen jedoch richtig durchgeführt werden, um geschaffene Potenziale in funktionierende Synergien umzuwandeln. Das neu entstandene Unternehmen muss stabilisiert und Ertragseinbußen müssen verhindert werden. Doch was bedeutet das konkret? Ein Patentrezept gibt es nicht, den Weg zur gelungenen Integration schafft jedes Unternehmen für sich selbst.[1]

Dieser beginnt mit der ersten Phase des M&A-Prozesses, der Pre-Merger-Phase. In dieser Phase werden die Basisstrategien festgelegt und die Kandidaten für M&As ausgewählt und bewertet. Bereits in dieser Phase ist ein grober Plan zur geplanten Unternehmensintegrierung und -entwicklung zu entwerfen.

In der zweiten Phase, der Transaktionsphase, werden die erhaltenen Informationen verarbeitet, um daraufhin die Vertragsverhandlungen und anschließend den Eigentumsübergang durchführen zu können. Durch eine Finanzierungsplanung wird ein Grenzpreis ermittelt und eine Finanzierungsmöglichkeit bestimmt. In dieser Phase wird die Integrationsplanung laufend verfeinert.

Auf Basis dieser Ergebnisse werden einerseits interne Beschlüsse gefasst sowie andererseits finale Vertragsverhandlungen geführt. Anschließend erfolgt das „Closing" – der Eigentumsübergang. Das Unternehmen wechselt offiziell seinen Eigentümer und der Käufer kann ab diesem Zeitpunkt in die nächste Phase, die Integrationsphase, eingreifen. Es lässt sich also festhalten, dass die beiden ersten Phasen den Grundstein für die nächste und entscheidende Phase bilden: die Post-Merger-Integration (auch Integrationsphase).[2]

Die Post-Merger-Integration lässt sich wiederum in die Designphase und die Umsetzungsphase unterteilen. Die Designphase wird sich typischerweise über die ersten 100 Tage erstrecken und wird als entscheidend für das Ge- oder Misslingen eines Zusammenschlusses angesehen. Sollte die Designphase unvollendet bleiben, ergeben sich meist Probleme für das Management. In diesen ersten Wochen sollte sich das Topmanagement folgenden Hauptaufgaben widmen, um Problemen präventiv entgegenzuwirken:[3]

Das Anspruchsniveau ableiten: Der CEO muss eine Vision entwickeln, deren Umsetzung in Etappenziele unterteilen sowie verbindliche Werte für die Mitarbeiter festlegen.

Potenziale identifizieren und die Effektivität der Organisation sichern: Der CEO muss geschäftsbezogene Synergiepotenziale ermitteln, das laufende Geschäft absichern und mögliche Zusatzpotenziale aufzeigen sowie neue strategische Optionen prüfen.

Das Vorgehen der Integration maßschneidern: Der CEO muss das Führungsteam homogenisieren, möglichst schnell eine neue Organisationsstruktur festlegen, die kulturelle Integration umsetzen sowie wichtigen Mitarbeitern rasch eine neue Perspektive ermöglichen.

Nach der Designphase erfolgt die Umsetzungsphase. Hierbei geht es darum, die vorbereiteten Ansätze diszipliniert umzusetzen. Die Umsetzungsphase gestaltet sich für jedes Unternehmen

Seite 156

individuell. Sie, als CEO, sollten darauf achten, eine durchsetzungsstarke Projektorganisation umzusetzen, einen Projektzeitplan zu erstellen, Tools für das Projektmanagement auszuwählen und schließlich Kommunikationsstrategien zu entwickeln.[4]

Die Rolle des CEOs in der Post-Merger-Integration

Der CEO kann die Integration selbst durchführen, es ist jedoch empfehlenswert, ein eigenes Integrationsteam dafür einzusetzen. In jedem Fall kann der CEO eine aktive und durchaus sichtbare Rolle spielen, meist hat er die Steuerung der Geschäfte in der Hand, während der Integrationsmanager integrationsbezogene Führungsaufgaben übernimmt.

Die richtige Auswahl des Teams und vor allem des Integrationsmanagers ist dabei von enormer Bedeutung. Im Optimalfall sollte er beide Organisationen gut kennen, umfassende Erfahrung im Projektmanagement und besonders Soft-Skills mit sich bringen. Vor allem sollte er ausgeprägte Fähigkeiten in der Kommunikation aufweisen können.[5] Eine wichtige Aufgabe des CEOs ist die Sammlung von Informationen in Bezug auf die fortlaufende Entwicklung des M&A-Prozesses, um immer am aktuellsten Stand zu sein und gegebenenfalls Maßnahmen einzuleiten.

In der Praxis beschäftigt sich das Topmanagement selten mit Integrationsmaßnahmen, bevor der Vertrag unterzeichnet ist. Der Integrationsplan sollte jedoch bereits bei Vertragsabschluss weitgehend entwickelt worden sein, damit nach dem „Closing" sofort mit der Umsetzung der Integrationsmaßnahmen begonnen werden kann.[6]

Human Due Diligence

Die Durchführung einer Human Due Diligence, eine Bewertung und Analyse des Humankapitals, ist für den Erfolg einer Integration entscheidend.[7] Im Idealfall wird die Personalbewertung schon in früheren Phasen des M&A-Prozesses vorgenommen. Risiken wie etwa Fluktuation oder Reibungsverluste durch kulturelle Unterschiede können so in die Planung miteinfließen.[8] Der CEO muss bei einer Human Due Diligence vor allem auf folgende Punkte achten:

- Qualität und Anzahl der Führungskräfte, Fachkräfte und Projektleiter
- Identifikation der Schlüsselführungskräfte und deren Bindung ans Unternehmen

→ Nachfolgeplanung für Führungskräfte
→ Belohnungs- und Incentive-Systeme

Die zeitliche Dimension für eine erfolgreiche Integration

Die Meinungen der Experten gehen bei der Integrationsgeschwindigkeit in verschiedene Richtungen. So können bei einer langsamen Integration Fusionen besser analysiert werden. Führungskräften und Mitarbeitern wird dabei eine schrittweise Eingewöhnung in die neuen Strukturen erlaubt. Der Nachteil einer langsameren Vorgangsweise ist die Erschwerung, geplante Verbindungen oder Zusammenlegungen durchzuführen. Außerdem kann es zu einem finanziellen Ungleichgewicht kommen, da der finanzielle Aufwand für die Akquisition in Relation zum Ertrag in der Umstellungsphase sehr hoch ist.[9] Bei einer kürzeren Integrationsphase (100/150-Tage-Ansatz) können Unsicherheit und finanzielle Imballance verringert werden. Global betrachtet, zeigt sich eine Tendenz bei amerikanischen Unternehmen zu einer raschen Integrationsgeschwindigkeit, während europäische Konzerne eher zu einer längeren Umstellungsphase neigen.[10]

Im Zeitraum der ersten 10 bis 30 Tage ist es besonders wichtig zu vermitteln, dass die Unternehmenstransaktion zwar abgeschlossen ist, aber das Ziel der Wertsteigerung noch nicht erreicht ist. Dies erfordert eine umfassende Kommunikation der Strategien und Ziele des neuen Unternehmens. Weiters ist die Präsentation der neuen Führung und die Vorstellung eines Integrationsplanes eine essenzielle Aufgabe. Das neue Unternehmen wird Antworten auf viele Fragen vonseiten der Stakeholder geben müssen, um sich zu stabilisieren.[11]

„Für Integrationsprojekte gilt die Faustregel, dass die Hälfte aller Vorteile in den ersten sechs Monaten realisiert wird."[12] Es sollten Fristen gesetzt werden, die erste z. B. nach 100 Tagen, zu denen ein klar vorgegebenes Ziel erreicht werden muss. Generell gilt, dass Veränderungen so schnell wie möglich in Angriff genommen werden sollten, um deren Erfolgswahrscheinlichkeit zu steigern. Im Zeitraum von 100 bis 180 Tagen sollten anschließend die strukturellen Veränderungen und Versetzungen im operativen Management abgeschlossen sein.[13]

Nach einem Jahr sind bei einer erfolgreichen Integration die wesentlichen Synergiepotenziale bereits realisiert und die Feineinstellung kann beginnen. Nach zwei bis fünf Jahren sollte der neue Teil des Unternehmens dann vollständig integriert sein.[14]

Seite 158

Erfolgsfaktoren am Praxisbeispiel Renault / Nissan und DaimlerChrysler / Mitsubishi

In den Jahren 1999 und 2000 gab es in der globalen Automobilindustrie zwei große Transaktionen, Nissan schloss sich mit Renault zusammen und Mitsubishi wurde von DaimlerChrysler erworben. Beide japanischen Unternehmen hatten eine Menge Schulden und eine ungewisse Zukunft, eines aber schaffte es, den Unternehmenszusammenschluss erfolgreich durchzuführen und dadurch mehr Wert zu schaffen.

Carlos Ghosn, CEO von Nissan, konnte vier Jahre nach dem Zusammenschluss einen Rekordgewinn vorweisen, während der CEO von Mitsubishi einen Verlust von 660 Millionen Dollar einzubüßen hatte. Welche Kriterien waren für den Erfolg von Nissan ausschlaggebend? Goshn reflektierte, dass Nissan nach radikalen Veränderungen strebte, während die eigene Identität und das Selbstbewusstsein der Mitarbeiter gewahrt wurden. Es wurde ein neues, leistungsorientiertes Beförderungssystem eingeführt und sogenannte „Matrix-Teams", die insgesamt 500 Manager von Nissan involvierten, ins Leben gerufen. Diese Teams waren nicht nur für Verbesserungsvorschläge, welche die Grundlage für den Aufstieg des Unternehmens bildeten, verantwortlich, sondern auch für dessen Umsetzung. Ghosn war der Meinung, dass die Einbeziehung dieser Teams den Fortschritt von Nissan entscheidend unterstützt hat.

Anhand dieses Beispieles wird deutlich, wie wichtig bei Integrationen der wertschätzende Umgang mit der Identität und dem Selbstbewusstsein der Mitarbeiter ist. Wertschätzung kann insbesondere durch Einbeziehung der Mitarbeiter des Kaufobjekts in den Veränderungsprozess gezeigt werden. Auf der Grundlage dieser Wertschätzung und durch die Schaffung motivierender Ziele können Energien für große Veränderungen freigesetzt werden.[15, 16]

Weiterführende Literatur

Balz, U.; Arlinghaus, O.: Praxisbuch Mergers & Acquisitions — Von der strategischen Überlegung zur erfolgreichen Integration, Landsberg am Lech 2007

Ghosn, C.: Saving the business without losing the company, In: Harvard Business Review Nr. 80 2002

Jansen, S. A.: Unternehmensakquisition und Kooperationen. Unternehmensakquisitionen und -kooperationen — Eine strategische, organisatorische und kapitalmarkttheoretische Einführung, Wiesbaden 2008

Picot, G.: Handbuch Mergers & Acqusitions — Planung, Durchführung, Integration, Stuttgart 2008

Roediger, T.: Werte schaffen mit M&A Transaktionen — Erfolgsfaktoren im Post-Akquisitionsmanagement, Wiesbaden 2010

Erfolg messen und steuern

Um den Erfolg eines Unternehmens realistisch zu bewerten, reicht der Blick in die Bücher meist nicht aus. Sie lernen hier, welche Faktoren ausschlaggebend für ein umfassendes Performance-Measurement- und Managementsystem sind, um die Schwachstellen in Ihrem Unternehmen aufzudecken.

→ **Es gibt unterschiedlichste Erfolgsdefinitionen, viele von ihnen stehen in engem Zusammenhang mit Erfolgspotenzialen. Diese können in operativ und strategisch unterteilt werden. Zur Messung des Erfolges sind Kennzahlensysteme unerlässlich.**

→ **Die Vision eines Unternehmens ist die Grundlage der expliziten Definition und konkreten Ausgestaltung von Erfolgsmessung sowie dessen Steuerung, da sich das Unternehmen und damit alle relevanten Größen an der Strategie orientieren.**

→ **Die finanzwirtschaftliche Perspektive reflektiert in konzentrierter Form die finanziellen Konsequenzen der gewählten Strategie. Dadurch wird Erfolg oder Misserfolg messbar.**

→ **Die Kundenperspektive beschäftigt sich mit den direkten Kundenkennzahlen, welche ein wichtiger Treiber für den Unternehmenserfolg sind.**

→ **Die Gesamtprozessperspektive im Unternehmen soll analysiert und verbessert werden, um Wettbewerbsvorteile durch die optimale Erfüllung von Kundenerwartungen zu generieren.**

→ **Die Lern- und Entwicklungsperspektive beleuchtet die Aspekte, die nötige Grundlagen für die anderen Perspektiven schafft.**

→ **Es ist besonders zu beachten, dass alle Perspektiven im Einklang stehen müssen. Es darf keine Perspektive vernachlässigt werden. Die Ausgestaltung des Modells der Balanced Scorecard ist abhängig von der konkreten Unternehmenssituation und daher immer im Kontext zu sehen.**

Erfolg

In der klassischen Sichtweise der Betriebwirtschaft ist der Erfolg die Steigerung des Gewinns bzw. die Maximierung des Erfolgs und mit dem Suchen, Schaffen und Erhalten von zukünftigen Erfolgspotenzialen eng verknüpft. In ihren Eigenschaften sind Erfolgspotenziale gegenüber den Mitbewerbern nicht oder nur schwer imitierbar, beziehen sich auf künftig relevante Wettbewerbsvorteile und Erfolgsfaktoren auf einem Markt und sollen nachhaltig und dauerhaft für Erfolge wirken.[1]

Erfolgspotenziale sind Kombinationen aus den Faktoren Produkte oder Dienstleistungen, Fähigkeiten und Kapazitäten, Marktpotenzial und Marktposition und folgen meistens Lebenszyklen.[2]

Es werden operative und strategische Steuerungsgrößen unterschieden. Operative Steuerungsgrößen sind liquiditäts- und ergebnisorientiert, strategische sind heutige und zukünftige Erfolgspotenziale. Um den Kurs des Erfolgs zu verfolgen, bedienen sich Unternehmen in der Regel finanzwirtschaftlicher Kennzahlen, die aber Spätindikatoren darstellen und Beeinflussungen nicht aufzeigen.

Um dem entgegenzuwirken, haben David P. Norton und Robert S. Kaplan ein ausbalanciertes Kennzahlensystem entwickelt, dass alle Prozesse, die die finanzwirtschaftliche Perspektive beeinflussen, beinhaltet. Die Balanced-Scorecard beinhaltet vier Perspektiven der unternehmerischen Tätigkeit sowie die damit verbundenen Kennzahlen, die strategische und operative Potenziale verbinden und zu einem Rahmen zusammenfassen. Diese sind die Mitarbeiterperspektive, die Prozessperspektive, die Marktperspektive und die Finanzperspektive.[3] Mit diesen Perspektiven lassen sich die bereits angeführten heutigen und zukünftigen Erfolgspotenziale aufzeigen und Wechselwirkungen dergleichen feststellen. Zentrum dieser vier Perspektiven ist die Unternehmensvision. ⟶ Kapitel 21: Strategien umsetzen

In der Folge werden wir Kennzahlen der einzelnen Perspektiven beispielhaft anhand einer Schokoladenproduktion erläutern. Es handelt sich um ein mittelständisches Unternehmen, welches exklusive Kakaoprodukte herstellt.

Vision

Mit der Vision soll das oberste Ziel eines Unternehmens verdeutlicht und kommunizierbar werden.[4] Eine Vision besteht aus richtungsweisenden Gedanken für die zukünftige Unternehmensentwicklung. Ausgehend von der Vision wird eine Strategie zur operativen Realisierung der Ziele entwickelt. Folglich ist es ein essenzieller Erfolgsbestandteil eines Unternehmens, seine Strategie entsprechend der Vision umzusetzen, nach der die Kennzahlen des Performance-Measurement-Systems ausgerichtet werden. Wird die Strategie im Kennzahlensystem eines Unternehmens widergespiegelt, so werden Zielsetzungen vermittelt. Darüber hinaus kann gemessen werden, wie stark eine Vision gelebt wird.[5]

Es gibt drei Prinzipien, mit deren Hilfe die Kennzahlen mit der Strategie verknüpft werden können:[6]

1. Ursache-Wirkungsbeziehungen
2. Ergebniskennzahlen und Leistungstreiber
3. Verknüpfung mit den Finanzen

Die finanzwirtschaftliche Perspektive

Die Finanzperspektive betrachtet typische Kennzahlen des Unternehmens zu den Themen Rentabilität, Finanzkraft, Vermögensstrategie oder Ergebnisverbesserung[7] und bildet somit die Finanzlage des Unternehmens ab.

Mit diesem Wissen und abgeleitet von Vision und Strategie definiert das Unternehmen jene monetären Ziele, die sich i. d. R. aus den finanziellen Erwartungen der Kapitalgeber ableiten.[8] Die Ziele (Umsatzerhöhung, Gewinnsteigerung, Kostensenkung) werden mittels der dazugehörigen Finanzkennzahlen quantifiziert und visualisiert.

Finanzkennzahlen zeigen, inwieweit die Realisierung der Unternehmensstrategie zu einer Ergebnisverbesserung führt;[9] sie definieren die finanzielle Leistung, die von der Strategie erwartet wird.

Ergebnisziffern bilden die Vergangenheit ab, daher „Unternehmen allein über die Finanzzahlen zu führen, gleicht dem Verfolgen eines Fußballspiels via Anzeigetafel“[10]: der Spielstand lautet zwar 2:1, die Weg zum Erfolg bleibt jedoch ausgeblendet.

Der CEO eines mittelständischen Unternehmens,[11] der für ein Interview im Zuge der Recherchearbeiten zur Verfügung gestanden hat, erachtet folgende Finanzzahlen als wichtig:

- ⟶ Wachstumszahlen: abhängig von der jeweiligen Unternehmensphase
- ⟶ Umsatzrendite: Gewinn durch Umsatz mal 100
- ⟶ Eigenkapitalumschlag: Umsatz durch Eigenkapital
- ⟶ Deckungsbeitrag: bezogen auf Mitarbeiter
- ⟶ Return on Investment (ROI): Gewinn durch investiertes Kapital

In der Schokoladenfabrik wird zur Herstellung einer neuartigen Chili/Ingwer-Schokolade in eine Maschine investiert, welche zur Verarbeitung des Chilis notwendig ist. Der für das Jahr 2011 erwartete Gewinn (eindeutig der Maschine zurechenbar) beträgt € 22.000,–, die Anschaffungskosten € 100.000,–, somit ergibt sich ein Kosten-Nutzenverhältnis von 22 %.

Die Kundenperspektive

„Marketing is not the art of finding clever ways to dispose of what you make. It is the art of creating genuine customer value." Philip Kotler[12]

Ziel eines Unternehmens ist es, mit seinen Produkten tagtäglich das Leben von mehr Konsumenten zu verbessern.[13] Dafür ist es unumgänglich, die Verbraucher zu kennen, um Strategien optimal auf die Wünsche der Kunden anpassen zu können. Mit der Kundenperspektive können Markt- bzw. Kundensegmente definiert werden, in welchen ein Unternehmen agieren und erfolgreich sein will. Hauptergebniskennzahlen wie Kundentreue, -zufriedenheit, -akquisition und -rentabilität werden der Zielgruppe sowie den einzelnen Marktsegmenten zugeordnet.[14]

Zudem können jenseits der Kernkennzahlen auch die Wertangebote für Zielkunden bzw. Marktsegmente klar identifiziert und gemessen werden. Diese gelten als treibende Faktoren für die Ergebniskennzahlen und sind daher maßgebend für die Entwicklung von Zielen und Kennzahlen für die Kundenperspektive. Wertangebote umfassen Aspekte bzw. Qualitäten von Lieferanten-, Produkt- bzw. Serviceeigenschaften, Kundenbeziehungen sowie Image und Reputation, durch welche bei den Zielgruppen Treue und Zufriedenheit erzeugt wird.[15]

Zur Formulierung der Kundenperspektive müssen Manager eine klare Vorstellung ihrer Zielkunden und Geschäftssegmente haben.

Als Hersteller von exquisiten Schokoladenerzeugnissen ist zum Beispiel speziell die Kundenzufriedenheit eine wichtige Kennzahl, da sich das Unternehmen durch die Qualität und innovative Produktideen definiert. Es gibt ein eigenes Team im Unternehmen, welches regelmäßig Befragungen und Produktverkostungen durchführt sowie Beschwerdemanagement betreibt. Die Summe der ausgewerteten Daten dient als Grundlage zur Ermittlung der Kundenzufriedenheit. Die 2010 entwickelte Chili/

Ingwer-Schokolade schnitt bei den Befragungen und Produktverkostungen durchschnittlich mit 95 % Begeisterung ab. Beschwerden sind durch die Tatsache, dass sich dieses Produkt in der Einführungsphase befindet, noch nicht eingetroffen. Daher wird die Kundenzufriedenheit vorerst mit 95 % definiert.

Die interne Prozessperspektive

Die interne Prozessperspektive beschäftigt sich mit den als kritisch definierten internen Prozessen, in denen das Unternehmen seine Verbesserungsschwerpunkte setzen muss. Der Fokus liegt auf jenen Prozessen, die vom Kunden erwartete Werte schaffen, sowie auf jenen, die die Anteilseigner hinsichtlich ihrer Gewinnerwartungen befriedigen.[16] Die Kernfrage dieser Perspektive ist: „Welche Geschäftsprozesse müssen wie verändert werden, um Kunden noch besser zufriedenstellen zu können?" Dabei ist es wichtig, jeden Prozess im Unternehmen zu hinterfragen.[17] Zu analysieren ist der Gesamtprozess, der im Wesentlichen aus vier Hauptbestandteilen besteht: Innovation (Identifikation und Umsetzung von Kundenwünschen), Betriebsprozess (Einkauf – Fertigung – Absatz), Kundendienst und Kommunikation.[18] Der wohl größte Fokus dabei liegt auf dem Betriebsprozess – auf jenem Prozess, in dem die Wertschöpfung im Unternehmen geschieht.

Die Lern- und Entwicklungsperspektive

Die Lern- und Entwicklungsperspektive beschäftigt sich mit den Zielen und Kennzahlen zur Förderung einer wachsenden und lernenden Organisation. Es geht dabei vorwiegend darum, in Personal, Systeme und Prozesse und damit in die langfristige Zukunft des Unternehmens zu investieren.[19]

Der Begriff der lernenden Organisation wurde von Peter Senge geprägt, der sich unter anderem in seinem Werk *Die fünfte Disziplin – Kunst und Praxis der lernenden Organisation* mit der Bedeutung des organisationalen Lernens beschäftigt.[20] So beruht laut Studien bereits ein Drittel des finanziellen Unternehmenserfolgs auf einzelnen Elementen der Unternehmenskultur.[21]

Zur Bearbeitung dieser Perspektive sollten die folgenden drei Hauptkategorien genauer beleuchtet werden: die Mitarbeiterpotenziale, die Potenziale von internen Informationssystemen und die Mitarbeitermotivation und -initiative.[22] Die wichtigsten Kennzahlen zur Messung der Mitarbeiterpotenziale sind die Mitarbeiterzufriedenheit, die Personaltreue und die Mitarbeiterproduktivität.[23] Die Steuerung dieser Kennzahlen erfolgt durch Weiterbildung, Optimierung der Informationssystempotenziale und Mitarbeitermotivation – und -initiative.[24] Mit der Optimierung der Informationssysteme soll den Mitarbeitern ein möglichst detaillierter und effizienter Einblick in die für ihre Arbeit nötigen Informationen ermöglicht werden. Zur Messung dieser könnte beispielsweise eine Aufgabendeckungsziffer herangezogen werden, diese gibt das Verhältnis zwischen den erhältlichen Informationen zum im Unternehmen angenommenen Informationsbedarf wieder.[25]

Als Kennzahl zur Messung für den letzten Kernpunkt – die Mitarbeitermotivation – kann die Anzahl der Mitarbeiter, die ihre Ziele mit den Unternehmenszielen in Einklang gebracht haben, benutzt werden. Die Steuerung dieser Kennzahlen erfolgt über die Anerkennung und Nutzung der eingebrachten Beiträge und das Setzen von individuell auszuwählenden Anreizen.[26]

Der Schokoladenfabrik ist es besonders wichtig, dass sich die Mitarbeiter mit dem Unternehmen identifizieren. Dies wird z. B. dadurch erreicht, dass die Ideen der Mitarbeiter für neue Produkte als Anreiz gesehen werden und darüber hinaus Produktverkostungen mit Mitarbeitern durchgeführt werden.

Weiterführende Literatur

Friedag, H.; Schmidt, W.: Balanced Scorecard — Mehr als ein Kennzahlensystem, Freiburg 2002.

Friedag, H.; Schmidt, W.: My Balanced Scorecard — Das Praxishandbuch für Ihre individuelle Lösung – Fallstudien, Checklisten, Präsentationsvorlagen, Freiburg 2001

Horvàth & Partners: Balance Scorecard umsetzen, Stuttgart 2004

Führen in der Krise

Krisen sind Chefsache. Von der Krisenprävention über Sofortmaßnahmen bis zum adäquaten Führungsstil in jeder Phase der Krise – dieses Kapitel zeigt Ihnen, wie Sie Ihr Unternehmen erfolgreich durch die Krise führen.

- **Unternehmenskrisen sind auf interne oder externe Ursachen zurückzuführen. Unterschiedliche Einflussfaktoren wie Schwierigkeiten bei der Strategieumsetzung, Vertrauenskrise, Verlust der Zielfokussierung und Ängste verstärken oftmals Unternehmenskrisen.**
- **Krisenzeiten erfordern von Managern Motivation, Empathie und Nachhaltigkeit. Es wird nicht mehr über Hierarchien geführt, sondern über inhaltliche Ziele.**
- **Führung in Krisenzeiten bedarf nicht nur des Umgangs mit Unvorhergesehenem und Entscheidungen unter Unsicherheit, sondern auch Augenmerk auf die richtige Führung von Mitarbeitern, denn diese tragen wesentlich zum Erfolg des Unternehmens bei der Krisenbewältigung bei.**
- **Durch Einhaltung von Grundregeln für Führungskräfte erhalten Sie Vertrauen, Loyalität und Förderung der Mitarbeitermotivation.**
- **Entscheidungen während einer Krise bringen neue Risiken, können aber auch zu neuen Chancen führen.**

Krisenursachen und Einflussfaktoren

Unternehmenskrisen sind sowohl auf Ursachen im innerbetrieblichen Bereich, auch endogene Krisenursachen genannt, als auch auf Ursachen im außerbetrieblichen Bereich, sogenannte exogene Krisenursachen, zurückzuführen. Endogene Faktoren sind z. B. Führungsfehler oder zu geringe Eigenkapitalausstattung. Zu den exogenen Faktoren zählen konjunkturelle Fehlentwicklungen, strukturelle Veränderungen, Brüche in der Marktentwicklung („Diskontinuität") oder Wandel im soziopolitischen Umfeld des Unternehmens. Eine Unternehmenskrise entsteht durch das Zusammenwirken einer Reihe von Einflussfaktoren, zusätzlich wird diese meist durch interne Schwächen (z. B. in Risikomanagement- oder Controllingsystemen) und Fehlentscheidungen verstärkt oder sogar hervorgerufen.[1]

Vier wesentliche Faktoren, die sich in vielen Fällen gegenseitig verstärken, tragen dazu bei, eine endogen oder exogen verursachte Krise bis zur Existenzbedrohung des Unternehmens zuzuspitzen:[2]

- Weit verbreitete Ängste: Krisen ziehen psychologische Krisen nach sich. Mitarbeiter haben Angst um ihren Arbeitsplatz, ihre Vorsorge und vielleicht auch um ihre Existenz. Das führt zu einem lähmenden Zustand („Opferhaltung"), der bis zur vollständigen Wirkungslosigkeit der Mitarbeiter führen kann.
- Vertrauensverlust: In schwierigen Zeiten sinkt das Vertrauen. Finanzmärkte brechen ein, Unternehmen vertrauen sich nicht mehr, Mitarbeiter sind skeptisch und verunsichert und zielführendes Handeln wird durch diese Faktoren stark behindert.
- Verlust der Zielfokussierung: Ressourcenknappheit bedeutet meist zugleich auch Personalengpässe. Einzelne Mitarbeiter müssen mehr Aufgaben übernehmen, dabei werden oft Prioritäten nicht beachtet und man verliert schnell das Ziel aus den Augen.
- Nichtumsetzung der Strategie bzw. steckenbleiben in operativer Hektik und Aktionismus: Dadurch werden die ersten drei Faktoren wie in einem Teufelskreis verstärkt und die Krise verschärft sich zunehmend.

Um die Wirkung dieser vier Faktoren reduzieren zu können und der Krise entgegenzuwirken, ist es erforderlich, auf Kurs zu bleiben und die Strategie des Unternehmens weiterhin konsequent umzusetzen.[3]

Führen in einer Krise bedeutet sowohl für den Führenden als auch für den Geführten eine nicht alltägliche Situation. Eine Vielzahl von Führungskräften hat ihr Handwerk in Zeiten der Hochkonjunktur erlernt und ist daher mit Entscheidungen in Krisenzeiten überfordert.

Gerade diese Situation beschreibt bereits ein Risiko, wenn die Führungskraft ohne Erfahrung eine plötzlich entstandene Krise managen soll.[4] Ein weiteres Risiko sind schwerwiegende Fehlentscheidungen aufgrund zu schnellen Handelns. Daher sollten vor allem Fehler wie schlechtes Liquiditätsmanagement, voreilige Handlungen ohne Verständnis der Zusammenhänge,

Seite 168

extreme Preissenkungen, unüberlegte Massenentlassungen und teure Maßnahmen, die erst langfristig wirken, vermieden werden.[5]

Führungstypen in Krisenzeiten

In Krisen kann zwischen drei Typen von Topmanagern unterschieden werden:[6]

→ Der Technokrat stellt die größte Gruppe dar: ein Ingenieurstyp – fachlich exzellent und trifft in schwierigen Zeiten effiziente Entscheidungen, jedoch fällt er seine soliden Entscheidungen meist allein und wirkt dadurch in Krisenzeiten oft zu kühl und zu distanziert.

→ Der Karrierist sieht Beförderungen lediglich als Zwischenstation bis zur nächsten Etappe nach oben. Dieser Typus fällt in guten Zeiten nicht auf, da er einen guten Job macht. In Krisenzeiten wird jedoch seine fehlende Substanz sichtbar, und er wird somit am ehesten gekündigt, da er dem Unternehmen meist mehr kostet als bringt.

→ Der Leader hingegen denkt inhaltlich, involviert jedoch anders als der Technokrat seine Mitarbeiter in seine Handlungen. Er leitet vorbildlich, überzeugt durch Glaubwürdigkeit und hat den Mut, Neues zu wagen. In Krisensituationen schafft er es, Arbeitsplätze zu retten oder strategische Veränderung rasch zu verwirklichen. Er kommuniziert seine Entscheidungen transparent und motiviert seine Mitarbeiter. Krisenzeiten schrecken ihn nicht ab – im Gegenteil, er sieht sie als Gelegenheit die Organisation positiv zu beeinflussen. Bedauerlicherweise handelt es sich hier um den rarsten Typus im Management.

Krisenzeiten erfordern von Managern Motivation, Empathie und Nachhaltigkeit. Es wird nicht mehr über Hierarchien geführt, sondern über inhaltliche Ziele.

Steuermann bzw. -frau in schwierigen Zeiten

Von Führungskräften wird in Krisen Belastbarkeit, Durchsetzungskraft, Konsequenz, emotionale Intelligenz sowie Gelassenheit und Mediationsfähigkeit gefordert.[7] In schwierigen Zeiten zeigt sich, ob eine Führungskraft ihrer Aufgabe gewachsen ist oder noch schnell in diese hineinwachsen kann. Das Umfeld muss laufend beobachtet werden und der Wandel ist zu akzeptieren.

Führungskräfte sind mit fünf wesentlichen Herausforderungen konfrontiert.[8,9] Wichtig ist dabei, das Ziel nicht aus den Augen zu verlieren und sich auf das Wesentliche zu konzentrieren:[10]

⟶ Kreation einer glaubwürdigen Vision: Eine Führungskraft muss einen Plan haben, der Mitarbeiter sowohl im Geiste als auch im Herzen anspricht, einerseits durch die Verfolgung von Strategien bzw. Zielen, andererseits durch die Aufbringung von Energieressourcen, sodass Begeisterung und Optimismus bei den Mitarbeitern entfesselt werden. In einer Krise ist es besonders wichtig, dass die Führungskraft eine positive Vision für die Zeit nach der Krise angemessen kommuniziert, damit die Mitarbeiter den Sinn ihrer Anstrengungen verstehen.

⟶ Kontinuierliche Kommunikation: Führungskräfte müssen sichergehen, dass alle die vorgegebene Vision verstehen. Um einen kontinuierlichen Kommunikationsfluss zu gewährleisten, sollten Führungskräfte fokussiert Mitarbeitern Informationen weitergeben. Es sollten „meinungsführende“ Mitarbeiter herangezogen werden, da diese einen guten Anschluss zu ihren Kollegen haben und dementsprechend wertvolle Meinungen, Ideen und Reaktionen liefern. So kann auch immer wieder auf etwaige Minder- bzw. Fehlinformationen eingegangen und reagiert werden.

⟶ Beachtung der besten Performer: Insbesondere in Krisenzeiten ist darauf zu achten, dass die „besten Performer“ an Bord bleiben. Eine Möglichkeit wäre, diesen Mitarbeitern Aufmerksamkeit zu schenken und sie um Hilfe zu ersuchen. Eben diesen Mitarbeitern ist ihre Zukunft im Unternehmen überaus wichtig, daher sollte man sie in die Erarbeitung der neuen Vision/Strategie involvieren und ihnen ermöglichen, dem Unternehmen beim Erreichen des Erfolges zu helfen.

⟶ Fokussierung auf Lösungen: Im Gegensatz zur oft gewohnten Vorgehensweise – gleich eine Lösung zu finden – muss die Ungewissheit anerkannt werden und alternative Vorgehensweisen ins Auge gefasst werden.

⟶ Entscheidungsfindung trotz mangelnder Information: Eine Führungskraft muss das Selbstbewusstsein und den Mut haben, auch in Zeiten von Ungewissheit, Entscheidungen zu treffen und dem (ungewohnten) Druck standzuhalten, immer im Bewusstsein, das falsche Entscheidungen signifikante Auswirkungen haben können.

Der CEO der Erste Group, Andreas Treichl, im Interview zum Thema Führungsstil in Krisenzeiten:

„Ich glaube, das wahrscheinlich überhaupt Wichtigste in einer Übergangsperiode von einer Wachstums- und Boomzeit zur Entwicklung in eine massive Krise ist Sicherheit. Das heißt, wenn man da seinen Managementstil verändert, heißt das, dass er vorher nicht richtig war. Wenn man vorher sein Unternehmen gut geführt hat, dann ist es ganz essenziell, dass man in einer Krisenzeit seinen Führungsstil nicht verändert, sondern ihn verstärkt, und jeder CEO muss sich bewusst sein, dass er den Luxus hat, in Erfolgszeiten sehr viele Erfolge, für die er sehr wenig kann, für sich einvernehmen darf. Das ist das Schöne an diesem Job, dass man von den Erfolgen seiner Mitarbeiter lebt, nachdem man das Unternehmen präsentiert, und einem sehr vieles zugeschrieben wird, was eigentlich anderen gebührt. Und in einer Krise ist Payback-Time. In einer Krise muss ein Unternehmensführer das seinen Mitarbeitern zurückgeben und alles das, was dann Negatives auf ein Unternehmen zukommt, auch für sich in Anspruch nehmen. Das ist die höchste Verantwortung eines Unternehmensführers.“ [11]

Mitarbeitermotivation in Krisenzeiten

In schwierigen Zeiten ist es wichtig, dass eine Führungskraft auf die Motivation der Mitarbeiter achtet. Auf sensible Art und Weise müssen Vertrauensverluste und Ängste der Mitarbeiter minimiert und die Motivation gesteigert werden. [12]

„Vertrauen ist die höchste Form der menschlichen Motivation“ [13] und Loyalität und Gemeinschaftsgefühl stellen die Grundlage für gegenseitiges Vertrauen dar. [14]

Hierfür gilt es nachstehende Motivatoren der Mitarbeiter zu beachten: [15]

→ Berechenbarkeit: Gemeint ist die Berechenbarkeit von weiteren Schritten der Führungsebene. Durch laufende Mitteilungen hinsichtlich zu erwartender Maßnahmen des Managements kann die Angst von Mitarbeitern in Krisenzeiten minimiert werden.

→ Transparenz: Durch Bekanntgabe der durch die Geschäftsführung verfolgten Strategie und der zu erwartenden Maßnahmen bzw. Konsequenzen behalten Mitarbeiter den Durchblick und erhalten dadurch ein gewisses Maß an Sicherheit und Vertrauen.

- Mitspracherecht: Obwohl Mitarbeitern in Krisenzeiten keine Kontrolle ermöglicht werden kann, sollten diesen jedenfalls Mitsprachemöglichkeiten gewährt werden.
- Einfühlungsvermögen: Allem voran tragen Mitgefühl und Anteilnahme im Unternehmen zum Erhalt von Vertrauen bei.

Neue Risiken versus neue Chancen

Trotz aller negativen Auswirkungen einer Krise und deren neuen Risiken ist es Aufgabe der Führungskräfte, auch neue Chancen zu entdecken. Während einerseits oft eine Marktbereinigung durch die Krise stattfindet und Unternehmen vom aktiven Wirtschaftsleben ausscheiden müssen, entstehen im gleichen Moment neue Möglichkeiten für andere Unternehmen.

Weiterführende Literatur

Becker, L.; Ehrhardt, J.; Gora, W. [Hrsg.]: Führen in der Krise — Unternehmens- und Projektführung in schwierigen Situationen, Düsseldorf 2009

Covey, S.; Whitman, B.: Führen unter neuen Bedingungen — Sichere Strategien für unsichere Zeiten, Offenbach 2009

Goldfuß, J.: Führen in schwierigen Zeiten — Sicher durch Krisen- und Umbruchsituationen lenken, Frankfurt am Main 2010

Kraus G.; Becker-Kolle, Ch.: Führen in Krisenzeiten — Managementfehler vermeiden, schnell und entschieden handeln, Wiesbaden 2004

Trauboth, J.: Krisenmanagement bei Unternehmensbedrohungen, Boorberg 2002

Sanierungen und Turnarounds

Immer wieder passiert es, dass ehemals erfolgreiche Unternehmen Sanierungsfälle werden. Hier erfahren Sie, wie Sie als Führungskraft Schwachstellen im Unternehmen aufdecken und konkrete Maßnahmen setzen, um das Unternehmen wieder auf Erfolgskurs zu führen.

- → **Man unterscheidet zwischen strategischen, Ergebnis- und Liquiditätskrisen, die alle mithilfe von Frühwarnsystemen vorzeitig erkannt werden können.**
- → **Es ist wichtig, Sofortmaßnahmen zu setzen, um das Schlimmste zu verhindern. Nicht nur die Liquiditätssicherung muss vorgenommen werden, auch Kostenanalysen und Personalmaßnahmen.**
- → **Mit den wichtigsten Anspruchsgruppen muss so schnell wie möglich und vor allem ehrlich kommuniziert werden. Im Idealfall spricht die Geschäftsführung.**
- → **Eine Unternehmensanalyse und ein Sanierungsplan konkretisieren die Sanierungsfähigkeit des Unternehmens.**
- → **Um das Unternehmen nachhaltig sanieren zu können, ist es vor allem wichtig, dass die Istsituation mit allen Stärken und Schwächen analysiert wird und mit diesen Informationen Ziele, Geschäftsfelder und Zielgruppen ermittelt werden.**

Arten von Unternehmenskrisen und Frühwarnsysteme

Die Krise ist kein starrer Zustand, sondern eine Folge von Ereignissen. Es wird meist zwischen strategischen, Ergebnis- und Liquiditätskrisen unterschieden.[1]

Von einer strategischen Krise ist die Rede, wenn eine dramatische Differenz zwischen dem Vorhandenen und dem Benötigten vorliegt. Es wird langfristig das Unternehmen geschädigt. Einer derartigen Krise kann durch eine tiefgreifende Analyse und einer Neupositionierung des Unternehmens entgegengewirkt werden.

Ertragskrise: Erwirtschaftet ein Unternehmen mittel- oder langfristig nicht genügend Gewinn bzw. Ertrag. Die Ertragskraft des Unternehmens ist hierbei immer in Relation zu seinem wirtschaftlichen Umfeld zu betrachten.

Liquiditätskrise: Durch eine Verschuldung bis hin zur Zahlungsunfähigkeit ist schon nach kurzer Zeit das Weiterbestehen der Unternehmung in Gefahr.[2]

Frühwarnsysteme stellen eine besondere Form der Informationssysteme dar, die Entwicklungen, Trends und Krisenursachen schnell erkennen und diesen rechtzeitig entgegenwirken sollen.[3]

Die Früherkennung mittels eines Indikatorsystems bietet eine Möglichkeit, bereits vorhandene, jedoch nicht unmittelbar wahrgenommene Risikoanzeichen zu erkennen. Dabei ist der Bereich des Controlling im Unternehmen für die Verarbeitung von Früherkennungsinformationen besonders geeignet. Es können relevante Unternehmensindikatoren erhoben werden, welche unternehmensinterne und -externe Entwicklungen zu einem Zeitpunkt erfassen, in dem sie noch nicht als direktes Risiko auftreten.

„Um solche Entwicklungen oder Warnungen aufzuzeigen, müssen für Frühwarnindikatoren Soll-Werte und Toleranzgrenzen festgelegt werden."[4] Die Frühwarnindikatoren müssen für jedes Unternehmen bzw. für jede Organisation individuell angepasst werden. Dabei können theoretische Konzepte – Portfoliokonzepte, Produktlebenszykluskonzept, PIMS-Konzept – helfen.[5] Das „strategische Radar" der Frühaufklärung konzentriert sich auf längere Zeiträume. Informationen über interessante Veränderungen werden so bald als möglich erkannt und weitergeleitet.[6]

Sofortmaßnahmen zur Sicherung des Überlebens

Während ein Insolvenzplan erstellt wird, sollten erste Maßnahmen getroffen werden. Wichtig ist hierbei zu beachten, dass keinerlei Informationen über die momentane, prekäre Lage des Unternehmens an die Öffentlichkeit geraten dürfen.[7]

Die wichtigste vorzunehmende Sofortmaßnahme ist die Liquiditätssicherung. Dies kann beispielsweise durch Abbau von Vorratsbeständen geschehen. Voraussetzung ist hierbei natürlich, dass diese Bestände einen gewissen Wert besitzen. Des Weiteren sollten die Kreditoren genauer geprüft werden, um auch einen besseren Überblick über die Lieferanten zu erhalten und die Situation eventuell optimieren zu können.

Analysieren Sie die Kosten und planen Sie zukünftige Kostenreduzierungen, um Umsatzeinbußen zu verhindern. Ein wohlüberlegter Kommunikationsplan für die Kunden ist wichtig. Ihnen muss glaubhaft vermittelt werden, dass das Unternehmen auch in Zukunft bestehen wird. Vertrauen des Kunden in die Fähigkeiten der Führung ist unerlässlich, um auch weiterhin für Umsätze zu sorgen.[8]

Sofortmaßnahmen, die in der Phase der Erstellung des Insolvenzplanes getroffen werden sollten, beinhalten außerdem Personalmaßnahmen. Diese reichen von Teilstilllegungen, Lohnabsenkungen, bis hin zu Massenentlassungen. Bevor solche Maßnahmen gesetzt werden, sollte der Betriebsrat miteinbezogen werden.[9]

Kommunikation und Umgang mit den Anspruchsgruppen

Die oberste Regel für ein Unternehmen im Sanierungsfall lautet: Offenheit und Ehrlichkeit der Information und Kommunikation.[10] Weiters ist entscheidend, Mitgefühl zu zeigen und sich in die Emotionen der Betroffenen hineinversetzen zu können.[11]

Ein angemessener Umgang mit den Geschädigten kann dem angeschlagenen Unternehmen im besten Fall einen guten Ruf bescheren bzw. wieder zurückgeben. Wichtige Ansprechgruppen sind hier vor allem die Mitarbeiter, Eigentümer, Banken, Behörden, Kunden, Lieferanten sowie Medien.

Zunächst sollte die Reaktion des Unternehmens möglichst schnell erfolgen. Ein aktiver Gesprächspartner hat größere Chancen, die Lage im Griff zu behalten.

Generell ist es wichtig, ruhig, glaubwürdig und authentisch nach außen aufzutreten. Hierbei spielt es auch eine zentrale Rolle, dass die Verantwortlichkeiten im Voraus klar verteilt und die Rollen genau definiert sind und dies auch allen Beteiligten bekannt ist.[12]

Idealerweise existiert für die Kommunikation ein Ablaufplan. Verantwortlichkeiten von Personen und die wichtigsten Schritte sollten darin festgelegt werden. Je nach Firma und Sachverhalt sollte die Geschäftsführung entweder selbst sprechen oder sich von einem erfahrenen Pressesprecher vertreten lassen.[13] Mitarbeiter sollten vorab über die momentane Lage informiert werden. Eine frühe Einbindung in das Geschehen führt im Idealfall dazu, dass sie hinter dem Unternehmen stehen.[14]

Unternehmensanalyse und Sanierungsplan

Bevor ein umfassender Sanierungsplan ausgearbeitet werden kann, hilft eine Unternehmensanalyse, die oftmals eine SWOT-Analyse beinhaltet, um die Chancen, Risiken, Stärken und Schwächen des Unternehmens zu benennen und Ursachen der schlechten finanziellen Situation zu ermitteln.[15]

Der Sanierungsplan wird anschließend für die wichtigsten Stakeholder erstellt. Zu diesen zählen beispielsweise Gläubiger und Banken, wichtige Lieferanten und Kunden sowie die Mitarbeiter des Unternehmens.[16] Der Plan sollte eine Zusammenfassung, die knapp und gut strukturiert ist, beinhalten:

Folgende Informationen sollten auf jeden Fall in einem Sanierungsplan enthalten sein:[17]

- Rechtliche Daten
- Ziele, Struktur und Leitbild der Sanierung
- Eine erarbeitete Strategie
- Eine Branchenanalyse
- Eine Dienstleistungs- bzw. Produktbeschreibung des Unternehmens
- Die eigene Marktpositionierung und Kundenstruktur
- Eine finanzielle Analyse
- Eine Liquiditätsanalyse – Risiko der Zahlungsunfähigkeit

Strategien zur nachhaltigen Gesundung des Unternehmens

Die folgenden Punkte sind essenziell für eine nachhaltige Turnaround-Strategie. Natürlich gibt es für jedes Unternehmen individuelle Problemstellungen, die zusätzlich beachtet werden müssen:

- Bei der Ausarbeitung einer Strategie ist es zuerst notwendig, die Istsituation zu analysieren. Es muss untersucht werden, wo die Stärken und Schwächen des Unternehmens liegen. Weiters ist es wichtig, die aktuelle Marktposition zu kennen. So können Chancen und Potenziale am Markt erkannt werden.[18]
- Nach der Analyse der Istsituation müssen Geschäftsfelder ermittelt werden, die für die Zukunft Erfolg versprechend sind. Hierbei ist zu beachten, dass der gewählte Bereich auch zu den Stärken des Unternehmens passt. In den meisten Fällen ist es sinnvoller, sich auf ein oder einige wenige

Geschäftsfelder zu spezialisieren, damit sich das Unternehmen bestmöglich auf diese konzentrieren kann.[19]

→ Gemeinsam mit dem Geschäftsfeld muss eine Zielgruppe definiert werden. Die Frage, die hierbei zu stellen ist, lautet: Welche Menschen benötigen die angebotenen Leistungen am dringendsten? Oftmals ist es Erfolg versprechender, wenn die Zielgruppe definiert wird und erst anschließend die Produkte an die Probleme, Wünsche und Bedürfnisse dieser Gruppe angepasst werden. So ist es auch möglich, am Markt wettbewerbsfähig zu bleiben.[20]

→ Das Unternehmen und hierbei vor allem die Mitarbeiter brauchen Ziele und eine Vision, auf die sie hinarbeiten können. Es soll die zukünftige Sollsituation festgelegt werden, die auch von den Mitarbeitern akzeptiert und verwirklicht wird.[21]

Weiterführende Literatur

Fraenkler, H.: Unternehmenssanierung — Kraftvoll aus der Krise in die Gewinnzone, Landsberg am Lech 2006

Fritz, C.: Wie führe ich eine GmbH richtig?, Wien 2006

Hutzschenreuter, T.; Griess-Nega, T. [Hrsg.]: Krisenmanagement. Grundlagen — Strategien — Instrumente, Wiesbaden 2006

Kottler, J.P.: Das Unternehmen erfolgreich erneuern, In: Harvard Business Manager 4/2008

Möhrle, H. [Hrsg.]: Krisen-PR — Krisen erkennen, meistern und vorbeugen — Ein Handbuch von Profis für Profis, Frankfurt am Main 2007

Frauen an der Spitze

Was bedeutet es, als Frau an der Spitze eines Unternehmens zu stehen? In diesem Kapitel erfahren Sie mehr über Hindernisse und Chancen beim Aufstieg, über private Herausforderungen beim Vereinbaren von Beruf und Familie und wir geben wertvolle Tipps für den Weg an die Spitze.

- → **Für Frauen, die an die Spitze wollen, ist es notwendig, sich mit den auftretenden Hindernissen auseinanderzusetzen – zu erkennen, ob es sich um die Wirkung des Arbeitsumfelds oder um persönliche Barrieren handelt.**
- → **Zu den unterstützenden Rahmenbedingungen, die sich Frauen selbst schaffen können, zählen v. a. Mentoring, Networking und eigenes Engagement.**
- → **Planen und Organisieren müssen Frauen nicht nur ihr Berufsleben, sondern auch ihr Privatleben. Die individuelle Work-Life-Balance zu finden, erfordert Selbstanalyse, Selbstmanagement und Nein sagen.**
- → **Institutionalisierte Programme zur Vereinbarkeit von Familie und Beruf haben positive Auswirkungen, sind jedoch stark vom jeweiligen Unternehmen abhängig.**

Hindernisse für Frauen an der Spitze

Der Effekt der „gläsernen Decke" setzt sich aus inneren und äußeren Barrieren zusammen. Externe Barrieren können von Frauen nur gering beeinflusst werden, bei den inneren Barrieren können Frauen aktiv an der Bewältigung arbeiten.

Äußere Barrieren

Barrieren von außen wirken sich auf das gesamte Arbeitsumfeld der Frauen aus und liegen vornehmlich im Einflussbereich der Gesellschaft und Unternehmen. Externe Barrieren haben hauptsächlich gesellschaftspolitische, kulturelle, politische, wirtschaftliche und rechtliche Ursachen.

Die wesentlichen äußeren Barrieren sind:[1]

- Stereotype: geschlechtsspezifische Rollenzuschreibungen
- Gehaltsunterschiede: Auf dem Arbeitsmarkt gibt es noch immer starke erkennbare Gehaltsunterschiede. In diesem Bereich ist es besonders wichtig, dass Frauen ihren eigenen Wert definieren und sich entsprechend positionieren.[2]
- Barrieren innerhalb von Organisationen: Die Aufstiegsmöglichkeiten von Frauen hängen wesentlich von der Unternehmenskultur und dem Umgang mit dem Thema Gender ab. „Frauen fördernde Unternehmen“ müssen neben flexiblen Arbeitszeiten und der Möglichkeit für Kinderbetreuung auch Frauenkarrieren aktiv unterstützen.
- Frauen als Kostenrisiko: höhere Wahrscheinlichkeit der Karenz
- Mangelnde Unterstützung des Topmanagements[3]

Eigene (intrinsische) Barrieren

Intrinsische Barrieren sind psychologisch bedingt und betreffen meist nicht das Umfeld. Diese Barrieren werden durch die Personen selbst verursacht und haben einen Bezug zu ihrem persönlichen Entwicklungs- und Einflussbereich.[4]

- Frühe Sozialisierung: Geschlechtsbezogene Stereotype werden durch die patriarchalisch geprägten Gesellschaftsstrukturen erzeugt. Diese Rollen werden durch verschiedene Erziehungsinstanzen (Eltern, Schule etc.) vermittelt. Dadurch werden beiden Geschlechtern spezifische Fähigkeiten, Verhalten und Einstellungen zugeschrieben.[5]
- Rollenkonflikte: Jüngere Frauen müssen bei ihrer Ausbildungsentscheidung eine eventuelle, spätere Familiengründung einberechnen.[6]

Maßnahmen und Vorgehensweisen

Um die angesprochenen Hindernisse zu überwinden, gibt es unterschiedliche Vorschläge. Die Fachliteratur bietet unterschiedliche Lösungsansätze, doch in einem sind sich alle einig: Mentoring. Doch was versteht man unter einem Mentor? Ein Mentor oder eine Mentorin ist eine Person, die eine andere Person, auch Mentee genannt, bei ihrem beruflichen Werdegang mit Rat und Tat zur Seite steht. Verschiedene Studien zeigen, dass ein Mentor oder eine Mentorin für die berufliche Entwicklung von Frauen unterstützend wirkt.[7]

Seite 180

Was macht ein Mentor und warum kann er so wichtig sein?[8] Zum einen hat der Mentee die Möglichkeit, von dem reichen Erfahrungsschatz seines Fürsprechers bzw. seiner Fürsprecherin zu profitieren. Er weiß, welche Fähigkeiten und Ausbildungen man sich aneignen sollte, damit man auf der Karriereleiter weiter nach oben kommt. Außerdem, und das ist noch viel wichtiger, ist er mit den Spielregeln der Organisation bestens vertraut. Er kennt die unternehmenspolitischen Strukturen, die Kultur, die Werte und Normen und weiß, wer die wichtigsten Personen und Entscheidungsträger sind. Wenn man den Entscheidungsträgern bekannt ist, so hat man die Chance, Eindruck zu machen. Das ist eine wichtige Grundlage, um in der beruflichen Karriere voranzukommen.[9] Neben all dem Wissen, den Erfahrungen und den Kontakten verfügt der Mentor noch über eine Eigenschaft oder Charakteristik, die von großem Vorteil ist. Er „spiegelt Macht"[10] wider. Das gibt dem Mentee ein gewisses Ansehen und vermittelt somit anderen Personen, dass er Einfluss hat. Dadurch wird man in der Organisation bekannt.[11] Er bringt einen in die inneren Kreise und man bekommt Zugang zu einem Netzwerk. Und das ist auch der zweite Punkt, in dem sich die Fachliteratur einig ist: Netzwerke sind ein weiterer Erfolgsfaktor, der erfolgreiche von weniger erfolgreichen Menschen unterscheidet.[12]

Die Aufgabe lautet: Bauen Sie sich ein Netzwerk auf, das Sie sowohl beruflich als auch privat weiterbringt. Erfolgreiche Netzwerke sind immer ein Gleichgewicht von Geben und Nehmen. Durch den Austausch von Ressourcen und Informationen profitieren die Teilnehmer wechselseitig. Gerade innerhalb einer Organisation ist der Informationsaustausch sehr wichtig.[13] Doch auch privat ist ein Netzwerk unbezahlbar. Planen Sie aktiv, wer Ihnen in welcher Situation helfen könnte. Überlassen Sie nichts dem Zufall und vergessen Sie nicht auf ein Backup. Sie sollten jederzeit zwei bis drei Ausweichmöglichkeiten parat haben, falls unplanmäßige Hürden auftauchen. Arbeiten Sie aktiv daran, Ihr Netzwerk auf- und kontinuierlich auszubauen. Ein gutes Netzwerk wird Ihnen viel Zeit sparen, die Sie anderweitig einsetzen können.

Erfolgsfaktor Work-Life-Balance

Frauen, die an der Spitze sind, tragen heutzutage mehr Verantwortung und bekommen mehr Aufgaben übertragen. Dadurch gewinnt das Thema Work-Life-Balance immer mehr an Bedeutung. Es wird immer wichtiger, die Balance zwischen der Arbeit, Familie und Gesundheit zu finden.[14]

Um Ansichten über die individuellen Vorstellungen vom Ausgleich des Berufs- und Privatlebens zu entwickeln, hilft eine klare Ziel- und Prioritätensetzung (Was ist mir wichtig? Wo will ich hin? Wie investiere ich meine kostbare Zeit?). Man kann nicht alles leisten und vor allem nicht gleichzeitig.[15] Auf dem Weg zur Balance zwischen Arbeit und Leben hilft nach intensiver Arbeitsphase, wieder mal Zeit für die Familie zu haben, Nein sagen zu können und Prioritäten zu setzen.

Die Supportsysteme wie das Selbst- und Netzwerkmanagement (z. B. die Aufgabenrationalisierung, Babysitter-Kooperative) und Backup-Plan – Habe ich immer einen Plan B?[16] – können helfen. Delegieren Sie die Aufgaben. Zum Beispiel könnte eine Studentin Ihre Kinder hüten und so ein wenig Geld verdienen. Größere Kinder kann sie von der Schule abholen, zum Freizeitsport bringen oder ihnen helfen, die Hausaufgaben zu machen. Am Wochenende versuchen Sie Ihre Mutter bzw. Schwiegermutter zu kontaktieren, die im Haushalt helfen könnte. Die Unterstützung Ihres Partners ist besonders wichtig (z. B. Hilfe beim Kochen, einen Nachmittag mit den Kindern verbringen).[17]

Es gibt verschiedene Frauennetzwerke und Teilzeitmodelle (z. B. Homeoffice). Planen Sie früh genug Aktionen wie Geburtstagspartys, Urlaube oder Arztbesuche, um Stress zu vermeiden, und bringen Sie Ihre Familie in die Planung mit ein. Sollte nicht alles nach Plan laufen, haben Sie Geduld, tolerieren Sie kleine Ausrutscher[18].

Mit Vertrauen in Ihre Intuition, verdienter Selbstbelohnung und Verwirklichung Ihres Potenzials ist es Ihnen möglich, Selbstbestätigung zu finden. Wichtig ist es, an sich selbst zu glauben. Das Beispiel der Deutschen Telekom zeigt, dass die Unternehmen selbst ein Umfeld schaffen möchten, das Frauen anerkennt, sie versucht, in die Führungsriege zu holen und dort zu halten.[19]

Ein Teil eines alten irischen Gebets beschreibt uns, wie man durch Selbstmanagement erfolgreich sein kann.

> *„Nimm dir Zeit zum Arbeiten – es ist der Preis des Erfolges.*
> *Nimm dir Zeit zum Denken – es ist die Quelle der Kraft.*
> *Nimm dir Zeit zum Spielen – es ist das Geheimnis ewiger Jugend.*
> *Nimm dir Zeit, zu lieben und geliebt zu werden – es ist der wahre Reichtum des Lebens.*
> *Nimm dir Zeit, dich umzuschauen – der Tag ist zu kurz, um selbstsüchtig zu sein."*[20]

Seite 182

Wenn Sie sich auf den kleinen Teil Ihres Lebens, der Ihnen großen Erfolg bringt, fokussieren, können Sie sich täglich ein wenig Zeit für sich selbst reservieren. Das hilft Ihnen, auf Kurs zu bleiben.[21]

Die Helikopterperspektive

Frauen sind weltweit in zahlreichen Bereichen wie Ökonomie, Bildung, Politik und Gesundheitsversorgung Männern nicht gleichgestellt, dies differiert je nach Land sehr deutlich.[22] Im ökonomischen Bereich unterscheiden sich die Teilhabemöglichkeiten von Frauen von Unternehmen zu Unternehmen ebenfalls stark.

In der Vergangenheit basierte die Argumentation der Frauen- und Gleichstellungspolitik darauf, dass bestehende Unterschiede als soziales Unrecht anzusehen sind. Das Hauptargument neuerer Ansätze besteht hingegen aus dem wirtschaftlichen Nutzen, den Frauen in der Erwerbsarbeit darstellen.[23] Durch ungerechtfertigte Zuschreibung von Stereotypen haben Organisationen auf einen Teil ihres Potenzials keinen Zugriff. Durch Maßnahmen, welche die Einbringung von Frauen fördern, können diese neuen Potenziale erschlossen werden.

Verschiedene Organisationen haben sich zum Ziel gesetzt, Chancengleichheit von Frauen und Männern im Beruf zu fördern. Einen Schwerpunkt auf Frauen in Führungspositionen haben beispielsweise TOTAL E-QUALITY[24], NAFE[25] und Catalyst[26] gesetzt.

Unternehmen stehen drei wichtige Modelle zur Realisierung von Chancengleichheit zur Verfügung:

⟶ Managing-Diversity
⟶ Work-Life-Balance-Initiativen
⟶ Gender-Mainstreaming

Die Umsetzung dieser Modelle hängt primär von der Initiative der Unternehmen ab („Top-Down“).[27] Mentoring und Networking werden teilweise als Instrumente dieser Modelle institutionalisiert, können aber auch unabhängig von Frauen genutzt werden („Bottom-Up“). Frauen sollten sich die angebotenen Modelle und Optionen bei der Auswahl eines Arbeitgebers genau anschauen.

Für den Erfolg von Unternehmen ist es sinnvoll, Frauen und Männern gleiche Chancen bis hin zur Spitzenposition zu gewähren.[28] Laut Studien arbeiten gemischte Teams mit höherer Erfolgsrate. Sie können effizienter die Risiken abschätzen und damit bessere Erträge sichern.[29]

Weiterführende Literatur

Aichhorn, U.: Offene Grenzen für Managerinnen! Wie Frauen mit Selbstverantwortung durchstarten, Wien/Klosterneuburg 2004

Brooks, L.: Die 7 Geheimnisse erfolgreicher Frauen — wie sie als Frau auch ohne männliche Strategie mehr erreichen, Landsberg/Lech 2000

Brown, G.; Brady, C.: Karriere-Strategien für Frauen in Führungspositionen, Berlin/Bonn/Regensburg 1995

Endres, H.: Damenwahl, In: Manager Magazin 1/2011

Enkelmann, C.: Erfolgreich mit den Waffen einer klugen Frau, München 2008

Aufsichtsrat, was nun?

Sie sind zum Aufsichtsrat gewählt worden – doch welche Pflichten bringt das genau mit sich und welche Aufgaben haben Sie? In diesem Kapitel erhalten Sie einen umfassenden Einblick in die Kerngebiete der Tätigkeit als Aufsichtsratsmitglied. Sie lernen, welche wesentlichen Informations-, Kontroll- und Gestaltungsrechte Sie haben und wie sich die Zusammenarbeit mit dem Vorstand gestaltet.

Dieses Kapitel bezieht sich auf die österreichische Rechtslage, welche jedoch umfangreiche Parallelen zur deutschen Rechtslage aufweist.

- **Der Aufsichtsrat überwacht die Geschäftsführung und berät in strategischen Fragen, ihn treffen Prüfungs- und Berichtspflichten. Ein Hauptaugenmerk liegt auf der Beschlussfassung.**
- **Wesentliche Aufgaben, Rechte und Pflichten des Aufsichtsrates liegen im Treffen von Personalentscheidungen, Kontroll- und Überwachungspflichten und der Treuepflicht.**
- **Fachkompetenz wird vor allem von den Finanzexperten im Aufsichtsrat verlangt. Von den übrigen Aufsichtsräten wird erwartet, dass sie ihre eigenen Rechte und Pflichten kennen und typische Geschäftsvorgänge verstehen.**
- **Typische Problemfälle: Unterlagen werden dem Aufsichtsrat zu spät vorgelegt, im Aufsichtsrat bestehen Unstimmigkeiten. Tipps von einem Aufsichtsrat.**
- **Haftung kann einen Aufsichtsrat in zivil- und strafrechtlicher Dimension treffen. Geld- und Freiheitsstrafen sowie Schadenersatzzahlungen sind möglich.**
- **Die Regelungen des österreichischen Corporate-Governance-Kodex haben freiwilligen Charakter. Er geht über die gesetzlichen Regelungen hinaus.**

Das Organ „Aufsichtsrat“

Der Aufsichtsrat ist jenes Organ einer Kapitalgesellschaft, welches mit der Aufgabe, die Geschäftsführung zu überwachen und in strategischen Fragen zu beraten, ausgestattet ist. Ihn treffen generell Prüfungs- und Berichtspflichten. Oft erfolgt die Erfüllung dieser Aufgaben durch Ausschüsse, die sich mit Spezialthemen befassen.[1]

Während eine AG immer einen Aufsichtsrat einrichten muss, ist diese Pflicht im Falle einer GmbH nur gegeben, wenn das Stammkapital mehr als € 70.000,– beträgt oder der seltene Fall vorliegt, dass sie mehr als 50 Gesellschafter hat und wenn die GmbH mehr als 300 Mitarbeiter beschäftigt. Ausnahmen von dieser Regelung kann es aufgrund von Konzernbeziehungen geben.[2]

Eine bedeutende Aufgabe des Aufsichtsrates ist es, Beschlüsse zu fassen. Beschlussfähigkeit liegt vor, wenn zumindest drei Aufsichtsräte anwesend sind. Allerdings ist zu beachten, dass Satzung oder Gesellschaftsvertrag oftmals ein höheres Anwesenheitsquorum vorsehen können.[3]

Aufgaben, Rechte und Pflichten des Aufsichtsratsmitglieds

Im Wesentlichen haben Aufsichtsratsmitglieder vier Aufgaben zu erfüllen:

- → Bei der AG sind Personalentscheidungen zu treffen (wohingegen die Agenden der Bestellung und Abberufung der Geschäftsführung oder Erteilung der Prokura in der GmbH von der Generalversammlung und nicht vom Aufsichtsrat wahrgenommen werden).
- → Aufsichtsratsmitglieder haben die strategische Unternehmensplanung mitzuverantworten.
- → Die Durchführung von Kontrollaufgaben bzw. die Überwachung der Geschäftsleitung obliegen ebenso den Aufsichtsratsmitgliedern.
- → In Ausnahmefällen sind sie für die Vertretung der Gesellschaft nach außen verantwortlich.[4]

Jedes Mitglied unterliegt der organschaftlichen Treuepflicht. Das bedeutet, dass das Unternehmensinteresse stets im Vordergrund zu stehen hat. Ebenfalls trifft die Mitglieder die Pflicht zur Verschwiegenheit gegenüber Dritten bezüglich der Belange der Gesellschaft.[5]

Sie als Aufsichtsrat haben das Recht, die Geschäftsführung zu überwachen. Dies beinhaltet die Einsicht und Prüfung der Bücher und Schriften der Gesellschaft sowie deren Vermögensgegenstände. Wenn es im Sinne der Gesellschaft ist, können Sachverständige zur Klärung von Detailfragen beauftragt werden.

Wenn es das Wohl der Gesellschaft erfordert, hat der Aufsichtsrat das Recht, eine Hauptversammlung einzuberufen. Für eine Beschlussfassung reicht dabei die einfache Mehrheit aus.[6]

Qualifikationen des Aufsichtsratsmitglieds[XI]

Bei der fachlichen Kompetenz wird zwischen jener des Finanzexperten und jener der übrigen Mitglieder des Aufsichtsrates differenziert. Vom Finanzexperten werden rechnungslegungs- und abschlussbezogene Sachqualifikationen in besonderem Maße gefordert. Dementsprechend werden in der Praxis vor allem Wirtschaftsprüfer und Steuerberater für die Funktion des Finanzexperten eingesetzt.[7]

Von den übrigen Aufsichtsratsmitgliedern wird eine Kenntnis ihrer eigenen Rechte und Pflichten vorausgesetzt sowie die Fähigkeit, alle anfallenden Geschäftsvorgänge zu verstehen und entsprechend beurteilen zu können. Des Weiteren müssen sie in der Lage sein, Berichte des Vorstandes, Abschlussprüfers bzw. Sachverständigen zu verstehen und kritische Schlussfolgerungen daraus zu ziehen. Da der Zeitaufwand im Prüfungsausschuss relativ hoch ist, wird ein ausreichendes Zeitbudget vorausgesetzt. Eine Person, die diese Mindestqualifikationen nicht erfüllt, sollte nicht in den Aufsichtsrat als Mitglied aufgenommen werden. Andernfalls droht eine Haftung für etwaige Schäden aufgrund von Übernahmeverschulden.[8] Grundsätzlich sollte der Aufsichtsrat so aufgebaut sein, dass die einzelnen Mitglieder über Spezialwissen der Teilbereiche des Unternehmens verfügen.[9]

Typische Probleme, Herausforderungen und deren Handling

Typische Probleme und Herausforderungen können beispielsweise auftreten, wenn die für die Aufsichtsratssitzung erforderlichen Unterlagen vom Vorstand nicht zeitgemäß an den Aufsichtsrat weitergeleitet werden und dieser daher nicht mehr die Möglichkeit hat, die Unterlagen entsprechend zu bearbeiten. So ist es also möglich, dass Dokumente zu zeitnah zur Sitzung übermittelt werden oder die Übergabe überhaupt in Form einer „Tischvorlage" am Tag der Sitzung erfolgt. Oft werden Unterlagen in nicht ausreichendem Umfang zur Verfügung gestellt, der Sachverhalt ist daraufhin nur schwer zu klären, da die Entscheidungsgrundlage nicht ausreichend ist.

Lösungsansätze hierzu reichen von der Unterbrechung der Aufsichtsratssitzung bis zur Verschiebung selbiger. Eine Unter-

---

XI — In Österreich gesetzlich normiert sind diese in den §§ 29–33 GmbHG sowie in den §§ 86–101 AktG.

brechung ist möglich, wenn lediglich ein kleiner Teil der Unterlagen nachgereicht wird und eine Bearbeitung in adäquater Zeit möglich ist. Ansonsten kann es notwendig sein, entweder die gesamte Sitzung zu verschieben oder nur einen Punkt von der Tagesordnung zu nehmen und diesen bei einem anderen Termin zu bearbeiten. Es ist wichtig, sich nicht vom Vorstand zu Entscheidungen drängen zu lassen ohne genügend Einsicht in die Unterlagen zu erhalten, da dies sowohl für das Unternehmen als auch für den Aufsichtsrat selbst zu riskant wäre. Jedenfalls ist in solchen Situationen von Aufsichtsratsmitgliedern Rückgrat gefordert. Bei schwierigen Entscheidungen kann es ratsam sein, Gutachten von Experten in Auftrag zu geben.[10]

Andere Probleme können zum Beispiel in Form von Unstimmigkeiten zwischen den einzelnen Mitgliedern des Aufsichtsrates auftreten oder darin, dass einzelne Aufsichtsräte nicht die erforderliche Zeit oder Kompetenz aufweisen, um einem bestimmten Problem entgegenzutreten. In diesen Fällen wird wohl in erster Linie dem Aufsichtsratsvorsitzenden eine besondere Rolle als Vermittler, Mediator und Initiator von Maßnahmen zukommen. Er wird bei Bedarf auch die Vertreter wichtiger Aktionärsgruppen und den Vorstand informell einbeziehen, um Lösungen zu finden. Auch hier kann die Hinzuziehung externer Experten (z. B. Mediatoren, Unternehmensberater, Anwälte) sinnvoll sein.

Haftung und Haftungsminimierung

Vom Aufsichtsratsmitglied wird sowohl ein hohes Maß an Sorgfalt als auch ein weit überdurchschnittlicher Wissensstand erwartet, um im Konfliktfall beweisen zu können, pflichtbewusst gehandelt zu haben. Es ist notwendig, dass ein Aufsichtsrat die oben genannten erforderlichen Qualifikationen mitbringt. Als Teil der Sorgfaltspflicht kann die ordnungsgemäße Protokollführung betrachtet werden.

Bei der Haftung des Aufsichtsrates wird zwischen strafrechtlicher und zivilrechtlicher Verantwortung unterschieden. Die strafrechtliche Verantwortung sieht bei besonders schwerwiegenden Pflichtverletzungen eine Verurteilung zu Geld- oder Freiheitsstrafen durch ein Strafgericht vor.

Bei der zivilrechtlichen Haftung wird das Aufsichtsratsmitglied, welches pflichtwidrig gehandelt hat, zu Schadenersatzzahlungen an geschädigte Dritte verpflichtet. Unter geschädigten Dritten können die Gesellschaft selbst, Anteilseigner (Gesellschafter bzw. Aktionäre) oder – vor allem im Konkursfall – Gläubiger der Gesellschaft verstanden werden.

Pflichtwidriges Handeln eines Aufsichtsratsmitglieds führt zu einer möglichen Haftung mit seinem Privatvermögen in unbeschränkter Höhe. Grundsätzlich wird nicht zwischen Kapital- und Arbeitnehmervertretern unterschieden.[11]

Eine Möglichkeit, das Risiko einer Haftung zu reduzieren, besteht darin, alle notwendigen Einzelheiten vom Vorstand zu erfragen, auch Details nachzugehen und dadurch den erforderlichen Sorgfaltsmaßstab zu gewährleisten. Allerdings ist niemand unfehlbar, weswegen als zusätzliche Absicherung eine Haftpflichtversicherung – D&O-Versicherungen – in Betracht zu ziehen ist, auch wenn dies dem Unternehmen bzw. den Aufsichtsrat Geld kostet.[12] INARA[XII] bildet ein Netzwerk bzw. eine Plattform für österreichische Aufsichtsräte und bietet ihren Mitgliedern zusätzlich eine Rechtsschutzversicherung an.

Der österreichische Corporate-Governance-Kodex[XIII]

Unter Corporate Governance wird sinngemäß Unternehmensführung und -kontrolle verstanden. Grundsätzlich behandelt Corporate Governance die rechtliche und tatsächliche Verteilung der Aufgaben zwischen Vorstand, Haupt- und Generalversammlung und dem Aufsichtsrat von Kapitalgesellschaften.

Die Empfehlungen und Regeln des Corporate-Governance-Kodex haben freiwilligen Charakter, da sie über die gesetzlichen Verpflichtungen hinausreichen.

Durch die Einhaltung des Kodex wird das Vertrauen der Aktionäre durch noch mehr Transparenz, Qualitätsverbesserung im Zusammenwirken zwischen Aktionären, Vorstand und Aufsichtsrat und durch die Ausrichtung auf langfristige Wertschaffung maßgeblich gefördert.[13]

Der Kodex regelt ebenso die Anzahl der Aufsichtsratssitzungen, welche demnach mindestens viermal jährlich abgehalten werden sollten. Weiters sieht der Kodex regelmäßigen Kontakt zwischen dem Aufsichtsratsvorsitzenden und dem Vorstand vor.

Die Gesamtanzahl der Aufsichtsratsmitglieder sollte bei maximal zehn Personen liegen, um eine arbeitsfähige Größe beizubehalten. Es wird darüber hinaus untersagt, dass ein Aufsichtsratsmitglied eine Organfunktion in konkurrierenden Unternehmen innehaben darf.[14]

XII — www.inara.at

XIII — Der Kodex kann auf der Website des Österreichischen Arbeitskreises für Corporate Governance (www.corporate-governance.at) abgerufen werden.

Weiterführende Literatur

Gagawzuk, W.; Gahleitner, H.; Leitsmüller H.; Preiss, J.; Schneller, H.: **Der Aufsichtsrat, Wien 2004**

Ginthör, O.; Egermann, B.: **Der Aufsichtsrat – Rechte und Pflichten, Wien 2005**

Köstler, R.: **Aufsichtsratspraxis, Frankfurt am Main 2003**

Schinko, G.: **Handbuch für Verwaltungs- und Aufsichtsrat, Wien 2009**

Semler, J. [Hrsg.]: **Arbeitshandbuch für Aufsichtsratmitglieder, München 2009**

Capital Raising – Venture Capital und Private Equity

Ohne das nötige Kapital ist jede unternehmerische Idee zum Scheitern verurteilt. Sie erhalten in diesem Kapitel einen Überblick über die Struktur der Private-Equity-Märkte und wir erläutern Ihnen, wie und wo Sie sich in den verschiedenen Lebensphasen Ihres Unternehmens erfolgreich Kapital beschaffen.

- **Bei Private Equity handelt es sich um privates Beteiligungskapital, Venture Capital ist eine risikoreichere Unterform davon.**
- **Es gibt viele unterschiedliche Unternehmensfinanzierungsphasen, in einigen ist es empfehlenswert, nach Private-Equity-Gebern zu suchen.**
- **Um passende Geber zu finden, finden Sie hier Fragen zur Analyse der Unternehmenssituation, Informationsquellen und Investorenbeispiele.**
- **Der Investitionsprozess an sich gestaltet sich meist zeitlich und inhaltlich sehr individuell. Besondere Beachtung bedarf der „Letter of Intent".**
- **Zuletzt erhalten Sie Hinweise auf die wichtigsten Risiken und Gefahren, die bei der Aufnahme von Private Equity von einem CEO zu beachten sind.**

Ein Überblick über die Private-Equity-Märkte

Bei Private Equity handelt es sich um privates Beteiligungskapital, welches von Unternehmensexternen in ein Unternehmen investiert wird. Diese können institutionelle Investoren, vermögende, risikobereite Privatpersonen oder in Sonderfällen auch öffentliche Investoren sein. Da die Investoren als Eigenkapitalgeber agieren, wird das Risiko von ihnen mitgetragen, aber natürlich auch der Gewinn.

Venture Capital ist genaugenommen ein Teilbereich von Private Equity. Zwar wurde der Begriff früher synonym verwendet, heute versteht man darunter jedoch das Wagniskapital, welches vor allem bei jungen Unternehmen in der frühen Finanzierungsphase eingesetzt wird. Ansonsten gelten die gleichen Bedingungen wie im bereits erwähnten Private-Equity-Bereich.[1, 2, 3] Je nachdem, in welcher Finanzierungsphase sich Ihr Unternehmen befindet, gibt es auch weitere Finanzierungsformen und Mischformen.

Unternehmensfinanzierungsphasen und Finanzierungsquellen

Folgende Phasen der Finanzierung werden unterschieden:

1. Die Frühphasenfinanzierung („Early Stage“) beinhaltet die
   a) Seed-Phase: Die Ideenentwicklung und die Vorbereitungen für die Unternehmensgründung finden statt, die Finanzierung erfolgt meist durch die Gründerpersonen.
   b) Start-up-Phase: Die Gründung und die Markterschließung werden durchgeführt, typische Finanzierungsquellen stellen Familie und Freunde der Unternehmensgründer, Förderungen und Business Angels dar.
   c) First-Stage-Phase: Die Kernproduktentwicklung und erste Testinstallationen laufen. Oft nimmt der Unternehmer aufgrund des erhöhten Kapitalbedarfs Kontakt zu Early-Stage-Venture-Capital-Gebern auf.[4]
2. Es folgt die Expansionsphasenfinanzierung, diese beinhaltet die:
   a) Second-Stage-Phase: Das Unternehmen expandiert nach erfolgreicher Produkteinführung. Üblicherweise wird noch durch Early-Stage-Venture Capital-Fonds finanziert sowie durch Venture-Capital-Geber.
   b) Third-Stage-Phase: Das bestehende Produktangebot wird verbessert und es kommt zur Marktdurchdringung. Das dafür notwendige Kapital wird häufig durch Private-Equity-Fonds aufgebracht.
   c) Fourth-Stage-Phase: Es werden Internationalisierung und Akquisitionen durchgeführt.[5]
3. Die Later-Stage-Finanzierung unterteilt sich in weitere drei Stufen:
   a) In der Buyout-Stage-Phase finden der Ausbau der Marktführerschaft, die Erschließung neuer Märkte und die Vorbereitung auf den Börsengang statt.
   b) In der IPO-Phase findet das Initial Public Offering (Emission der ersten an der Börse gehandelten Aktien) statt.
   c) In der Public-to-private-Phase findet ein De-Listing von der Börse statt.[6]

Der richtige Weg, um Investoren zu finden

Um einen passenden Investor zu finden, ist es wichtig, sich vorab ein klares Bild über sein Unternehmen und seine Attraktivität für bestimmte Investoren zu machen. Zunächst sollten Sie mit einer Grob- und Feinanalyse beginnen. Dabei können Sie einzelne Investoren von Ihrer Liste streichen, weil bestimmte Voraussetzungen Ihrerseits nicht erbracht werden können. Stellen Sie sich dabei folgende Fragen:[7]

- ⟶ Was ist die Strategie und was möchte ich mit dem Unternehmen erreichen?
- ⟶ Was ist meine persönliche Strategie und was möchte ich erreichen?
- ⟶ Habe ich eine für Investoren attraktive Investmentstory? Für welche Investoren?
- ⟶ In welcher Investmentphase befindet sich mein Unternehmen?
- ⟶ Wie hoch ist der Finanzbedarf?
- ⟶ Was (z. B. Anteile) und wie viel (z. B. Mehrheits- oder Minderheitsbeteiligung) kann ich einem Investor bieten?
- ⟶ Ist mein Unternehmen für regionale, lokale und / oder ländergreifende Investoren interessant?
- ⟶ Welchen Added-Value-Bedarf habe ich? – Der Investor kann Ihnen eine Wertsteigerung (z. B. Image, Beratung, Netzwerk, Synergien mit anderen Unternehmen des Investors) bieten, ohne dass Sie explizit dafür zahlen müssen.
- ⟶ Bin ich bereit dafür, jemanden anderen in „meinem" Unternehmen mitreden zu lassen?
- ⟶ Was ist die Beteiligungsstrategie (Branchenfokus, Turnaround-Fokus, Buy & Hold, schneller Turnaround und Verkauf etc.) der potenziellen Investoren und welche Unternehmen befinden sich in deren Portfolio?
- ⟶ Wie werden sich die Investoren einbringen (passiver / aktiver Investor)?[8,9]

Wie findet man den passenden Investor?

Um einen passenden Investor zu finden, bieten sich die Webseiten der großen, nationalen und internationalen Verbände an, zu denen ca. 80 % der Venture-Capital-Gesellschaften als Mitglieder zählen. Österreich: www.avco.at; Deutschland: www.bvk-ev.de; Schweiz: www.seca.ch, Europäische Ebene: www.evca.com. Weiters gibt es spezialisierte Unternehmensberater und Anwälte, die Unternehmen bei der Investorensuche unterstützen.

Weitere Informationseinholung ist über Zeitungsberichte, Internetforen, Fachveranstaltungen oder Messen möglich. Es gibt sowohl branchenunabhängige Investoren als auch branchenspezifische. Branchenspezifische beteiligen sich zum Beispiel in verarbeitender Industrie, Anlagenbau, Chemieindustrie, Telekommunikation, Elektroindustrie u. v. m.[10]

Ablauf und Durchführung des Investmentprozesses aus Sicht des CEOs

Strategie, Entwicklung und Vorbereitung: Wie bereits beschrieben, sollte man sich während dieser Phase über die Entwicklung von Transaktionszielen und Geschäftsvorhaben Gedanken machen, eine Risikoanalyse erstellen und den Investor bzw. die Investoren nach bestimmten Kriterien auswählen. Der Businessplan wird überarbeitet und das Topmanagement damit vertraut gemacht. Ein Team wird zusammengestellt und Berater herangezogen. Diese werden damit beauftragt, der Kommunikationsstrategie und Dokumentationserstellung nachzugehen.[11]

Investorenauswahl und Erstmeeting: Die Investorenauswahl erfolgt wie im vorigen Abschnitt beschrieben. Im Erstmeeting präsentiert der CEO meist persönlich das Unternehmen. Dabei sollten Sie sowohl das Unternehmen umfassend und verständlich vorstellen bzw. inhaltliche Fragen abklären, als auch selbst fachlich und persönlich überzeugen. Ziel ist es zu verdeutlichen, dass man in der Lage ist, das geplante Unternehmenswachstum umsetzen zu können. Danach wird (hoffentlich) entschieden, welche Investoren in die nächste Runde kommen.

Richtangebote: In weiterer Folge werden die Richtangebote einer Prüfung unterzogen. Der Letter of Intent (LOI) spielt hier eine wichtige Rolle. Darin werden die Transaktionsstruktur, die Aufstellung der Rechte und Pflichten und eine grobe Bewertung des Unternehmens beschrieben. Zweck des LOIs ist es, die Vertragsinhalte sowie Kostentragung festzulegen und das ernsthafte Beteiligungsinteresse zu dokumentieren.[12] Es finden erste Verhandlungen statt und weitere Entscheidungen werden getroffen, welche Investoren in die nächste Runde kommen.[13]

Data Room/Due Diligence: Es wird vom Unternehmen und seinen Beratern ein sogenannter „Data Room" (physisch oder elektronisch) mit Informationen und Dokumenten eingerichtet, auf den die potenziellen Investoren zugreifen können, um sich ein genaueres Bild des Unternehmens machen zu können. Weiters finden eine Reihe von Meetings statt, in denen der Investor weitere Informationen einholt. Der Zeitrahmen für die Prüfung wird normalerweise relativ eng (x Tage) gesetzt. Es empfiehlt sich, einen Berater, wie etwa einen Wirtschaftsprüfer oder einen Anwalt, für die Einrichtung des „Data Rooms" heranzuziehen.[14] Investoren legen darauf Wert, dass die Informationen präzise, zielgerichtet und realistisch sind sowie alle Übernahmeanforderungen beschreiben.[15] In dieser Phase erhalten die bisherigen Investoren verbindliche Angebote mit festgelegten Zeiträumen, die innerhalb kürzester Zeit analysiert und evaluiert werden müssen. In der Final Due Diligence werden letzte Informationsbedürfnisse des neuen Investors befriedigt und es kommt zu den finalen Verhandlungen.[16]

Finale Beteiligungsverhandlungen: Der Umfang der Verhandlungen richtet sich nach dem Konkretisierungsgrad des Letter of Intent und dem Umfang an neuen bzw. bewertungsrelevanten Erkenntnissen aus der Due Diligence. In dieser Phase werden Anwälte hinzugezogen, um die Verträge vorzubereiten.[17] Die Phase endet damit, dass die Investmentvereinbarung erfolgreich unterschrieben und eine angemessene interne und externe Kommunikation festgelegt wird. Wichtig: Die Finanzierungsrunde ist erst abgeschlossen, wenn das Geld auf dem Konto des Unternehmens eingetroffen ist! Bis dahin kann es trotz unterschriebener Verträge passieren, dass von manchen Investoren weiterverhandelt wird.[18]

Folgende Punkte bzw. Fragen sind aus Sicht des CEOs, der Beteiligungskapital aufnehmen möchte, im Vorfeld zu klären:

- ⟶ Bereitschaft, Kontrolle über Kapital und Management abzugeben
- ⟶ Gutes Rechnungswesen / Transparenz
- ⟶ Gutes, langfristiges Managementteam
- ⟶ Klare Zukunftsvorstellungen (über 3 Jahre, im Businessplan formuliert)
- ⟶ Umsatz- und Ertragswachstum
- ⟶ Normalerweise keine Sanierungssituation
- ⟶ Vorstellung über Exit-Möglichkeit[19]

Gefahren und Risiken für CEOs im Investmentprozess

- → Nicht ausreichend vorbereitete und strukturierte Informationen
- → Leichtfertiger Umgang mit Eigenkapital (zu viel an Investoren abgeben)
- → Unrealistische Annahmen (Planung)
- → Mangelnde Klärung möglicher Konsequenzen durch Eintreten von Investoren (insbesondere Verlust der Managementkontrolle)
- → Unzureichende Planung der Rückzahlungshöhe und Zeit
- → Zu starke emotionale Bindung (mangelnde Objektivität)
- → Mängel im Controlling, Rechnungswesen
- → Ausfall bzw. Ausstieg des Investors in der Umsetzungsphase (Notfallplan)
- → Fehlende Flexibilität der Kostenstruktur (bei Markt- und Umsatzschwankungen)
- → Abhängigkeiten (von Kunden, Banken, Lieferanten etc.)[20]
- → Überschätzung eigener Fähigkeiten und Ablehnen von Hilfe (Zeit!)[21]

Weiterführende Literatur

Camp, J. J.: **Venture Capital Due Diligence — A Guide to Making Smart Investment Choices and Increasing Your Portfolio Returns, New York 2002**

Schefczyk, M.: **Finanzieren mit Venture Capital und Private Equity — Grundlagen für Investoren, Finanzintermediäre, Unternehmer und Wissenschaftler, Stuttgart 2006**

Umgang mit „unfreundlichen“ Investoren

Dieses Kapitel befasst sich mit dem Umgang mit unfreundlichen Investoren, deren Ziele nicht mit den Zielen des Managements des Unternehmens übereinstimmen.

- → **Man unterscheidet** (a) **Shareholder Activism: Aktionäre verfolgen ethische Anliegen,** (b) **Active Shareholder: Aktionäre mit primär finanziellen Zielen, die diese opportunistisch verfolgen und** (c) **Activist Investing: finanziell motivierter Aktivismus als Kern der Investmentstrategie.**
- → **„Heuschrecken“ gehören zu den Activist Investors. Diese verfolgen eine kurzfristige Anlagestrategie und verstärken den Druck auf die Unternehmensführung so lange, bis ihre eigenen Ziele durchgesetzt werden.**
- → **Berufsopponenten sind Aktionäre, die Gesellschaften vor allem aufgrund von Formfehlern bei Hauptversammlungen klagen und versuchen, über einen Vergleich Geld zu bekommen.**

Was sind unfreundliche Investoren?

Unfreundliche Investoren sind in den letzten Jahren vor allem im Kontext von börsennotierten Unternehmen bekannt geworden. Sie versuchen, die Entscheidungsprozesse in den Unternehmen zu ihrem eigenen Vorteil zu beeinflussen.[1] Es können drei wesentliche Arten unterschieden werden:

- → Aktionärsaktivismus (Shareholder Activism): Diese Aktionäre sind zum Beispiel gegen Waffen, Atomstrom oder Kinderarbeit. Sie nutzen ihr Rederecht auf Hauptversammlungen, um vermeintliche oder tatsächliche Missstände zu veranschaulichen und das Unternehmen von nachhaltigen Zielsetzungen zu überzeugen. Die dabei eingesetzte „Engagement“-Strategie beruht darauf, „lästig“ zu sein. Diese sogenannten „soft“ Engagements setzen dabei meist auf einen friedlichen Dialog mit den Unternehmen.[2] Obwohl dieser Typus der Aktionäre im europäischen Raum selten vorkommt, sollte es das

Ziel eines CEOs sein, diesen Aktionären zuzuhören, zu antworten und sich um sie zu kümmern.

- Aktive Aktionäre (Active Shareholder): Diese Aktionäre sind aktiv, melden sich zu Wort, erzwingen Vorstandszeiten und kommunizieren innerhalb der Anleger-Community. Sie versuchen Änderungen zu erreichen und üben ihre Aktionärsrechte gekonnt aus. Sie unterstützen Vorstöße von Hedgefonds und gehen erforderlichenfalls an die Öffentlichkeit oder vor Gericht.
- Aktivismus als Anlagestrategie (Activist Investing): Sie verfolgen ausschließlich finanzielle Interessen, da sie selber ihren Anlegern verpflichtet sind. Auf diese problematischen Aktionäre wird im nachfolgenden Abschnitt näher eingegangen.[3]

Activist Investors und „Heuschrecken"

Bei den Activist Investors handelt es sich meist um kaum regulierte Hedgefonds, die eine kurzfristige Anlagestrategie verfolgen und primär finanziell motiviert sind. Kurzfristig bedeutet dabei, dass zwischen der Anlageidee und dem Exit durchschnittlich drei Jahre vergehen.[4]

Die sogenannten „Heuschrecken" handeln bei ihrem Vorgehen streng rational und opportunistisch. Sie wenden sich zur Erreichung ihrer Ziele direkt an das Unternehmen, werben für deren Vorhaben in der Finanzgemeinde, bringen ihre Anliegen an die Öffentlichkeit, beschäftigen für ihren Zweck Rechtsanwälte, Wirtschaftsprüfer, PR-Berater und machen selbst vor der Beauftragung von internationalen Detekteien nicht halt.[5]

Was sind Angriffspunkte für Activist Investors?

Activist Investors verfolgen ihre unfreundlichen Anlagestrategien in den Bereichen Strategie, Corporate Governance und der Kapitalverwendung. Dabei liegt das Hauptaugenmerk mit 70 % aller Attacken am Strategieblock. Die Anschuldigungen gehen dabei von Inkompetenz über Konfliktbefangenheit hin zu Kontrollversagen und enden beim Vorwurf des Verschleuderns von Aktionärsvermögen.[6]

Wie gehen Activist Investors oder sogenannte „Heuschrecken" vor?

Charakteristisch für Angriffe von „Heuschrecken" oder Activist Investors auf die Unternehmensführung ist, dass diese meist aus dem Nichts erfolgen. Diese Investoren und ihre Beteiligung am Unternehmen sind dem Vorstand zunächst meist gänzlich unbekannt. Das Ziel der Angriffe ist es, durch das Aufdecken von Schwächen, Fehlentscheidungen oder umstrittener Unternehmensstrategien den Vorstand so unter Druck zu setzen, dass dieser keine andere Möglichkeit mehr hat, als den Forderungen der Investoren nachzukommen.[7]

Der Druck wird anfänglich durch Briefe, Faxe und E-Mails erzeugt. Der Ton der Schreiben ist dabei meist unfreundlich bis feindselig. Der CEO wird zum Teil auch persönlich angegriffen, da er ja die fehlgesteuerte Entwicklung des Unternehmens repräsentiert.[8] Der sich immer wiederholende Inhalt der Schreiben zielt darauf ab, die eigenen Strategien mit allen Mitteln durchzusetzen. Sechs bis acht Wochen wird den Vorständen meist Zeit gelassen, um auf die Forderungen einzugehen. Nach Ablauf der Frist ist der Vorstand entweder einsichtig und ändert Entscheidungen bzw. Strategien oder der Activist Investor greift zu härteren Maßnahmen. Diese beinhalten Gespräche mit den Vorsitzenden des Aufsichtsrates, mit Aufsichtsratsmitgliedern oder auch mit anderen Investoren.

Gezielte Informationen an die Presse oder die Forderung nach der Ablösung des Managements gehören mit zur Eskalationsstrategie der „Heuschrecken". Gefährlich wird es, wenn Investmentfonds sich zusammenschließen. Durch die magere Präsenz an Hauptversammlungen reichen oft schon 30 % des Aktienkapitals aus, um die Mehrheit der Stimmrechte zu erlangen. Dies kann dazu führen, dass der Aufsichtsrat oder das Management neu besetzt werden muss. Meist werden vorher die Vorschläge der „Heuschrecken" aufgrund des starken Drucks umgesetzt.[9]

Berufsopponenten

Eine besondere Form von unangenehmen Investoren sind „Berufsopponenten", auch „Berufsaktionäre" oder „räuberische Aktionäre" genannt.

Berufsopponenten sind Aktionäre, die bei Hauptversammlungen nach Formfehlern suchen, sich gezielt Informationen beschaffen und nicht selten Formverstöße und Auskunftspflichtverletzungen provozieren, um später Anfechtungsklagen einzubringen und Hauptversammlungsbeschlüsse zu blockieren. Dabei verfolgen sie meist private finanzielle Ziele, indem sie gegen eine „angemessene Aufwandsentschädigung" – meist fünfstellige Beträge – die Klage zurückziehen.[10]

Berufsopponenten treten vorzugsweise bei Hauptversammlungen jener Unternehmen auf, die sich in schwierigen Lagen befinden und aufgrund ihrer Situation erpressbarer sind. Themen, die Berufsopponenten anziehen, sind vorzugsweise Kapitalerhöhungen bzw. -herabsetzungen, Übernahmen, Fusionen oder Squeeze-out-Versammlungen.[11]

Vorbeuge-, Abwehr- und Präventionsmaßnahmen

Damit es nicht zu unangenehmen Situationen, Konflikten oder Angriffen zwischen Unternehmen und Investoren kommt, ist es wichtig mit gezielten Maßnahmen vorzubeugen. Die Maßnahmen und die Zurverfügungstellung von Informationen müssen auf die jeweiligen Investoren bzw. auf die jeweilige Zielgruppe angepasst werden.

Grundsätzlich ist es wichtig, eine durchdachte Investor-Relationsstrategie zu haben. Diese bündelt alle strategischen Daten für eine Unternehmensbewertung wie die derzeitige Wettbewerbssituation, Unternehmensdaten, Marktdaten und sollte investorengerecht dargestellt werden.[12]

Ziele einer solchen Strategie sind die Verbesserung der Informationsbasis, die Kenntnis der Bedürfnisse und Erwartungen der Investoren und die Stärkung der Investor-Relations-Funktion.[13]

Allgemeine Maßnahmen gegen unfreundliche Investoren

- ⟶ Ein starkes und professionelles Topmanagementteam, das durch Kompetenz glänzen kann
- ⟶ Gut fundierte, durchdachte und dokumentierte Strategien und Managemententscheidungen
- ⟶ Laufende Überprüfung der Schwachstellen des Unternehmens aus der Sicht eines unfreundlichen Investors und Schließung der aufgetauchten Lücken; Dabei ist sowohl die objektive als auch die subjektive Sichtweise eines Außenstehenden zu berücksichtigen.
- ⟶ Auswahl geeigneter und erfahrener Berater wie etwa Anwaltskanzleien, Unternehmensberater und Wirtschaftsprüfer
- ⟶ Regelmäßige Erhebung der genauen und aktuellen Informationen über die eigene Aktionärsstruktur
- ⟶ Systematische Entwicklung von möglichen Handlungsszenarien unfreundlicher Investoren und durchspielen von Abwehrstrategien

Abwehrmaßnahmen gegen Activist Investors

Die wichtigste Abwehrmaßnahme gegen Activist Investors ist, diese nicht auf das Unternehmen aufmerksam zu machen. Unternehmen, in welchen keine Diskrepanzen zwischen Unternehmenswert und Kapitalmarktbewertung vorliegen, die sich unfreundliche Investoren zunutze machen können, machen die Unternehmensführung nicht erpressbar und sind somit für „Heuschrecken" uninteressant.

Abschreckende Wirkung hat eine loyale Aktionärsbasis. Diese wird, abgesehen von guten Unternehmensergebnissen, vor allem durch gute Investor Relations (IR) und gute Public Relations (PR) erreicht. Bei der Öffentlichkeitsarbeit ist es wichtig, in ständigem Kontakt mit unabhängigen Dritten zu stehen, die einem im Konfliktfall beistehen. Hierzu zählen Meinungsführer in der Finanzgemeinde, Journalisten oder Wirtschaftspolitiker.[14]

Für den Fall, dass sich bereits aggressive Investoren unter den Aktionären befinden, sollte ein ständiger Dialog mit dem Activist Investor geführt werden. Fühlt sich der Activist Investor nicht ausreichend ernst genommen oder gar ignoriert, erhöht dieser den Druck umso mehr.[15]

Vorschläge von unfreundlichen Investoren sollten, soweit dies möglich ist, entweder rasch umgesetzt – noch bevor diese zu Forderungen werden – oder begründet und konsequent abgelehnt werden.[16]

„Wenn die Aktivisten nur eine Meinung reflektieren, die die anderen Investoren auch haben, aber sie nicht artikulieren, dann muss man agieren. Wenn die Aktivisten eine Minderheit sind und völlig im Gegensatz zu andern Investoren stehen, dann muss man sie bekämpfen."[17]

Abwehrmaßnahmen gegen Berufsopponenten

Berufsopponenten können von Hauptversammlungen nicht ausgeschlossen werden, da jeder Aktionär ein Teilnahme-, Rede-, Frage-, Antrags- und Stimmrecht besitzt. Die folgenden Maßnahmen können Sie jedoch vor Berufsopponenten zu schützen:[18]

⟶ Laufende Kontrolle der Hinterlegungs- und Anmeldeliste der Hauptversammlung. So können Berufsopponenten frühzeitig identifiziert werden. Erfahrene Hauptversammlungsdienstleister bieten „schwarze Listen" mit den Namen der häufigsten Berufsopponenten an.

- Profilerstellung mit der typischen Vorgehensweise der Berufsopponenten. Dies hilft dabei, die Art von Konfrontation, mit der man rechnen muss, abschätzen zu können, und dabei, Gegenstrategien zu entwickeln.
- Berufsopponenten soll keine Angriffsfläche geboten werden. Eine Überprüfung formaler Maßnahmen vor und während der Hauptversammlung ist von Bedeutung.
- Ein professionelles und erfahrenes Backoffice-Team, das den Versammlungsleiter unterstützt und die Taktik der Opponenten durchschaut, ist wichtig.
- Kommt es doch zu einer Klage, sollte man nicht auf außergerichtliche Forderungen des Klägers eingehen, sondern umgehend den professionellen Rat eines Aktienrechtsspezialisten einholen.

Weiterführende Literatur

Kirchhoff, K.; Piwinger, M.: Praxishandbuch Investor Relations: Das Standardwerk der Finanzkommunikation, Wiesbaden 2009

Schnorrenberg, T.: Investor Relations Management — Praxisleitfaden für erfolgreiche Finanzkommunikation, Wiesbaden 2008

Finance für Topmanager

Finance stellt eines der wichtigsten Themen eines Unternehmens dar. Der CEO muss Entscheidungen aufgrund von fundierten, gut aufbereitenden Finanzinformationen treffen. In diesem Kapitel werden für CEOs relevante Aspekte zur Unternehmensfinanzierung behandelt.

- **Ausgangspunkt für eine Investitionsentscheidung bildet die Investitionsplanung, welche sich nach den Unternehmenszielen richtet (Rentabilität, Sicherheit, Liquidität etc.) und einen entscheidenden Faktor für die Auswahl von Investitionsprojekten darstellt. Zu beachten ist hierbei vor allem die Unterscheidung zwischen absoluter und relativer Vorteilhaftigkeit, Ersatz- und Erweiterungsinvestition.**
- **Die optimale Kapitalstruktur ist dann gegeben, wenn die durchschnittlichen Kapitalkosten, bestehend aus Renditeerwartungen der Gesellschafter und der Verzinsung des Fremdkapitals, das angestrebte Minimum erreichen.**
- **Aufgrund des sogenannten „Leverage Effekts" kann durch die Erhöhung des Fremdkapitals die Eigenkapitalrentabilität gesteigert werden, solange die Rentabilität des eingesetzten Kapitals höher ist als die Fremdkapitalkosten.**
- **Das Working Capital ist ein wichtiger Indikator, da mitunter viel Geld (sprich Liquidität) (z. B. durch schlechte Lagerhaltung, Überproduktion usw.) verloren gehen kann.**
- **Der CEO sollte bedenken, dass die Dividendenzahlung/Ausschüttung sehr stark mit den Finanzierungs- und Investitionsentscheidungen verflochten ist. Daher sollte bei der Auszahlung Klarheit über den zukünftigen Kapitalbedarf sowie die Liquidität des Unternehmens herrschen.**

Finance Intelligence

Wer in einem Unternehmen für Finanzierung und Rechnungswesen verantwortlich ist, hängt maßgeblich mit der Unternehmensgröße zusammen. Weiters unterscheiden sich auch die Personen, die dafür zuständig sind, wie auch die verwendeten Bezeichnungen von Unternehmen zu Unternehmen. Sehr oft sind für diesen Aufgabenbereich der CFO, der Treasurer oder der Controller verantwortlich.[1]

Muss sich ein CEO nun wirklich mit Finance auskennen und auseinandersetzen? Ein CEO sollte zumindest ein finanzielles Grundverständnis aufweisen. Um ein solches Grundverständnis aufzubauen, sollten folgende Fähigkeiten vorhanden sein:[2]

⟶ Die Basis verstehen: Unterschied zwischen Profit und Cash kennen und einen Cashflow-Bericht, eine Bilanz oder eine Erfolgsrechnung lesen können.

⟶ Das Handwerk verstehen: Finanzierung und Rechnungswesen können nicht immer exakt beziffert oder bemessen werden. Oftmals beruhen sie auf Regeln, Schätzungen und Annahmen.

⟶ Auswertungen und Analysen verstehen: Kennzahlen- und Gesamtkapital-Rentabilitätsanalysen werden verwendet, um sich vor Entscheidungen zu informieren.

⟶ Den Zusammenhang verstehen: Finanzergebnisse müssen immer in einem Kontext gesehen werden. Wie Zahlen interpretiert und wie Entscheidungen getroffen werden, hängt von Faktoren wie Umwelt, Wettbewerb, Regelungen, wechselnden Kundenbedürfnissen und Erwartungen sowie von neuen Technologien ab.

Die Kennzahlen sind nicht nur Steuerungsinstrumente, sondern an ihnen wird auch der Erfolg des Unternehmens gemessen. Es ist auch zu beachten, dass der CEO für fahrlässiges Verhalten haftbar ist.

Bewertung von Investitionsentscheidungen

Investitionsentscheidungen sind für Unternehmen und Manager von großer Bedeutung. Investitionen sind langfristig im Unternehmen gebunden, Investitionen liegt ein hoher Kapitalbedarf zugrunde und die in der Zukunft liegenden Zahlungsströme sind von Unsicherheit gekennzeichnet.[3] Aus diesem Grund muss der CEO bei der Investitionsentscheidung einige wichtige Schritte beachten: die Investitionsplanung, Investitionssammlung und -bewertung sowie die Investitionsentscheidung und -kontrolle.[4]

Ausgangspunkt für eine Investitionsentscheidung bildet die Planung, welche sich nach den Unternehmenszielen richtet (Rentabilität, Sicherheit, Liquidität etc.) und einen entscheidenden Faktor für die Auswahl von Investitionsprojekten darstellt.[5] Nach

Seite 204

der Sammlung verschiedener Investitionsmöglichkeiten werden bei der Investitionsbewertung technische, rechtliche, wirtschaftliche etc. Kriterien beurteilt.[6] Dabei müssen seitens des CEOs folgende Punkte betrachtet werden:

1. Die Beurteilung der absoluten Vorteilhaftigkeit: Die Investition wird danach beurteilt, ob sich deren Durchführung lohnt oder die Entscheidung einer Nichtinvestition von größerem Vorteil ist.[7]
2. Die Beurteilung der relativen Vorteilhaftigkeit: Hierbei erfolgt eine Auswahlentscheidung, basierend auf der Berechnung der Vorteilhaftigkeit von zwei oder mehreren Investitionsalternativen.[8]
3. Entscheidung zwischen Erweiterungs- und Ersatzinvestition: Bei einer Erweiterungsinvestition wird aus mehreren Investitionsmöglichkeiten jene gewählt, die als die günstigste bewertet wurde. Die Ersatzinvestition ermöglicht eine Beurteilung, zu welchem Zeitpunkt das neue Investitionsprojekt durchgeführt werden soll.[9]

Eine laufende bzw. abschließende Investitionskontrolle ermöglicht es, Soll-Ist-Vergleiche der Investition und Abweichungsanalysen vorzunehmen sowie frühzeitig Gegensteuerungsmaßnahmen durchzuführen.[10]

Optimale Kapitalstruktur

Generell lässt sich die Kapitalstruktur eines Unternehmens durch die Aufteilung in Eigen- und Fremdkapital charakterisieren. Große Praxisrelevanz hat die traditionelle Auffassung, die davon ausgeht, dass die durchschnittlichen Kapitalkosten und damit der Marktwert eines Unternehmens durch den Verschuldungsgrad wesentlich beeinflusst werden. Die optimale Kapitalstruktur ist demgemäß dann gegeben, wenn die durchschnittlichen Kapitalkosten – bestehend aus Renditeerwartungen der Gesellschafter und der Verzinsung des Fremdkapitals – ein Minimum erreichen."[11]

- ⟶ Durch die bewusste Planung, Steuerung und Kontrolle der Unternehmensliquidität und Ausrichtung des Unternehmens kann eine optimale Zuteilung erreicht werden. Vor allem im Bereich des Umlaufvermögens werden erhebliche liquide Mittel gebunden.
- ⟶ Durch Anwenden von Instrumenten zur Kapitalintensitätsreduzierung sowie zur Cash-Freisetzung gelingt es oftmals, das Nettoumlaufvermögen nachhaltig zu reduzieren. Da-

durch lassen sich in vielen Fällen zusätzliche teure Fremdkapitalaufnahmen vermeiden.[12]

Bezugnehmend auf die Frage der optimalen Finanzierungsstruktur stellt in der Praxis das Konzept des „Leverage Effekts" ein wichtiges Denkmodell dar. Demnach kann durch die Erhöhung des Fremdkapitals die Eigenkapitalrentabilität gesteigert werden, solange die Rentabilität des eingesetzten Kapitals höher ist als die Fremdkapitalkosten.

⟶ Wird von der realistischen Annahme ausgegangen, dass Kapitalgeber von einem bestimmten Verschuldungsgrad an wegen des zunehmenden Kreditrisikos höhere Zinsen verlangen, wird der positive „Leverage Effekt" durch steigende Kapitalkosten kompensiert und schließlich umgekehrt.

⟶ Ausgehend vom Leverage-Konzept ist genau bei diesem „Wendepunkt" eine optimale Finanzierungsstruktur gegeben.[13] Zusätzlich ist zu bedenken, dass sich die optimale Kapitalstruktur nicht nur auf den Verschuldungsgrad, sondern auch auf die Fälligkeitsstruktur des Fremdkapitals bezieht.[14]

⟶ Beim „Leverage Effekt" muss zwischen börsennotierten Unternehmen und Familienunternehmen unterschieden werden. Bei Erstgenannten gehen Manager tendenziell höhere und auch größere Risiken ein, woraus sich ein höherer Leverage ergeben kann. Im Gegensatz dazu liegt der Fokus beim Familienunternehmen darauf, das Unternehmen zu erhalten, und in der Praxis sollte daher eher ein konservativer Finanzierungsweg angestrebt werden.

Im Sinne der Finanzierungstheorie sind einer Optimierung der Kapitalstruktur in der Praxis Grenzen dahingehend gesetzt, dass der Umfang einer möglichen Verschuldung durch die Bereitschaft der Fremdkapitalgeber, Kredite zu gewähren, beschränkt ist. Abhängig ist diese Bereitschaft von der Beurteilung der Risiken, die mit dem Kreditengagement verbunden sind. Diese setzen sich aus dem finanziellen und dem operativen Risiko zusammen.[15]

Working Capital Management

Das Working Capital (Nettoumlaufvermögen) setzt sich aus Vorräten, Forderungen aus Lieferungen und Leistungen und Vermögenswerte des Umlaufvermögens zusammen. Daraus müssen die kurzfristigen Verbindlichkeiten wie zum Beispiel Verbindlich-

Seite 206

keiten aus Lieferungen und Leistungen und Rückstellungen abgezogen werden. Das daraus resultierende Ergebnis sollte positiv sein. Bei beständigem Working Capital Management verbessert sich die Relation von Eigen- und Fremdkapital durch die Senkung des gebundenen Kapitals im Umlaufvermögen (= Bilanzverkürzung).[16]

Working Capital Management gilt als wirkungsvolles Werkzeug zur Wertsteigerung des Unternehmens. Durch die Optimierung des Working Capital setzt man rasch liquide Mittel frei. Typische Maßnahmen sind eine Reduktion der Lagerhaltung, durch Just-in-time-Lagerhaltung und eine konsequente und zügige Forderungseintreibung.[17]

Der CEO sollte außerdem wissen, dass die Working-Capital-Kennzahl auch zur Beurteilung der Liquidität herangezogen werden kann.

Dividenden- bzw. Ausschüttungspolitik

Generell sollte sich der CEO mit folgenden Fragen auseinandersetzen:

- Wann und wie oft soll die Dividende bezahlt werden bzw. eine Ausschüttung erfolgen?
- In welcher Form (Bar-, Stock-, Natural- oder Alternativdividende)?
- Welcher Betrag bzw. in welcher Höhe?

Um diese Fragen zu beantworten, müssen die rechtlichen sowie die betriebswirtschaftlichen Aspekte und die internen Regelungen betrachtet werden. Der CEO sollte bedenken, dass die Dividendenzahlung/Ausschüttung sehr stark mit den Finanzierungs- und Investitionsentscheidungen verflochten ist. Je mehr Dividenden ausbezahlt werden, desto geringer sind die Eigenmittel, die dafür zur Verfügungen stehen. Daher sollte bei der Auszahlung Klarheit über den zukünftigen Kapitalbedarf sowie die Liquidität des Unternehmens herrschen. Weiters haben die Entscheidungen der Dividenden- bzw. Ausschüttungspolitik Einfluss auf die Anleger. Die Öffentlichkeit sowie die Investoren sehen die Dividendenauszahlung bzw. die Ausschüttung als Richtlinie für das Betriebsergebnis und als Hinweis für die zukünftigen Entwicklungen.[18]

Gewinnausschüttungen, welche nur durch die Aufnahme von Fremdkapital oder durch die Auflösung von stillen oder offenen Reserven finanziert werden, sind betriebswirtschaftlich fragwürdig.[19]

Weiterführende Literatur

Berman, K.; Knight, J.; Case, J.: Financial intelligence — A Manager's Guide to know what the numbers really mean, Boston 2006

Copeland, T.; Weston, J.; Shastri, K.: Finanzierungstheorie und Unternehmenspolitik - Konzepte der kapitalmarktorientierten Unternehmensfinanzierung, München 2008

Ellermann, H.: Dividendenpolitik und Long-Run-Performance in Deutschland, Wiesbaden 2003

Klepzig, H.: Working Capital und Cash Flow — Finanzströme durch Prozessmanagement optimieren, Wiesbaden 2010

Der gekonnte Abgang

In diesem Kapitel wird beschrieben, wie Sie Ihren Austritt aus dem Unternehmen inszenieren und ein Vermächtnis hinterlassen. Es werden Kompetenzen aufgezeigt, die für einen reibungslosen Übergang wichtig sind, sowie mögliche Problemfelder identifiziert. Zudem wird erläutert, wie die Planung des schrittweisen Ausstiegs erfolgt und die Führungskraft in positiver Erinnerung bleibt.

- **Bei der Auswahl des richtigen Nachfolgers unterscheidet man zwischen internen und externen Nachfolgern, der Vorbereitungsphase des Nachfolgers auf die neue Position und ob ein Wechsel der Funktion vorliegt oder der CEO aus dem Unternehmen vollständig ausscheidet.**
- **Konflikte bei der Übergabe können durch Klärung und Kommunikation der Interessenslagen des Nachfolgers, der Mitarbeiter und der anderen Stakeholder vermieden werden. Eine schrittweise Übertragung der Verantwortung und eine gezielte Vorbereitung der Mitarbeiter auf die neue Situation werden als besonders wichtig erachtet.**
- **Neben der Auswahl des richtigen Übergabezeitpunktes muss ein konkreter strategischer und taktischer Ablaufpan – inklusive Aufgaben- und Kompetenzverteilung – definiert werden.**

CEO-Wechselsituationen

Jeder CEO-Abgang kann anhand von drei wesentlichen Kriterien unterschieden werden.

Das erste Kriterium ist die Herkunft des Nachfolgers, wobei zwischen interner und externer Rekrutierung unterschieden wird.[1] Eine externe Person kann frischen Wind, Kompetenzen sowie neue Ideen in ein Unternehmen einbringen und damit den Unternehmenserfolg positiv beeinflussen.[2] Mögliche Nachteile sind Akzeptanzprobleme und eine längere Einarbeitungsphase.[3] Interne Nachfolger haben gewisse Vorteile, wie die bereits vorhandene Integration und das Insiderwissen über die Firma. Des Öfteren haben interne Personen jedoch Nachteile, weil sie von

Seite 209

der neuen Aufgabe und Macht überfordert sind.[4] Die Praxis zeigt, dass eine interne Rekrutierung meist erfolgreicher ist, da externe Personen sich oft schwieriger in das Unternehmen einfühlen können.[5] Auch A. G. Lafley (ehemaliger CEO von Procter & Gamble) verfolgte diese Strategie.[6] „We promote from the inside, because that's our primary source of talent."[7]

Das zweite Kriterium unterscheidet anhand der Einarbeitungs- bzw. die Vorbereitungsphase. Es gibt Fälle, bei denen der Nachfolger bereits Jahre zuvor als solcher gehandelt und auf die zukünftige Position entsprechend vorbereitet wird. In anderen Fällen kommt der Nachfolger aufgrund eines Wettbewerbsverfahrens sehr knapp vor dem Wechsel zu seiner Position.[8]

Zuletzt wird der Fokus auf den Abgänger gelegt. Die traditionelle Form des Ausscheidens wäre, dass die abtretende Person das Unternehmen planmäßig verlässt. Eine weitere Option des beabsichtigten Austritts ist ein Wechsel in eine andere Funktion im Unternehmen (Aufsichtsratsfunktion), was einen Verbleib in der Organisation bedeutet. Die letzte Möglichkeit stellt einen außerplanmäßigen Austritt aus dem Unternehmen dar. Beispiele hierfür wären eine plötzliche Kündigung oder Krankheitsfälle.[9]

Konfliktfelder und Maßnahmenempfehlungen

Eine Grundvoraussetzung im Übergabeprozess ist über die Interessen und Vorstellungen aller Beteiligten Bescheid zu wissen, um Konflikte bei der Übergabe zu vermeiden.[10] Man sollte sich also über die Interessenslagen des eintretenden CEOs informieren und diese mit den eigenen Vorstellungen abstimmen.[11]

Innerhalb der Struktur des Unternehmens ist auch das Interesse der Mitarbeiter zu bedenken und im Übergabeprozess mit einzubeziehen, denn die Mitarbeiter können aufgrund der bevorstehenden Veränderung die Sicherheit ihres Arbeitsplatzes gefährdet sehen. Um den Beteiligten die bevorstehende Veränderung zu erleichtern, können Teambesprechungen oder Workshops mit den im Unternehmen Verbleibenden durchgeführt werden.

Es wird deutlich, dass auf alle Beteiligten Rücksicht genommen werden muss, wobei die Existenzerhaltung des Unternehmens im Vordergrund steht.[12]

Ein weiterer Konfliktpunkt ist, dass der Nachfolger im Zuge seiner neuen Position Mitarbeiter aus seinem alten Unternehmen mitbringt bzw. einstellt. Dadurch können unternehmensinterne Spannungen entstehen. Aus diesem Grund sollte das bestehende

Team so gut als möglich auf etwaige Änderungen in den Aufgabenbereichen oder Abläufen durch den neuen CEO vorbereitet werden, um ihn bestmöglich zu unterstützen. Diese gezielte Vorbereitung kann einen Personalwechsel, in dieser ohnehin kritischen Phase nach der Übergabe, verhindern.[13]

Gründer oder Langzeitführungskräfte haben eine ganz besondere Verbindung zum Unternehmen. Diese enge Beziehung und das Nicht-Loslassen wollen, können der zukünftigen Entwicklung der Organisation im Weg stehen.[14] Vielen Managern fällt es schwer, sich von ihrer Position im Unternehmen und somit auch von ihrem Einfluss zu verabschieden.[15] Daher ist es wichtig, das Ausmaß des Einflusses des bisherigen CEOs vor dessen Austritt genau zu klären. Dabei ist das Loslassen von eigenen Plänen, die in Zukunft vom Nachfolger realisiert werden sollen, besonders schmerzlich.

Der Führungskraftwechsel ist kritisch für das Überleben des Unternehmens. Verlässt ein CEO das Unternehmen, hinterlässt er eine enorme Lücke bezüglich Know-how über firmeninterne und -externe Abläufe sowie Kommunikationsnetzwerke.[16] Der CEO sollte seine Verantwortung idealerweise Schritt für Schritt an den Nachfolger übergeben. Er wird nun immer mehr zum Beobachter und lernt so Abschied von persönlichen Konstellationen und Beziehungen zu nehmen.[17]

Um eine glatte Übergabe an den Nachfolger gewährleisten zu können, sollte reflektiert werden, welche Probleme zu Beginn der Tätigkeit als CEO auftreten können. Beispielsweise können das schiere Informationsvolumen und die Intensität der Bedürfnisse, die Mitarbeiter und Geschäftspartner an den neuen CEO stellen, anfangs enorm belastend sein. Darüber hinaus sollte dem Nachfolger bewusst sein, dass die Verantwortungsdelegation äußerst wichtig für einen reibungslosen Ablauf ist, um nicht selbst zum organisatorischen Engpass zu werden. Schlussendlich steht der CEO konstant unter Beobachtung und wird anhand seiner Handlungsweisen und Aussagen beurteilt.[18]

CEO-Kompetenzen für den Abgang

„Endphasen der Amtszeit eines CEO sind Zeiten der Bilanzierung, des Zuhörens, der Auseinandersetzung mit der Unternehmenskultur und den Vorgängen, der Reflexion der Zukunftsplanung.“ [19]

In der Endphase spielt die soziale Kompetenz des CEOs eine tragende Rolle, um den Übergang erfolgreich durchführen zu können. Folgende Kompetenzen erweisen sich als hilfreich:[20, 21]

- ⟶ Vertrauen in die Leistung und die Fähigkeiten der Beteiligten sowie Fokus auf die Probleme der Mitarbeiter und aktives Zuhören
- ⟶ Objektivität bezüglich der geforderten Kompetenzen des Nachfolgers, das heißt, persönliche Interessen außer Acht lassen und rationale Entscheidungen treffen
- ⟶ Bereitschaft, in den Hintergrund zu treten, um dem Nachfolger entsprechenden Freiraum zu geben und um ihn nicht in seiner Weiterentwicklung zu behindern
- ⟶ Problem- und Konfliktlösungskompetenzen müssen unter Beweis gestellt werden, um potenzielle Auseinandersetzungen erfolgreich managen zu können
- ⟶ Zudem sind vor allem Projekt- und Beratungskompetenzen erforderlich, da die Übergabe als Projekt betrachtet werden kann
- ⟶ Verhandlungskompetenzen sowie Fach- und Methodenkompetenzen werden in juristischen Belangen vorausgesetzt
- ⟶ Entscheidungsträger sein und delegieren können, sind mitunter die wichtigsten Abgangskompetenzen

Strategie und Taktik einer Übergabe

Der Übergabeprozess ist komplex und beansprucht viel Zeit, weshalb eine genaue Strategie und Taktik erforderlich ist.[22] Nicht zuletzt ist es die wichtigste Aufgabe des bisherigen CEOs, das Weiterbestehen des Unternehmens sicherzustellen.[23] Dabei ist vor allem der richtige Zeitpunkt festzustellen, um die geeignete Strategie zu implementieren. Gerade auf emotionaler Ebene spielt dies eine große Rolle, da es Managern oft nicht leicht fällt, sich vom Unternehmen zu trennen und neue Lebensinhalte zu entwickeln.[24]

Ein Ablaufplan kann die einzelnen Stufen der Übergabe besser steuern. Eine in der Praxis weit verbreitete Taktik ist jene der Kommunikation des Übergabetermins. Dabei wird der Übergabetermin zu einem späteren Zeitpunkt bekannt gegeben, als tatsächlich geplant. Man beabsichtigt damit, das Vertrauen gegenüber dem Nachfolger zu stärken, indem der ausscheidende CEO das Unternehmen unerwartet früher übergibt, da er offensichtlich Vertrauen in die Kompetenzen des neuen hat und ihm schon vorzeitig den Alleingang ermöglicht.[25]

Während der Übergangsphase empfiehlt sich eine genaue Aufgaben- und Kompetenzverteilung. Hier sollte der CEO vor allem seine Delegationsfähigkeiten unter Beweis stellen.[26] Delegierte Aufgaben, mit schnell kommunizierbaren Erfolgen, erleichtern dem internen sowie externen Nachfolger oftmals den Einstieg.[27] Eine genaue Zieldefinition und ein Zeitplan der einzelnen Übergabeschritte sollen bei der Gestaltung des Einführungsplans erstellt werden.[28]

Im Idealfall treten der alte und der neue CEO in der letzten Phase des Übergabeprozesses gemeinsam auf. So suggerieren sie den Mitarbeitern Kontinuität und einen reibungslosen Übergang in der Unternehmensführung. Ziel ist es, dem Nachfolger seine neue Rolle näherzubringen und ihn im Prozess zu unterstützen.[29] Häufig übernimmt der „Senior“ dabei die Rolle des Coaches.[30] Gleichzeitig sollte der „Senior“ das Gespräch mit den Mitarbeitern, Kunden sowie Lieferanten suchen, um sie auf die neue Situation vorzubereiten. Eine psychologisch einfühlsame Vorgehensweise ist hierbei essenziell.[31, 32] Durch diese Herangehensweise wird im Idealfall die Akzeptanz des Nachfolgers im Unternehmen erhöht. Zusätzlich kann einem Akzeptanzproblem vorgebeugt werden, indem leitende Angestellte den Übergabeprozess mitgestalten und unterstützen.[33] Weiters kann es durchaus sinnvoll sein, externe Coaches oder Berater als unterstützende Maßnahme in den Übergabeprozess miteinzubeziehen, die im Falle einer Konfliktsituation als Ruhepol bzw. als Katalysator wirken und somit eine schlichtende Funktion einnehmen.[34]

In der Phase der letzten 100 Tage spielen auch Symbolik und Inszenierung des Abganges eine wichtige Rolle. So sollte sich der CEO auch konkrete Gedanken über die Abschiedsfeier machen. Wichtig ist, dass diese in einem angemessenen Rahmen stattfindet und nicht zu übertrieben gehandhabt wird. Die Summe der genannten Faktoren entscheidet letztendlich darüber, ob das Lebenswerk des „Seniors“ auch als solches wahrgenommen wird, und kann einen nicht zu unterschätzenden Einfluss auf die ersten 100 Tage des neuen Vorstandes haben.[35]

Checkliste für den gekonnten Abgang

Folgende Punkte sollten beachtet werden, wenn Sie ein Unternehmen verlassen:

- → Genaue Zeitplanung inklusive präziser Zielfestlegung für die Übergabe sowie Zukunftsperspektiven für das Unternehmen definieren
- → Auswahl und Vorbereitung des internen oder externen Nachfolgers (eine schrittweise Verantwortungsdelegation sowie gemeinsames Auftreten sind erforderlich)
- → Die Belegschaft rechtzeitig über den geplanten Abgang informieren
- → Während des Übergabeprozesses Fokus auf die Mitarbeiter, Kunden sowie andere Geschäftspartner und deren Bedürfnisse legen (Workshops, Teambesprechungen)
- → Know-how-Lücke, die durch die abtretende Person entsteht, mit geeignetem Managementteam schließen (Key Employees identifizieren)
- → Oben angeführte Kompetenzen einsetzen
- → Persönliche Zukunftsperspektiven eruieren
- → Abschiedsfeier in angemessenem Rahmen veranstalten

Weiterführende Literatur

Arndt, O.; Deekeling, E.: CEO-Kommunikation — Strategien für Spitzenmanager, Frankfurt am Main 2006

Bamford, C.; Bruton, G.; Hinson, Y.: Founder/Chief Executive Officer Exit – A Social Capital Perspective of New Ventures, In: Journal of Small Business Management 44(2)/2006

Hillengaß, H. W.; Nökel, R. H.: Strategien für Generationswechsel und Zukunftssicherung – Handbuch zur Unternehmensanalyse, Konflikterkennung und Problembewältigung, Heidelberg 1999

Leonetti, J. M.: Exiting Your Business, Protecting Your Wealth – A Strategic Guide for Owners and Their Advisors, Wiley 2008

Das Leben danach

Auch für Topmanager kommt irgendwann der Punkt im Leben, an dem das Arbeitsleben endet und der mehr oder weniger gemächliche Ruhestand beginnt. Doch gerade für Topmanager, die sich üblicherweise sehr stark mit ihrem Job identifizieren, kann ein ungeplanter und plötzlicher Übergang in den Ruhestand negative psychische und physische Auswirkungen haben. Das letzte Kapitel dieses Buches ist das erste Kapitel Ihres dritten Lebensabschnitts.

→ **Die Auswirkungen des Ruhestandes auf Topmanager sind vielfältig. Der Verlust des Arbeitsumfelds und der Macht sind als wichtige Aspekte zu nennen und führt zu vielschichtigen, oft negativen, psychischen Reaktionen.**

→ **Um negative Folgen zu vermeiden, ist eine gute Vorbereitung das A und O.**

→ **Das Ende der Managertätigkeit muss nicht das Ende im Unternehmen sein – Aufsichtsrat, interner Berater, Mentor.**

→ **Eine weitere Möglichkeit ist, die Erfahrungen für eine neue Profession zu nutzen.**

Der Ruhestand und dessen Auswirkungen

Beflügelt von neu gewonnenen Freiräumen in der Gestaltung und Einteilung der Freizeit, versucht der Großteil der ehemaligen Manager, den hart erarbeiteten Wohlstand zu genießen und lang gehegte Wünsche und Träume auszuleben. Ohne verpflichtende Termine und völlig stressfrei besitzt man nun die Zeit und das notwendige Geld, um die schönen Dinge des Lebens zu genießen ... Falsch gedacht!

Der dritte Lebensabschnitt bringt besonders für engagierte und fest im Berufsleben verankerte Führungskräfte bedeutsame Auswirkungen mit sich. Die Veränderung aus dem organisierten Stress eines Topmanagers in ein ruhiges Rentnerdasein hat für die betroffenen Personen sowohl positive als auch negative Folgen. Die notwendige Adaptierung auf den neuen Lebensabschnitt beschränkt sich nicht nur auf eine Veränderung des Tagesrhythmus, auf Verzicht von Macht und Einfluss, sondern bedeutet den komplett neuen Aufbau einer individuellen Werteorientierung. Die Antwort auf „Was ist in meinem Leben wichtig?“ muss grundlegend überarbeitet werden. Dieser Prozess kann für die Betroffenen sehr schwierig, schmerzhaft oder sogar erfolglos sein.[1]

Die neue Herausforderung dieses Lebensabschnittes ist, mit dem Berufsleben als dominanten Lebensinhalt psychisch abzuschließen und mit der scheinbaren fehlenden Herausforderung fertig zu werden. Der ehemalige Infineon-Vorstand Andreas von Zitzewitz beschreibt die Situation folgendermaßen: „Wenn 80 Prozent dessen plötzlich weg ist, was dich ausgemacht hat, dann bist du erst einmal ein Krüppel. Dein Leben wurde von anderen organisiert, plötzlich ist es beängstigend unstrukturiert.“[2]

Schwindendes Ansehen, fehlende organisatorische bzw. terminliche Strukturen und der plötzliche Verlust von Kontrolle und Verantwortung lässt vielfach das ehemals so starke Ego eines Topmanagers brüchig werden. Ohne jegliche zeitliche und organisatorische Rahmenbedingungen und angesichts abnehmender Anerkennung als Entscheidungsträger und Diskussionspartner verlieren sich viele Exmanager in Passivität und Einsamkeit. Der Wegfall von ehemals lieb gewonnenen Statussymbolen wie Sekretärin, Firmenwagen mit Chauffeur und Flugmeilenprivilegien verschlimmern diese demoralisierende psychische Situation.

Der Übergang ist oft eine Zeit der Reflexion, die vielleicht auch beängstigende Erkenntnisse mit sich bringt. Möglicherweise erkennt ein Mann, dass er als Vater oder Großvater seine soziale Rolle in der Familie nie wahrgenommen hat oder dass sein vermeintlicher Freundeskreis lediglich aus ehemaligen Mitarbeitern besteht, die sich nun dem neuen Chef zuwenden.[3] Nach Meinung des Frankfurter Psychologen Peter Fiesel bewirkt die demotivierende Abwärtsspirale des unbedeutenden und scheinbar wenig herausfordernden dritten Lebensabschnitts viel zu oft, dass Ruhestand für viele langfristig nicht mehr nur Verlust von Macht bedeutet, sondern auch in eine geringere Lebenslust mündet.[4] Die Vorbereitung auf ein „Leben danach“ muss also unter anderem mit einer Identifizierung mit einem „Leben ohne“ einhergehen.

Seite 216

Vorbereitung auf den Übergang in den Ruhestand

Es zeigt sich durchaus, dass sehr unangenehme Folgen mit dem Ruhestand oder, anders gesagt, mit dem Ende der Topmanagertätigkeit verbunden sein können. Daher stellt sich natürlich die Frage, wie diese negativen Konsequenzen vermieden werden können und die Antwort darauf erscheint ziemlich banal: Gute Vorbereitung!

So einfach sich das anhört, so oft wird dieser Punkt in der Praxis sträflich vernachlässigt. Während der zweite Lebensabschnitt – die Berufstätigkeit – zumeist zwei Jahrzehnte oder länger mit Ausbildung vorbereitet wird, erfolgt für den dritten Lebensabschnitt sehr oft überhaupt keine Vorbereitung. Auch von Managern, die es eigentlich von Berufs wegen gewohnt sein sollten, langfristig zu planen und strategisch zu denken.

Selbstverständlich ist jeder Mensch einzigartig und daher kann auch kein „Patentrezept" für eine erfolgreiche Vorbereitung auf das Ende der Managertätigkeit gegeben werden, aber gewisse Aspekte können bei der Vorbereitung jedenfalls berücksichtigt werden:[5, 6]

- ⟶ Beginnen Sie früh genug – gerade eine so einschneidende Änderung, wie das Ende einer Laufbahn als CEO sollte mindestens fünf Jahre im Voraus geplant werden. Das gibt genug Zeit um die eigenen Vorstellungen zu präzisieren und eventuell die Pläne zu adaptieren. Ein typischer Vorsatz ist es, beispielsweise auch im Ruhestand weiter aktiv zu bleiben. Wichtigste Voraussetzung hier ist allerdings: Wählen Sie eine Tätigkeit, die Ihnen persönlich wichtig bzw. ein Anliegen ist. Denn sich nur mit etwas zu beschäftigen, um nicht ohne Aufgabe dazustehen, ist der falsche Weg.[7]
- ⟶ Hinterfragen Sie Ziele, Pläne und Sinn – gerade im dritten Lebensabschnitt beschäftigt sich der Mensch mit Fragen wie: „Welchen Sinn hat mein Leben?", „Welche Ziele will ich noch erreichen oder habe ich erreicht?" In der Vorbereitungsphase sollten diese Fragen ganz individuell beantwortet werden.
- ⟶ Anstehende Veränderung im Tagesablauf bewusst wahrnehmen – das Ende der Karriere heißt auch, ohne einen Stab an Helfern leben zu lernen und andere Herausforderungen in den Vordergrund zu rücken.
- ⟶ Soziale Vorbereitung – das soziale Umfeld ändert sich im Ruhestand besonders stark. Beschäftigen Sie sich früh genug

mit der Frage, zu welchen Personen Sie auch nach dem Ende der Managertätigkeit sozialen Kontakt haben werden. Vergessen Sie dabei keinesfalls, ihr engstes familiäres Umfeld auf die anstehenden Veränderungen vorzubereiten.

Eine rechtzeitige und tiefgreifende Beschäftigung mit diesen Aspekten ermöglicht einen reibungsloseren Übergang vom Berufsalltag in den Ruhestand! Das Ende der CEO-Laufbahn muss jedoch nicht mit dem Ende jeglicher Beschäftigung gleichgesetzt werden.

Wie kann ich mich im Unternehmen anderweitig einbringen?

Die erste, hier präsentierte, Möglichkeit, mit dem Ende der Position als Manager umzugehen, ist der Verbleib im eigenen Unternehmen – dieser Typ wird zumeist als „Anknüpfer" bezeichnet. Vor dem Hintergrund einer steigenden Altersstruktur ist es für Unternehmen sehr oft unverzichtbar, auch weiterhin auf die Hilfe erfahrener Mitarbeiter bzw. Führungskräfte zu bauen. Großkonzerne wie Siemens oder Bosch haben eigene Abteilungen geschaffen, die sich mit der Kontaktpflege zu ehemaligen Mitarbeitern und Managern beschäftigen. Gerade Topmanagern, die über Jahre unschätzbares betriebliches Wissen in ihrem Unternehmen aufgebaut haben, bietet sich bei näherer Betrachtung eine Fülle von Möglichkeiten, im eigenen Unternehmen nach dem Ende der Managertätigkeit weiterzuarbeiten:[8]

- ⟶ Aufsichtsrat – vor dem Hintergrund der steigenden Compliance-Anforderungen ein rasch wachsender Wirtschaftszweig, es ist jedoch auf jeden Fall auf den gültigen Corporate Governance Code Rücksicht zu nehmen (bspw. sollte die Mehrheit der Aufsichtsräte vom Unternehmen unabhängig sein, d. h. es sollten darin keine ehemaligen Vorstände sein[9])
- ⟶ Interner Berater – Mitarbeit in Beratungsbeiräten oder in speziellen Projektgruppen
- ⟶ Mentor – Trainer und Begleiter für Nachwuchsführungskräfte

Der Weiterverbleib im eigenen Unternehmen ermöglicht es Spitzenmanagern, den Übergang in den endgültigen Ruhestand langsam und fließend zu absolvieren, oder wie es Hilmar Kopper, ehem. Vorstandssprecher der Deutschen Bank AG, ausdrückt: „Die vielen Aufsichtsratsmandate haben mir erlaubt, nicht aus

Seite 218

dem Hochleistungssport in ein Pensionärsdasein zu wechseln, sondern über Jahre hinweg abzutrainieren. Das ist absolut gesundheitsbekömmlich.“[10]

Wie kann ich die erworbenen Fähigkeiten und Erfahrungen noch nutzen?

Neben der Möglichkeit, mit dem Unternehmen auch im Ruhestand beruflich verbunden zu bleiben, gibt es eine Vielzahl von Tätigkeitsfeldern, in denen sich ehemalige Führungskräfte aufgrund ihrer fundierten Erfahrungen bestens beweisen können. Die neue Aufgabe kann als Mittel dafür fungieren, der Gesellschaft etwas zurückzugeben und damit einhergehend auch im Ruhestand gesellschaftliche Anerkennung zu erlangen.[11] Es muss jedoch festgehalten werden, dass diese Aufgabe nicht den Hauptbestandteil des Ruhestandes übernehmen darf. Die neue Profession kann als Additiv zur Freizeit gesehen werden, darf diese jedoch nicht vollständig ersetzen. Mit einer neuen Tätigkeit wird die verbleibende Zeit dann intensiver genossen. Bei der Auswahl der zukünftigen Aufgabe empfiehlt sich die ehrliche Beantwortung der folgenden Fragen:

1. Wie viel Zeit möchte ich in die neue Aufgabe investieren?
2. Welcher Bereich könnte für mich infrage kommen?
3. Wer soll von meiner Tätigkeit profitieren?

Als neue Aufgabenbereiche für ehemalige Spitzenmanager bieten sich Positionen vornehmlich in der Politik, in Bildungseinrichtungen, in der Beraterbranche sowie ehrenamtliche Tätigkeiten an, da ehemalige Führungskräfte die im Arbeitsleben erworbenen Fähigkeiten und Erfahrungen hier bestmöglich einsetzen können.

Bei politischen Positionen stehen die gesellschaftlichen Gestaltungsmöglichkeiten im Mittelpunkt. Im akademischen Bereich, beispielsweise als Gastprofessor an verschiedenen Universitäten, werden Lebenserfahrungen und Sachkenntnisse an Studenten weitergegeben. Als Berater in Expertenkooperationen können Ex-Manager Kompetenzen und nützliche Kontakte jungen Unternehmen zur Verfügung stellen. Der Austria Senior Experts Pool (www.asep.at), das deutsche Pendant Senior Experten Service (www.ses-bonn.de) und die Social Angels Stiftung (www.social-angels.de) bieten früheren Spitzenmanagern die Chance, ehrenamtlich an Projekten der Wirtschaft mitzuwirken. Ein weiteres Betätigungsfeld von ehemaligen Managern bieten ehrenamtliche Verbände (Rotary, Lions Club, Rotes Kreuz, Greenpeace usw.) sowie Kulturinitiativen, beispielsweise als Aufsichtsrat in Museen oder in Festspielgremien.

Erfolgsgeschichten aus der Praxis

Rolf Kunisch, Ex-Vorstandvorsitzender der Beiersdorf AG, sitzt weiterhin im Aufsichtsrat von Beiersdorf und Maxingvest. Er arbeitet intensiv an Visionen und Unternehmensstrategien. Sein Leben beschreibt er als anregenden Wechsel zwischen Aktion und Kontemplation. Die größte Herausforderung für Kunisch bestand darin, von 100 % auf null zu fallen. Früher hatte er um 11 Uhr schon drei Krisen bewältigt. Das fehlte ihm zu Beginn des Ruhestands – jedoch sind auch diese Gefühle kompensierbar.[12]

Hans Joachim Körber, Ex-Vorstandsvorsitzender der Metro AG, musste seiner Frau versprechen, nur mehr sechs Stunden am Tag zu arbeiten. Den größten Vorteil im Ruhestand sieht Körber in der Tatsache, nun nach dem Lustprinzip handeln zu können. Er ist als Berater für junge Unternehmer tätig und bei überzeugenden Projekten steigt er durchaus auch selbst ein. Außerdem sitzt er im Aufsichtsrat von Air Berlin und Wepa. Durch die neu gewonnene Freizeit erweiterte sich der Freundeskreis von Körber, dennoch blieb sein liebstes Hobby die Arbeit.[13]

Tom Sommerlatte, Ex-Welt-Chef von Arthur D. Little, ist seit seiner Pensionierung der beratenden Funktion treu geblieben. Sommerlatte widmet sich in seiner Freizeit gegenwärtig der Malerei. Neben seinem Hobby betätigt er sich als Honorarprofessor, Autor und findet Ruhe in der Religion.[14]

Heinz Ruhnau, Ex-Vorstandsvorsitzender der Deutschen Lufthansa AG, ist nunmehr Honorarprofessor der TU Dresden und unterrichtet das Führen eines Luftfahrtunternehmens aus der Sicht eines Vorstandsvorsitzenden. Außerdem ist er immer wieder in Sondermissionen für die Lufthansa, vor allem in Osteuropa, unterwegs. Jedoch streitet er jede Einmischung ins laufende Geschäft ab: „Ich habe damit abgeschlossen."[15]

Seite 220

Weiterführende Literatur

Endres, H.; Werle, K.: Die Alpha — Rentner, In: Manager Magazin 08/2010
Freisinger, G.: Manager auf Entzug, In: Manager Magazin 12/2008
Langmaack, B.: Ruhestand-Annehmen-Gestalten-Leben, Stuttgart 2002

Anhang

Nur wenige Führungskräfte sehen ein, dass sie letztendlich nur eine einzige Person führen können und auch müssen. Diese Person sind sie selbst.

Peter F. Drucker, in Wien geborener Pionier der modernen Managementlehre (The Man Who Invented Management).

Zehn Kernfragen auf dem Weg zu persönlichen Höchstleistungen

von Michael Hirt

Gute Selbstführung erfordert Selbstkenntnis, Sinnstiftung und Authentizität. Genau das sind Kernpunkte, die es ermöglichen, in einer hoch entwickelten Gesellschaft zeitgemäß andere Menschen zum gemeinsamen Erfolg zu führen.

10 Fragen auf dem Weg zu persönlichen Höchstleistungen

Die folgenden 10 Fragen sollte jede Führungskraft klar beantworten können. Nehmen Sie sich Zeit, und überprüfen Sie, ob Sie auf Kurs sind.

1. Was sind meine besonderen Stärken?
2. Was ist der besondere Beitrag, den nur ich zu leisten vermag?
3. Worin sehe ich den Sinn meines Lebens? Wozu bin ich hier?
4. Was ist meine Lebensvision?
5. Welchen Werten folge ich?
6. Woraus beziehe ich meine Kraft?
7. Welche Ziele möchte ich in meinen wichtigsten Lebensbereichen (insbes. Beruf, Familie, Freundschaften, Gemeinschaft, Selbstentwicklung) erreichen und wie?
8. Wie kann ich in meinem Leben eine gesunde Balance zwischen Arbeit und Leben, Leistung und Beziehungen, Aktivität und Erholung verwirklichen?
9. Was werde ich tun, um die Welt besser zurückzulassen, als ich sie vorgefunden habe?
10. Was soll von mir bleiben? Welches Vermächtnis („legacy") möchte ich hinterlassen?

Wichtig ist, diese Fragen nicht einfach wie eine simple Aufgabe abzuarbeiten, sondern sich Zeit für Achtsamkeit und Reflexion zu nehmen, wirklich in sich hinein zu spüren und auf die eigene innere Stimme, den inneren Kompass zu hören.

Schriftlichkeit ist ein wichtiger Weg, um die Wirksamkeit dieser Reflexion zu erhöhen.

Führungskräfte, die sich selbst gut führen können, finden einen deutlich besseren Zugang zur Motivation ihrer Mitarbeiter.

Zehn Kernfragen für Ihr Unternehmen

von Michael Hirt

Strategische Krisen beeinträchtigen das Wachstum und die Wertschaffung des Unternehmens massiv und haben oft die Übernahme oder das Ende zur Folge. Überprüfen Sie die strategische Position Ihres Unternehmens bevor es Ihr Wettbewerb tut und geben Sie sich nicht mit oberflächlichen Antworten zufrieden.

Erfolgreiche Unternehmen haben den Mut, einfache Fragen zu stellen, ehrliche Antworten zu hören und Beschlossenes beherzt umzusetzen.

Die folgenden 10 Fragen sollte jede Führungskraft klar beantworten können. Nehmen Sie sich Zeit, und überprüfen Sie, ob Ihr Unternehmen auf Kurs ist.

1. Wächst die Nachfrage (samt Kaufkraft) nach Ihrem Produkt/Service?
2. Was ist das Einzigartige an Ihrem Produkt oder Service?
3. Was bringt das (Frage 2) Ihren Kunden?
4. Was können Sie besser als Ihre drei wichtigsten Wettbewerber?
5. Was bringt das (Frage 4) Ihren Kunden?
6. Können Sie Ihre Kernzielgruppe klar, plastisch und eindeutig beschreiben?
7. Wie funktioniert Ihr Geschäft, und was muss man richtig machen, um darin ein Gewinner zu sein (Kernerfolgsfaktoren)?
8. Haben Sie eine klare Vorstellung, wo Ihr Unternehmen in 10 Jahren stehen soll?
9. Was sind Ihre drei wichtigsten geschäftlichen Ziele in 1 und 5 Jahren?
10. Was sind Ihre 3 wichtigsten Maßnahmen, um diese Ziele zu erreichen?

Die Elfer-Frage

Falls Ihnen das Unternehmen nicht selbst gehört, sollten Sie sich auf jeden Fall noch die Elfer-Frage stellen:

Würde ich mein eigenes Geld in dieses Unternehmen stecken?

Anmerkungen

1 — Der Weg an die Spitze

1 Vgl. Seeger [Karriere, 2005], S. 147 ff.

2 Vgl. Knitter [CEO Succession, 2003], S. 2 f.

3 Vgl. Reingold [Fortune Magazine, 2009].

4 Vgl. Reingold [Fortune Magazine, 2009].

5 Vgl. Seeger [Karriere, 2005], S. 61.

6 Sun Tsu / Clavell [Die Kunst des Krieges], S. 35.

7 Vgl. Seeger [Karriere, 2005], S. 61 ff.

8 Vgl. Seeger [Karriere, 2005], S. 11.

9 Vgl. Groysberg / Abrahams [So gelingt der Jobwechsel, 2010].

10 Vgl. Seeger [Karriere, 2005], S. 85 ff.

11 Vgl. Goldsmith [So werden Sie CEO, 2009], S. 45 f.

12 Vgl. Goldsmith [So werden Sie CEO, 2009], S. 46.

13 Vgl. Goldsmith [So werden Sie CEO, 2009], S. 46 ff.

14 Vgl. Goldsmith [So werden Sie CEO, 2009], S. 52 f.

15 Vgl. Goldsmith [So werden Sie CEO, 2009], S. 48 ff.

16 Vgl. Nitzsche [Management vom Umgang mit Kunden].

17 Vgl. Goldsmith [So werden Sie CEO, 2009], S. 51 f.

18 Vgl. Seeger [Karriere, 2005], S. 104.

19 Vgl. Michalk / Nieder [Erfolgsfaktor Work-Life-Balance, 2005], S. 21.

20 Vgl. Cobaugh / Schwerdtfeger [Work-Life-Balance, 2005], S. 39.

21 Vgl. Perlow / Porter [Work-Life-Balance, 2010].

22 Vgl. Rebel [Work-Life-Balance für freche Frauen, 2007], S. 184 f.

2 — Ihre ersten 100 Tage als CEO – für Aufsteiger

1 Vgl. Watkins [Die entscheidenden 90 Tage, 2007], S. 25; 43.

2 Vgl. Schneidewind [Die ersten 100 Tage, 2004], S. 17.

3 Vgl. Lackner, Triebe [Be Boss, 2009], S. 25.

4 Vgl. Watkins [Die entscheidenden 90 Tage, 2007], S. 24 f.

5 Vgl. Fischer [Neu auf dem Chefsessel, 2007], S. 143 f.

6 Vgl. Koch [Die ersten 100 Tage als Chef], S. 11.

7 Vgl. Zemp [Interview, 2010].

8 Vgl. Welch [Winning, 2005], S. 101.

9 Vgl. Neubauer / Rankl [Auftrag Führung, 2010], S. 86.

10 Vgl. Walter [Handbuch Führung, 2005], S. 166.

11 Vgl. Porter / Lorsch / Nohria [CEO-Workshop, 2005], S. 113.

12 Vgl. Porter / Lorsch / Nohria [CEO-Workshop, 2005], S. 118.

13 Vgl. Ducasse / Lutz [Assuming Leadership, 2003], S. 6.

14 Vgl. Hofbauer / Kauer [Einstieg in die Führungsrolle, 2009], S. 69 ff.

15 Vgl. Dehner / Dehner [Als Chef akzeptiert, 2001], S. 140 f.

16 Vgl. Hofbauer / Kauer [Einstieg in die Führungsrolle, 2009], S. 69 ff.

17 Vgl. Dehner / Dehner [Als Chef akzeptiert, 2001], S. 140 f.

18 Vgl. Drühe-Wienholt [Plötzlich Führungskraft, 2008], S. 47 f.

19 Vgl. Frenzel [Das erste Mal Chef, 2008], S. 12 f.

20 Vgl. Welch [Winning, 2005], S. 93.

21 Vgl. Koch [Die ersten 100 Tage als Chef], S. 41 f.

22 Vgl. Fischer [Neu auf dem Chefsessel, 2007], S. 35 ff.

23 Vgl. Zemp [Interview, 2010].

24 Vgl. Porter / Lorsch / Nohria [CEO-Workshop, 2005], S. 112 f.

25 Vgl. Welch [Winning, 2005], S. 93; 136.

26 Vgl. Welch [Winning, 2005], S. 136.

27 Vgl. Zemp [Interview, 2010].

28 Vgl. Zucha [Führungsstärke, 2001], S. 201.

29 Vgl. Porter / Lorsch / Nohria [CEO Workshop, 2004], S. 111.

30 Vgl. Müller-Stewens / Lechner / Stahl [Die Gestaltung von Stakeholder-Beziehungen], S. 10.

31 Vgl. The Boston Consulting Group, Inc. [The First 100 Days, 2003], S. 3.

32 Vgl. Recklies [Stakeholder Management, 2001], S. 2.

33 Vgl. Müller-Stewens / Lechner / Stahl [Die Gestaltung von Stakeholder-Beziehungen], S. 10.

34 Vgl. Wyman [Die ersten 100 Tage, 2009], S. 9.

35 Vgl. Goleman / Boyatzis / McKee [Emotionale Führung, 2005], S. 89.

36 Vgl. soft[net]-Projektteam ICTHRM [Aspekte der Motivation, 2002], S. 44.

37 Vgl. Khan / Farooq / Ullah [The Relationship between Rewards and Employee, 2010], S. 40.

38 Vgl. Zielinski [Best and Brightest, 2006], S. 2.

39 Vgl. The Boston Consulting Group, Inc. [The First 100 Days, 2003], S. 5.

40 Vgl. Towers Perrin Global Workforce Study [Was Mitarbeiter bewegt, 2006], S. 2.

41 Vgl. Zemp [Interview, 2010].

42 Vgl. Kestel [100-Tage-Bilanz, 2009], S. 1; Walter [Handbuch Führung, 2005], S. 269 f.

3 — Die ersten 100 Tage als CEO — für Einsteiger

1 Vgl. Korfmann-Bodenmann [Der Wechsel des Chief Executive Officer, 1999], S. 103 ff.

2 Vgl. Salomo [Wechsel der Spitzenführungskraft und Unternehmenserfolg, 2001], S. 85 ff.

3 Vgl. Kwak [Comparing the Performance of External Successors, 2002], S. 9 f.

4 Vgl. Chung [Do Insiders Make Betwter CEOs than Outsiders?, 1987], S. 327 f.

5 Vgl. Korfmann-Bodenmann [Der Wechsel des Chief Executive Officer, 1999], S. 71 f.

6 Vgl. Korfmann-Bodenmann [Der Wechsel des Chief Executive Officer, 1999], S. 31 ff.

7 Vgl. Farkas/De Backer [Spitzenmanager und ihre Führungsstrategien, 1996], S. 302.

8 Vgl. Porter/Lorsch/ Nohria [Was erwartet Sie hinter Tür Nummer eins?, 2010].

9 Vgl. Porter/Lorsch/ Nohria [Was erwartet Sie hinter Tür Nummer eins?, 2010].

10 Vgl. Porter/Lorsch/Nohria [Was erwartet Sie hinter Tür Nummer eins?, 2010].

11 Vgl. Fischer [Neu auf dem Chefsessel, 1997], S. 45.

12 Vgl. Fischer [Neu auf dem Chefsessel, 1997], S. 126.

13 Vgl. Koch [Die ersten 100 Tage als Chef, 1997], S. 34.

14 Vgl. Koch [Die ersten 100 Tage als Chef, 1997], S. 31.

15 Vgl. Koch [Die ersten 100 Tage als Chef, 1997], S. 31.

16 Vgl. Fox [So werde ich der Boss, 1999], S. 130.

17 Vgl. Koch [Die ersten 100 Tage als Chef, 1997], S. 32 ff.

18 Vgl. Koch [Die ersten 100 Tage als Chef, 1997], S. 95.

19 Vgl. Hilger [Kein Panik auf dem Chefsessel, 2001], S. 131 f.

20 Vgl. Koch [Die ersten 100 Tage als Chef, 1997], S. 107 ff.

21 Vgl. Ducasse/Lutz [Leading out of a Downturn, 2009], S. 2.

22 Vgl. Koch [Die ersten 100 Tage als Chef, 1997], S. 147 f.

23 Vgl. Von Münchhausen/Scherer [Die kleinen Saboteure, 2003], S. 162.

4 — Ihre ersten 100 Tage als CEO — Fokus Familienunternehmen

1 Vgl. Habig/Berninghaus [Die Nachfolge im Familienunternehmen, 2004], S. 8 f.

2 Vgl. Baumgartner [Familienunternehmen und Zukunftsgestaltung, 2009], S. 26.

3 Vgl. Habig/Berninghaus [Die Nachfolge im Familienunternehmen, 2004], S. 164 f.

4 Vgl. Habig/Berninghaus [Die Nachfolge im Familienunternehmen, 2004], S. 81 ff.

5 Vgl. Kempert [Praxishandbuch für die Nachfolge im Familienunternehmen, 2008], S. 222 ff.

6 Vgl. Habig/Berninghaus [Die Nachfolge im Familienunternehmen, 2004], S. 115.

7 Vgl. Habig/Berninghaus [Die Nachfolge im Familienunternehmen, 2004], S. 113 f.

8 Vgl. Habig/Berninghaus [Die Nachfolge im Familienunternehmen, 2004], S. 113.

9 Vgl. Lafley [CEO, Harvard Business Manager, 2009], S. 50 ff.

5 — Mit Charakter zum Erfolg

1 Vgl. Grün [Menschen führen Leben wecken, 2008], S. 13 ff.

2 Vgl. Etrillard [Charisma Was zeichnet die besonderen Führungskräfte aus?, 2004].

3 Vgl. Benesch [Charisma ist eine Frage des Trainings, 2010].

4 Vgl. Hemel [Wert und Werte 2007], S. 3.

5 Vgl. Bickle [Ethik in Organisationen, 1998], S. 21.

6 Vgl. Hemel [Wert und Werte, 2007], S. 3.

7 Vgl. Heimerl [Führen! statt R.A.B.I.A.T. handeln, 2010], S. 54.

8 Vgl. Hemel [Wert und Werte, 2007], S. 181 ff.

9 Vgl. Grün [Menschen führen Leben wecken, 2008], S. 116 ff.

10 Vgl. Caruso/Salovey [Managen mit emotionaler Intelligenz, 2005], S. 12 f.

11 Vgl. Hemel [Wert und Werte, 2007], S. 181 f.

12 Vgl. Peng [Global Strategic Management, 2009], S. 107 ff.

13 Vgl. Hemel [Wert und Werte, 2007], S. 181 f.

14 Vgl. Seidman/Knill [Die La-Ola-Welle, 2008].

15 Vgl. Covey [The Speed of Trust, 2008].

16 Vgl. Friedman [Die Welt ist flach, 2008].

17 Vgl. Bickle [Ethik in Organisationen, 1998], S. 128 f.

18 Vgl. Robbins/Coulter [Management, 2007], S. 117.

19 Vgl. Bickle [Ethik in Organisationen, 1998], S. 128 f.

20 Vgl. Hemel [Ethisch richtig entscheiden lernen, 2007].

21 Vgl. Hemel [Wert und Werte, 2007], S. 21.

22 Vgl. Drucker [Das Geheimnis effizienter Führung, 2004].

6 — Führen an der Spitze

1 Vgl. Welch [Winning, 2007], S. 51 f.

2 Vgl. Weiss/Hughes [Gehen Sie Streit nicht aus dem Weg, 2005], S. 33 ff.

3 Vgl. Schüller [Der richtige Umgang mit Macht, 2009].

4 Vgl. Hinterhuber, Krauthammer [Leadership mehr als Management, 2005], S. 15 ff.

5 Vgl. Hinterhuber [Leadership, 2003], S. 19 f.

6 Vgl. Heimerl [Führen! Statt R.A.B.I.A.T. handeln, 2010], S. 49 f.

7 Vgl. Hinterhuber [Leadership, 2003], S. 19 f.

8 Vgl. Hinterhuber, Krauthammer [Leadership mehr als Management, 2005], S. 20 ff.

9 Vgl. Hegele-Raih [Was ist & Leadership, 2009].

10 Vgl. Morhart/Jenewein [Was gute Führung ausmacht, 2010], S. 32 ff.

11 Vgl. Morhart/Jenewein [Was gute Führung ausmacht, 2010], S. 35.

12 Vgl. Morhart/Jenewein [Was gute Führung ausmacht, 2010], S. 32 ff.

13 Vgl. Welch [Winning, 2007], S. 51 f.

14 Vgl. Bailom/Matzler/ Tschermenjak [Was Top-Unternehmen anders machen, 2006], S. 211 f.

15 Vgl. Bennis [Menschen führen ist wie Flöhe hüten, 1998], S. 82.

16 Vgl. Bailom/Matzler/ Tschermenjak [Was Top-Unternehmen anders machen, 2006], S. 64.

17 Vgl. Welch [Winning, 2007], S. 52 ff.

18 Vgl. Freyer/Stewart [Ich muss lernen loszulassen, 2009], S. 52 f.

19 Vgl. Welch [Winning, 2007], S. 52 f.

20 Vgl. Drucker [Management, 2009], S. 81 ff.

21 Vgl. Welch [Winning, 2007], S. 52 f.

22 Vgl. Weiss/Hughes [Gehen Sie Streit nicht aus dem Weg, 2005], S. 26 ff.

23 Vgl. Weiss/Hughes [Gehen Sie Streit nicht aus dem Weg, 2005], S. 33 ff.

24 Vgl. Hinterhuber/Krauthammer [Leadership, 2001], S. 139.

25 Pfeffer [Managing with Power, 1992], S. 176.

26 Vgl. Pfeffer [Managing with Power, 1992], S. 37 f.

27 Vgl. Enkelmann [Der richtige Umgang von Führungskräften mit Macht, 2009].

28 Vgl. Kuhn/Leitl [Meine Macht ist beschränkt, 2009], S. 49.

29 Vgl. Schüller [Der richtige Umgang mit Macht, 2009].

30 Schüller [Der richtige Umgang mit Macht, 2009].

7 — Das Topmanagementteam führen

1 Vgl. Herb et al. [Teamwork at the Top, 2001], S. 39.

2 Vgl. Collins [Good to Great, 2001], S. 12 ff.

3 Vgl. Collins [Good to Great, 2001], S. 20.

4 Vgl. Collins [Good to Great, 2001], S. 21.

5 Welch [Winning, 2005], S. 97.

6 Vgl. Welch [Winning, 2005], S. 96 ff.

7 Vgl. Welch [Winning, 2005], S. 98 ff.

8 Vgl. Welch [Winning, 2005], S. 100.

9 Vgl. Welch [Winning, 2007], S. 51 f.

10 Vgl. Herb et al. [Teamwork at the Top, 2001], S. 39.

11 Vgl. Frisch [When teams can't decide, 2008], S. 123.

12 Vgl. Frisch [When teams can't decide, 2008], S. 121 ff.

13 Vgl. Herb et al. [Teamwork at the Top, 2001], S. 39.

14 Vgl. Frisch [When teams can't decide, 2008], S. 121 ff.

15 Vgl. Herb et al. [Teamwork at the Top, 2001], S. 39.

16 Vgl. Frisch [When teams can't decide, 2008], S. 121 ff.

17 Vgl. Dean [A CEOs guide to reenergizing the senior team, 2009], S. 4 ff.

18 Vgl. Albs [Wie man Mitarbeiter motiviert, 2005], S. 148 ff.

19 Vgl. Welsch [Organisationale Trägheit und ihre Wirkung auf die strategische Früherkennung von Unternehmenskrisen, 2009], S. 142 ff.

20 Vgl. Gerhardt, Ritter [Management Appraisal, 2004], S. 178.

21 Vgl. Gfeller [Handbuch für eine aktive und systematische Mitarbeiterkommunikation, 2007], S. 22 ff.

22 Vgl. Martin [Irrweg Optionsplan, 2004], S. 16 ff.

23 Vgl. Hentze/Graf/Kammel/Lindert [Personalführungslehre, 2005], S. 41.

24 Vgl. Hentze/Graf/Kammel/Lindert [Personalführungslehre, 2005], S. 41 ff.

25 Vgl. Hentze/Graf/Kammel/Lindert [Personalführungslehre, 2005], S. 44.

8 — Führung von Familienunternehmen

1 Vgl. Baus [Strategische Zielsetzung von Familienunternehmen, 2006], S. 4 f.

2 Vgl. Mathony, 2005, http://www.innovations-report.de/html/berichte/studien/bericht-42023.html, Stand vom 15.01.2011.

3 Vgl. o. A., o. J., http://www.sunternehmensentwicklung.de/werte-im-unternehmen.html, Stand vom 15.01.2011.

4 Vgl. Mathony, 2005, http://www.innovations-report.de/html/berichte/studien/bericht-42023.html, Stand vom 15.01.2011.

5 Vgl. Baus [Strategische Zielsetzung von Familienunternehmen, 2006], S. 7 f.

6 Vgl. Baus [Die Familienstrategie, 2010], S. 87 ff.

7 Vgl. Meyer [Unternehmerfamilie und Familienunternehmen erfolgreich führen, 2007], S. 117.

8 Vgl. Juritsch [Der Sinn von Konflikten bei der Nachfolge im Familienunternehmen, 2008], S. 440.

9 Vgl. Experteninterview mit Herrn Bernhard Ölz, Rudolf Ölz Meisterbäcker GmbH, Dornbirn am 21.10.2010.

10 Vgl. Meyer [Unternehmerfamilie und Familienunternehmen erfolgreich führen, 2007], S. 121.

11 Vgl. Meyer [Unternehmerfamilie und Familienunternehmen erfolgreich führen, 2007], S. 118.

12 Vgl. Meyer [Unternehmerfamilie und Familienunternehmen erfolgreich führen, 2007], S. 19.

13 Vgl. Meyer [Unternehmerfamilie und Familienunternehmen erfolgreich führen, 2007], S. 20.

14 Vgl. Nohria/Groysberg/Lee [Personalführung, 2010] http://wissen.harvardbusinessmanager.de/wissen/leseprobe/59024741/artikel.html, Stand vom 27.11.2010, und Vgl. Morhart/Jenewein, 2010, http://wissen.harvardbusinessmanager.de/wissen/leseprobe/74209866/artikel.html, Stand vom 27.11.2010.

15 Vgl. Experteninterview mit Herrn Dr. Wolf Klammerth, Wietersdorfer Gruppe, Klagenfurt am 21.10.2010.

16 Vgl. Hennerkes/Berlin/Berlin, [Die Familie und ihr Unternehmen in Österreich, 2007], S. 125 ff.

17 Vgl. Hennerkes/Berlin/Berlin, [Die Familie und ihr Unternehmen in Österreich, 2007], S. 129 f.

18 Vgl. Experteninterview mit Herrn Bernhard Ölz, Rudolf Ölz Meisterbäcker GmbH, Dornbirn am 21.10.2010.

19 Vgl. Hennerkes/Berlin/Berlin, [Die Familie und ihr Unternehmen in Österreich, 2007], S. 131.

20 Vgl. Kempert, [Praxishandbuch für die Nachfolge im Familienunternehmen, 2008], S. 187.

21 Vgl. Huber/Kölln, [Nachfolge in Familienunternehmen, 2006], S. 166.

22 Vgl. Experteninterviews mit Herrn Bernhard Ölz, Rudolf Ölz Meisterbäcker GmbH, Dornbirn am 21.10.2010 und Herrn Dr. Wolf Klammerth, Wietersdorfer Gruppe, Klagenfurt am 21.10.2010.

23 Vgl. Pleininger [Wirtschaftsblatt online – 1].

24 Vgl. Pleininger [Wirtschaftsblatt online – 2].

9 — Unternehmenskultur gestalten

1 Vgl. Hadeler, Winter [Wirtschaftslexikon, 2000], S. 3166.

2 Unterreitmeier [Unternehmenskultur bei Mergers, 2004], S. 34.

3 Schierenbeck [Betriebswirtschaftslehre, 2003], S. 61.

4 Vgl. Schierenbeck [Betriebswirtschaftslehre, 2003], S. 61.

5 Vgl. Hadeler, Winter [Wirtschaftslexikon, 2000], S. 3167.

6 Vgl. Hinterhuber [Strategische Unternehmensführung II. Strategisches Handeln, 2004], S. 230.

7 Vgl. Kessell [Marktorientierte Unternehmenskultur als Erfolgsfaktor junger Unternehmen, 2007], S. 64.

8 Vgl. Herbst [Corporate Identity Aufbau einer einzigartigen Unternehmensidentität, 2009], S. 47.

9 Vgl. Albs [Wie man Mitarbeiter motiviert, 2005], S. 211.

10 Welch [Winning, 2004], S. 80.

11 Vgl. Welch [Winning, 2004], S. 322.

12 Vgl. Heimerl [Führen!: Statt R.A.B.I.A.T. Handeln, 2010], S. 171.

13 Vgl. Porter [Seven Surprises, 2004], S. 66 f.

14 Vgl. Porter [Seven Surprises, 2004], S. 69.

15 Vgl. Heimerl [Führen!: R.A.B.I.A.T. Handeln, 2010], S. 63.

16 Vgl. Hinterhuber [Strategische Unternehmensführung II. Strategisches Handeln, 2004], S. 229.

17 Vgl. Hinterhuber [Strategische Unternehmensführung II. Strategisches Handeln, 2004], S. 231.

18 Vgl. Herbst [Corporate Identity Aufbau einer einzigartigen Unternehmensidentität, 2009], S. 46 ff.

19 Vgl. Simon [Gabals großer Methodenkoffer Führung und Zusammenarbeit, 2008], S. 108 ff.

20 Heimerl [Führen!: Statt R.A.B.I.A.T. Handeln, 2010], S. 63.

21 Vgl. Schwarz [Konfliktmanagement, 2010], S. 15.

22 Vgl. Welch, [Winning, 2004], S. 154.

23 Welch [Winning, 2004], S. 80.

24 Vgl. Welch [Winning, 2004], S. 88.

25 Vgl. Welch [Winning, 2004], S. 81.

26 Welch [Winning, 2004], S. 81.

10 — Networking und Lobbying

1 Vgl. Scheddin [Erfolgsstrategie Networking, 2005], S. 42 ff.

2 Vgl. Pilz [Networking, Beziehungen und Kontakte nutzen, 2009], S. 7 ff.

3 Vgl. Fey [Kontakte knüpfen und beruflich nutzen, 2008], S. 27.

4 Vgl. Dignen [Giving and taking, 2010], S. 38 ff.

5 Vgl. Dignen [Giving and taking, 2010], S. 38 ff.

6 Vgl. Ibarra [Die drei Networking Strategien, 2007], S. 44 ff.

7 Vgl. Deekeling/Arndt [CEO-Kommunikation, 2006], S. 84 f.

8 Vgl. Scheddin [Erfolgsstrategie Networking, 2005], S. 57 ff.

9 Vgl. Scheddin [Erfolgsstrategie Networking, 2005], S. 42 ff.

10 Vgl. Scheddin [Erfolgsstrategie Networking, 2005], S. 91.

11 Vgl. Beyham [Start Networking, 2010].

12 Vgl. Fey [Kontakte knüpfen und beruflich nutzen, 2008], S. 94.

13 Vgl. Köppl [Power Lobbying, 2003], S. 192.

14 Vgl. Vondenhoff/Busch-Janser [Praxishandbuch Lobbying, 2008], S. 26 ff.

15 Vgl. Vondenhoff/Busch-Janser [Praxishandbuch Lobbying, 2008], S. 26 ff.

16 Vgl. Vondenhoff/Busch-Janser[Praxishandbuch Lobbying, 2008], S. 35 f.

17 Vgl. Köppl [Power Lobbying, 2003], S. 23.

18 Vgl. Köppl [Power Lobbying, 2003], S. 73.

19 Vgl. Köppl [Power Lobbying, 2003], S. 120.

20 Vgl. Köppl [Public Affairs Management, 2000], S. 159.

21 Vgl. Köppl [Public Affairs Management, 2000], S. 160.

22 Vgl. Vondenhoff/Busch-Janser [Praxishandbuch Lobbying, 2008], S. 170.

23 Vgl. McGrath [The Ideal Lobbyist, 2006], S. 71.

24 Vgl. Vondenhoff/Busch-Janser [Praxishandbuch Lobbying, 2008], S. 171.

25 Vgl. Vondenhoff/Busch-Janser [Praxishandbuch Lobbying, 2008], S. 172.

26 Vgl. McGrath [The Ideal Lobbyist, 2006], S. 73.

27 Vgl. Vondenhoff/Busch-Janser [Praxishandbuch Lobbying, 2008], S. 173.

11 — Corporate Social Responsibility

1 Vgl. Hardtke [Das CSR-Universum, 2010], S. 16 ff.

2 Vgl. Schlange [Die Herausforderung der CR Berichtserstattung, 2009], S. 304.

3 Vgl. Schlange [Die Herausforderung der CR Berichtserstattung, 2009], S. 304.

4 Vgl. Kleinfeld/Henze [Wenn der Maßstab fehlt, 2010], S. 51 ff.

5 Vgl. Münstermann [Corporate Social Responsibility, 2007], S. 33.

6 Vgl. Porter/Kramer [Wohltaten mit System, 2007], S. 16.

7 Vgl. Friesl [Erfolg und Verantwortung, 2008], S. 80 f.

8 Vgl. Habisch/Wildner/Wenzel [Corporate Citizenship, 2008], S. 14.

9 Vgl. Münstermann [Corporate Social Responsibility, 2007], S. 34.

10 Vgl. Münstermann [Corporate Social Responsibility, 2007], S. 71 f.

11 Vgl. Porter/Kramer [Wohltaten mit System, 2007], S. 16.

12 Vgl. Münstermann [Corporate Social Responsibility, 2007], S. 3.

13 Vgl. Hardtke [Das CSR-Universum, 2010], S. 39.

14 Vgl. Kleinfeld/Schnurr [CSR erfolgreich umsetzen, 2010], S. 327.

15 Vgl. Habisch/Wildner/Wenzel [Corporate Citizenship, 2008], S. 94 f.

16 Vgl. Porter/Kramer [Wohltaten mit System, 2007], S. 23 f.

17 Vgl. Köppl/Neureiter [Corporate Social Responsibility, 2004], S. 21.

18 Vgl. Kaufmann/Ehrgott/Reimann [Der Nutzen anständigen Wirtschaftens, 2008], S. 6.

19 Vgl. Kaufmann/Ehrgott/Reimann [Der Nutzen anständigen Wirtschaftens, 2008], S. 12.

20 Vgl. Friesl [Erfolg und Verantwortung, 2008], S. 93.

21 Vgl. Becker [Nachhaltigkeit als zentrales Managementthema, 2004], S. 268.

22 Vgl. Kleinfeld/Schnurr [CSR erfolgreich umsetzen, 2010], S. 286.

23 Vgl. Kleinfeld/Schnurr [CSR erfolgreich umsetzen, 2010], S. 297 f.

24 Vgl. Friesl [Erfolg und Verantwortung, 2008], S. 93.

25 Vgl. Habisch/Wildner/Wenzel [Corporate Citizenship, 2008], S. 29.

26 Vgl. Friesl [Erfolg und Verantwortung, 2008], S. 153.

27 Vgl. Kleinfeld/Schnurr [CSR erfolgreich umsetzen, 2010], S. 327.

28 Vgl. Kleinfeld/Schnurr [CSR erfolgreich umsetzen, 2010], S. 297 f.

29 Vgl. Habisch/Wildner/Wenzel [Corporate Citizenship, 2008], S. 15.

30 Vgl. Habisch/Wildner/Wenzel [Corporate Citizenship, 2008], S. 15.

31 Vgl. Habisch [Gesellschaftliches gagement als Managementaufgabe, 2006], S. 39.

32 Vgl. Habisch/Wildner/Wenzel [Corporate Citizenship, 2008], S. 130.

33 Vgl. Kleinfeld/Schnurr [CSR erfolgreich umsetzen, 2010], S. 347.

34 Vgl. Kleinfeld/Schnurr [CSR erfolgreich umsetzen, 2010], S. 342 ff.

35 Vgl. Hardtke [Das CSR-Universum, 2010], S. 40 f.

36 Vgl. Habisch/Wildner/Wenzel [Corporate Citizenship, 2008], S. 15.

37 Vgl. Becker [Nachhaltigkeit als zentrales Managementthema, 2004], S. 278.

38 Vgl. Becker [Nachhaltigkeit als zentrales Managementthema, 2004], S. 271.

39 Vgl. Habisch/Wildner/Wenzel [Corporate Citizenship, 2008], S. 29.

40 Vgl. Walter [Corporate Citizenship und Unternehmenskultur, 2008], S. 92.

41 Vgl. Kirchhoff [CSR als strategische Herausforderung, 2006], S. 23.

42 Vgl. Habisch [Gesellschaftliches Engagement als Win-Win-Szenario, 2006], S. 83.

43 Vgl. Porter/Kramer [Wohltaten mit System, 2007], S. 16.

44 Vgl. Habisch [Gesellschaftliches Engagement als Win-Win-Szenario, 2006], S. 83.

45 Vgl. Habisch [Gesellschaftliches Engagement als Win-Win-Szenario, 2006], S. 83.

46 Vgl. Sigmar [Verantwortungsvolle Unternehmensführung heute, 2007], S. 9.

47 Vgl. Horst/Albrecht [Corporate Responsibility, 2009], S. 299 ff.

48 Vgl. Horst/Albrecht [Corporate Responsibility, 2009], S. 301 f.

12 — Umgang mit den Medien

1 Vgl. Dees & Döbler [Public Relations als Aufgabe für Manager?, 2000], S. 27.
2 Vgl. Dees & Döbler [Public Relations als Aufgabe für Manager?, 2000], S. 22 f.
3 Vgl. Puttenat [Praxishandbuch Presse- und Öffentlichkeitsarbeit, 2007], S. 22.
4 Vgl. Mast [Unternehmenskommunikation, 2010], S. 314.
5 Vgl. Dees & Döbler [Public Relations als Aufgabe für Manager?, 2000], S. 23.
6 Vgl. Biehl [Der perfekte Auftritt, 2007], S. 20.
7 Vgl. Arndt [CEO-Kommunikation, 2006], S. 8 f.
8 Vgl. Immerschmitt [Profil durch PR, 2008], S. 115 f.
9 Vgl. Göttgens, Gelbert & Böing [CEO als Marke, 2003], S. 279.
10 Vgl. Biehl [Der perfekte Auftritt, 2007], S. 27.
11 Vgl. Wehmeier [Personalisierung der Unternehmenskommunikation, 2010], S. 102 ff.
12 Vgl. Immerschitt [Profil durch PR, 2008], S. 117.
13 Vgl. Wehmeier [Personalisierung d. Unternehmenskommunikation, 2010], S. 108.
14 Vgl. Immerschmitt [Profil durch PR, 2008], S. 121.
15 Vgl. Immerschmitt [Profil durch PR, 2008], S. 117.
16 Vgl. Immerschmitt [Profil durch PR, 2008], S. 121 f.
17 Vgl. Immerschmitt [Profil durch PR, 2008], S. 126.
18 Vgl. Immerschmitt [Profil durch PR, 2008], S. 126 ff.
19 Vgl. Immerschmitt [Profil durch PR, 2008], S. 124 ff.
20 Vgl. Barghop [Kommunikation im Corporate Change, 2008], S. 37.
21 Vgl. Ruisinger [Online Relations, 2007], S. 78 ff.
22 Vgl. Wirtz [Medien und Internetmanagement, 2010], S. 672.
23 Vgl. Siemann [Social Media, 2011].
24 Vgl. Meckel & Schmid [Unternehmenskommunikation, 2008], S. 365.
25 Vgl. Meckel & Schmid [Unternehmenskommunikation, 2008], S. 378.
26 Vgl. Puttenat [Praxishandbuch Krisenkommunikation], S. 15.
27 Vgl. Welch [Winning, 2005], S. 163.

13 — Emotional Selling – High-Level-Kommunikation mit Wirkung

1 Vgl. Scheler [Management der Emotionen, 1999], S. 22.
2 Vgl. Kang/Day/Meara [Emotional Intelligence, 2005], S. 93.
3 Vgl. Holzheu [Emotional Selling, 2004], S. 1 ff.
4 Vgl. Holzheu [Emotional Selling, 2004], S. 1 ff.
5 Vgl. Holzheu [Wer nicht lächeln kann, macht kein Geschäft, 2007], S. 57.
6 Vgl. Vogel [Top Emotional Selling, 2009], S. 56.
7 Vgl. Vogel [Top Emotional Selling, 2009], S. 54.
8 Vgl. Vogel [Top Emotional Selling, 2009], S. 49.
9 Vgl. Vogel [Top Emotional Selling, 2009], S. 61 f.
10 Vgl. Vogel [Top Emotional Selling, 2009], S. 48.
11 Vgl. Vogel [Emotionale Intelligenz. Werden Sie ein Gefühlsmanager, 2010].
12 Vgl. Vogel [Emotionale Intelligenz. Werden Sie ein Gefühlsmanager, 2010].
13 Vgl. Vogel [Emotionale Intelligenz. Werden Sie ein Gefühlsmanager, 2010].
14 Vgl. Golemann [EQ Emotionale Intelligenz, 1995], S. 65.
15 Vgl. Golemann [EQ Emotionale Intelligenz, 1995], S. 355.
16 Vgl. Caruso/Salovey [The Emotionally Intelligent Manager, 2004], S. 47 f.

14 — Investor Relations from the Top

1 Achleitner/Bassen/Fieseler [Finanzkommunikation. Die Grundlagen der Investor Relations, 2008], S. 263.
2 Vgl. Schnorrenberg [Investor Relations Management, Praxisleitfaden für die erfolgreiche Finanzkommunikation, 2008], S. 11.
3 Vgl. Piwinger [IR als Kommunikationsdisziplin, 2009], S. 14.
4 Vgl. Mest [Die fünf Regeln des Warren Buffet, 2011].
5 Vgl. Simon [Die Rolle des CEO im Investor Marketing, 2003], S. 241.
6 Vgl. Simon [Die Rolle des CEO im Investor Marketing, 2003], S. 250.
7 Vgl. Piwinger/Strauss [Investor Relations sind eine Bereicherung für die Kommunikationsdisziplin, 2002].
8 Vgl. Porák [Erfolgsmessung von Investor Relations, 2005] S. 185.
9 Vgl. Wolfram [Regulierungsumsetzung durch Compliance-Management], S. 233.
10 Vgl. Wolfram [Regulierungsumsetzung durch Compliance-Management], S. 246.
11 Vgl. Kirchhoff [Grundlagen der Investor Relations, 2001], S. 38.
12 Vgl. Kirchhoff [Grundlagen der Investor Relations, 2001], S. 40.
13 Vgl. Kirchhoff [Grundlagen der Investor Relations, 2001], S. 41.
14 Vgl. Kirchhoff [Grundlagen der Investor Relations, 2001], S. 38.
15 Vgl. Kirchhoff [Grundlagen der Investor Relations, 2001], S. 41.
16 Vgl. Droste [Praktiker Handbuch Investor Relations, 2001], S. 200.
17 Vgl. Droste [Praktiker Handbuch Investor Relations, 2001], S. 233 f.
18 Vgl. Droste [Praktiker Handbuch Investor Relations, 2001], S. 233 f.
19 Vgl. Eberhard [Glaubwürdigkeit als A und O, 2003].
20 Vgl. Eberhard [Glaubwürdigkeit als A und O, 2003].
21 Vgl. Piwinger/Strauss [Investor Relations sind eine Bereicherung für die Kommunikationsdisziplin, 2002].

15 — Selbstführung für Topmanager

1 Vgl. Kahler/Capers [The Miniscript, 1974].
2 Vgl. Hirt [Selbstführung, 2010].
3 Vgl. Hirt [Aus Prinzip erfolgreich, 2009].
4 Vgl. Watzlawick [Unglücklichsein, 2010].
5 Vgl. Drucker [Kunst sich selbst managen, 2009].
6 Vgl. Grün [Menschen führen, 2008].
7 Vgl. Grün [Menschen führen, 2008].
8 Vgl. Hirt [Selbstführung, 2010].
9 Vgl. Maslow [Motivation und Persönlichkeit, 1981].
10 Vgl. Stangier [Evolutionär führen, 1996].
11 Vgl. Drucker [Ideale Führungskraft, 1995].

12 Vgl. Essentials [Time Management, 2005].
13 Vgl. Seiwert [gehe langsam, 1998].
14 Vgl. Hirt [Rituale für Manager, 2010].
15 Vgl. Seiwert [gehe langsam, 1998].
16 Vgl. Covey [Weg zum Wesentlichen, 2001].
17 Vgl. Linneweh [Stressmanagement, 1998].
18 Vgl. Kaluza [Gelassen und sicher, 2007].
19 Vgl. Blank/Schröder [Stress erkennen, 2008].
20 Vgl. Linneweh [Stressmanagement, 1998].
21 Vgl. Schonert-Hirz [Meine Stressbalance, 2006].
22 Vgl. Kaluza [Gelassen und sicher, 2007].
23 Hirt [Selbstführung, 2010].
24 Vgl. Stock-Homburg/Bauer [Work-Life-Balance, 2007].
25 Fried/Hansson [Rework, 2010].
26 Vgl. Stock-Homburg/Bauer [Work-Life-Balance, 2007].
27 Vgl. Benton [How To, 2001].
28 Vgl. Peters [Little Big Things, 2010].
29 Vgl. Miedaner [Coach dich selbst, 2002].
30 Hirt [Selbstführung, 2010].

16 — Persönliche Sicherheit für Topmanager

1 Vgl. o. V. [Folder Bundesministerium für Inneres, o.J.], S. 3 f.
2 Vgl. o. V. [Folder Bundesministerium für Inneres, o.J.], S. 16.
3 Vgl. o. V. [Folder Bundesministerium für Inneres, o.J.], S. 7.
4 Vgl. o. V. [Folder Bundesministerium für Inneres, o.J.].
5 Vgl. o. V. [Siemens Building Technologies, o.J.].
6 Vgl. o. V. [Folder Bundesministerium für Inneres, o.J.], S. 7.
7 Vgl. o. V. [Folder Bundesministerium für Inneres, o.J.].
8 Vgl. o. V. [Folder Bundesministerium für Inneres, o.J.], S. 4 f.
9 Vgl. Lehmann [Sonderschutzfahrzeuge, 2009].
10 Vgl. o. V. [Folder Bundesministerium für Inneres, o.J.], S. 11 f.
11 Vgl. o. V. [Folder Bundesministerium für Inneres, o.J.], S. 9 f.
12 Vgl. o. V. [Industrie- und Handelskammer Hannover, 2007].

17 — Managerhaftung

1 Vgl. Kremslehner/Hörlsberger [Managerhaftung und Versicherung, 2007], S. 2.
2 Vgl. Napokoj [Corporate Compliance, 2010], S. 3.
3 Vgl. Löschnigg/Melzer-Azodanloo [Haftungsrecht, 2008], S. 97 ff.
4 Vgl. Bollenberger-Klemm [Geschäftsführerhaftung, 2007], S. 5 ff.
5 Vgl. Buchner [Haftung und strafrechtliche Verantwortung, 2007], S. 1.
6 Vgl. Fides [Managerhaftung, 2010].
7 Vgl. Löschnigg/Melzer-Azodanloo [Haftungsrecht, 2008], S. 81.
8 Vgl. Runggaldier/Schima [Manager-Dienstverträge, 2006], S. 149 ff.
9 Vgl. Bollenberger-Klemm [Geschäftsführerhaftung, 2007], S. 38.
10 Vgl. Ratka/Rauter [Handbuch Geschäftsführerhaftung, 2008], S. 72.
11 Vgl. Runggaldier/Schima [Manager-Dienstverträge, 2006], S. 152.
12 Vgl. Bollenberger-Klemm [Geschäftsführerhaftung, 2007], S. 41 f.
13 Vgl. Ratka/Rauter [Handbuch Geschäftsführerhaftung, 2008], S. 74 ff.
14 Vgl. Fritz [GmbH-Führung], S. 119.
15 Vgl. Bollenberger-Klemm [Geschäftsführerhaftung, 2007], S. 44 ff.
16 Vgl. Seidenberger [Haftungsansprüche, 2005].
17 Vgl. Bollenberger-Klemm [Geschäftsführerhaftung, 2007], S. 24 f.
18 Vgl. Ratka/Rauter [Handbuch Geschäftsführerhaftung, 2008], S. 58 f.
19 Vgl. Ratka/Rauter [Handbuch Geschäftsführerhaftung, 2008], S. 62.
20 Vgl. Bydlinski [Grundzüge Privatrecht, 2007], S. 255.
21 Vgl. Barta [Zivilrecht online, 2007].
22 Vgl. Ratka/Rauter [Handbuch Geschäftsführerhaftung, 2008], S. 63.
23 Vgl. Bydlinski [Grundzüge Privatrecht, 2007], S. 256 f.
24 Vgl. Ginthör/Hasch/Hochedlinger [GmbH-Geschäftsführer, 2006], S. 131 ff.
25 Vgl. Ratka/Rauter [Handbuch Geschäftsführerhaftung, 2008], S. 183.
26 Vgl. Küpper-Dirks [Managerhaftung, 2001], S. 17 f.
27 Vgl. Ginthör/Hasch/Hochedlinger [GmbH-Geschäftsführer, 2006], S. 141 ff.
28 Vgl. Ginthör/Hasch/Hochedlinger [GmbH-Geschäftsführer, 2006], S. 147 ff.
29 Vgl. Kittel [Handbuch Aufsichtsratmitglieder, 2006], S. 100 f.
30 Vgl. Dahnz/Grimminger [Manager und Berufsrisiko, 2007], S. 167 f.
31 Vgl. Dahnz/Grimminger [Manager und Berufsrisiko, 2007], S. 142 f.
32 Vgl. Dahnz/Grimminger [Manager und Berufsrisiko, 2007], S. 169.
33 Vgl. Kittel [Handbuch Aufsichtsratmitglieder, 2006], S. 377.
34 Vgl. Dahnz/Grimminger [Manager und Berufsrisiko, 2007], S. 141 ff.
35 Vgl. Napokoj [Corporate Compliance, 2010], S. 63.
36 Vgl. Eckardt [Geschäftsführer der GmbH, 2004], S. 121.
37 Vgl. Bollenberger-Klemm [Geschäftsführerhaftung, 2007], S. 169; 211 f.
38 Vgl. Fritz [Gesellschafts-/Unternehmensformen, 2008], S. 124 ff.; 136; 158 ff.
39 Vgl. Runggaldier/Schima [Manager-Dienstverträge, 2006], S. 154 ff.
40 Vgl. Fides [Managerhaftung, 2010].
41 Vgl. Buder-Steinhoff [GmbH Rechtsvergleich, 1996], S. 82.
42 Vgl. Napokoj [Corporate Compliance, 2010], S. 68.
43 Vgl. Runggaldier/Schima [Manager-Dienstverträge, 2006], S. 155.

18 — Eckpfeiler setzen Vision & Mission

1 Zitat: Antoine de Saint-Exupéry.
2 Vgl. Drucker[The Five], S. 13 ff.
3 Vgl. Drucker[The Five], S. 100.
4 Vgl. Lombriser/Abplanalp [Strategisches Management 2005], S. 52.
5 Vgl. Lombriser/Abplanalp [Strategisches Management 2005], S. 52.
6 Vgl. Lombriser/Abplanalp [Strategisches Management 2005], S. 49.
7 Vgl. http://en.wikipedia.org/wiki/IBM 17.11.2011.
8 Vgl. Drucker[The Five] S. 13 ff.
9 o. V. [Starbucks Mission Statement].
10 o. V. [Zumtobel Mission Statement].
11 o. V. [Google Mission Statement].
12 o. V. [WaltDisney Mission Statement].
13 Brecht [BWL für Führungskräfte, 2005], S. 34.
14 Vgl. Lombriser/Abplanalp [Strategisches Management, 2005], S. 246.

15 Vgl. http://www.telegraph.co.uk/technology/3357701/Bill-Gatess-dream-A-computer-in-every-home.html 17.11.2011.

16 Lombriser/Abplanalp [Strategisches Management, 2005], S. 243.

19 — Die Strategie entwickeln

1 Vgl. Von Oetinger [Das Boston Consulting Group Strategie-Buch], S. 59.

2 Vgl. Von Oetinger [Das Boston Consulting Group Strategie-Buch], S. 59.

3 Vgl. Lombriser/Abplanalp [Management, 2005], S. 22.

4 Vgl. Schreyögg [Handwörterbuch, 2004], S. 1388.

5 Vgl. Lombriser/Abplanalp [Management, 2005], S. 17.

6 Vgl. Camphausen [Strategisches Management, 2007], S. 116.

7 Vgl. Hinterhuber [Unternehmensführung, 2004], S. 45.

8 Vgl. Lombriser/Abplanalp [Management, 2005], S. 52.

9 Vgl. Lombriser/Abplanalp [Management, 2005], S. 49.

10 Vgl. Thompson/Strickland [Strategic Management, 1995], S. 38.

11 Vgl. Stöger [Strategieentwicklung für die Praxis, 2007], S. 27.

12 Vgl. Kaplan/Norton [Der effektive Strategieprozess, 2009], S. 23.

13 Vgl. Camphausen [Strategisches Management, 2007], S. 33 f.

14 Vgl. Porter [Wettbewerbsvorteile, 1999], S. 33 ff.

15 Vgl. Schermann/Siller/Volcic [Strategische Managementpraxis in Fallstudien, 2010], S. 42.

16 Vgl. Camphausen [Strategisches Management, 2007], S. 57 f.

17 Vgl. Kerth/Asum/Nührich [Die besten Strategietools in der Praxis, 2007], S. 50.

18 Vgl. Schermann/Siller/Volcic [Strategische Managementpraxis in Fallstudien, 2010], S. 52.

19 Vgl. Thommen/Achleitner [Allgemeine Betriebswirtschaftslehre, 2003], S. 705.

20 Vgl. Baum/Coenberg/Günther [Strategisches Controlling, 2007], S. 74.

21 Vgl. Bea/Haas [Strategisches Management, 2005], S. 136 ff.

22 Vgl. Schermann/Siller/Volcic [Strategische Managementpraxis in Fallstudien, 2010], S. 78.

23 Vgl. Camphausen [Strategisches Management, 2007], S. 111.

24 Vgl. Scheuss [Handbuch der Strategien, 2008], S. 98.

25 Vgl. Scheuss [Handbuch der Strategien, 2008], S. 98 f.

26 Vgl. Corsten [Grundlagen der Wettbewerbsstrategie, 1998], S. 162.

27 Vgl. Scheuss [Handbuch der Strategien, 2008], S. 100.

28 Vgl. Corsten [Grundlagen der Wettbewerbsstrategie, 1998], S. 162 f.

29 Vgl. Scheuss [Handbuch der Strategien, 2008], S. 100.

30 Vgl. Corsten [Grundlagen der Wettbewerbsstrategie, 1998], S. 93 f.

31 Vgl. Camphausen [Strategisches Management, 2007], S. 84.

32 Vgl. Camphausen [Strategisches Management, 2007], S. 85 ff.

33 Vgl. Camphausen [Strategisches Management, 2007], S. 89.

34 Vgl. Porter [Competitive Strategy, 1980], S. 38 ff.

35 Vgl. Höhn/Höppner [Das V-Modell XT, 2008], S. 34.

36 Vgl. Höhn/Höppner [Das V-Modell XT, 2008], S. 34.

37 Vgl. Simon [Managementtagung, 2000], S. 24.

38 Vgl. Chandler/Frisch [Strategiekonferenz, 2006], S. 76 ff.

39 Vgl. Simon [Managementtagung, 2000], S. 24 f.

40 Vgl. Chandler/Frisch [Strategiekonferenz, 2006], S. 84.

41 Vgl. Simon [Managementtagung, 2000], S. 27 f.

42 Vgl. Chandler/Frisch [Strategiekonferenz, 2006], S. 88.

20 — M&A-Strategien

1 Vgl. Broda [Grundstrukturen und -prozesse von Unternehmensakquisitionen, 2005], S. 147 ff.

2 Vgl. Lucks/Meckl [Internationale M&As, 2002], S. 6 ff.

3 Vgl. Freiling [Ressourcenmotivierte Mergers & Acquisitions, 2006], S. 11 ff.

4 Vgl. Kröger/Zeisel [Das Endspiel gewinnen, 2008], S. 60.

5 Vgl. Klesse [Mangel an Strategie, 2008], S. 78.

6 Vgl. Klesse [Mangel an Strategie, 2008], S. 78.

7 Vgl. Klesse [Mangel an Strategie, 2008], S. 78.

8 Vgl. Liebler [Fusion als strukturelle Sanierungsoption, 2006], S. 526.

9 Vgl. Von Keitz [Der Akquisitionsprozess, 2007], S. 42.

10 Vgl. Wirtz/Schilke [Akquisitionsmanagement, 2006], S. 321 f.

11 Vgl. Jansen [M&As Eine strategische Einführung, 2008], S. 254.

12 Vgl. Jansen [M&As Eine strategische Einführung, 2008], S. 250 ff.

13 Vgl. Wirtz/Schilke [Akquisitionsmanagement, 2006], S. 321 ff.

14 Vgl. Von Keitz [Der Akquisitionsprozess, 2007], S. 44.

15 Vgl. Klesse [Mangel an Strategie, 2008], S. 78.

16 Vgl. Deans/Kröger/Zeisel [Merger Endgames, 2002], S. 15.

17 Vgl. Deans/Kröger/Zeisel [Der Weg zum Weltkonzern, 2005], S. 10 f.

18 Vgl. Deans/Kröger/Zeisel [Der Weg zum Weltkonzern, 2005], S. 11.

19 Vgl. Kröger/Zeisel [Das Endspiel gewinnen, 2008], S. 61 f.

20 Vgl. Deans/Kröger/Zeisel [Der Weg zum Weltkonzern, 2005], S. 10 f.

21 Vgl. Kröger/Zeisel [Das Endspiel gewinnen, 2004], S. 60 f.

22 Vgl. Nick [Aktive M&A-Strategien gewinnen, 2003], S. 7.

23 Vgl. Furtner [Standardvorgehensmodelle für M&As, 2007], S. 329.

24 Vgl. Lucks [Nur systematisches Vorgehen bringt Erfolg, 2005], S. 14 ff.

25 Vgl. Lucks [Nur systematisches Vorgehen bringt Erfolg, 2005], S. 14 ff.

21 — Strategien umsetzen

1 Vgl. Götze/Mikus [Strategisches Management, 1999], S. 255.

2 Al-Laham [Strategieprozesse, 1997], S. 174.

3 Vgl. Hagman [Hürden der Strategieumsetzung, 2010].

4 Hagmann [Hürden der Strategieumsetzung, 2010].

5 Vgl. Hagmann [Hürden der Strategieumsetzung, 2010].

6 Vgl. Brache/Bodley-Scott [Erfolgsfaktoren der Strategieimplementierung, 2006], S. 16.

7 Vgl. Berend [Unternehmensstrategie, o. J.].

8 Vgl. Kolks [Strategieimplementierung, 1990], S. 256 ff.

9 Vgl. Kolks [Strategieimplementierung, 1990], S. 256 ff.

10 Vgl. Kolks [Strategieimplementierung, 1990], S. 256 ff.

11 Vgl. Kolks [Strategieimplementierung, 1990], S. 256 ff.

12 Vgl. Jossé [Balanced Scorecard, 2005], S. 3 f.

13 Vgl. Lombriser/Abplanalp [Strategisches Management, 2005], S. 356.

14 Vgl. Jossé [Balanced Scorecard, 2005], S. 13.
15 Vgl. Kaplan/Norton [BSC, 1997], S. 23 ff.
16 Vgl. Stöger [Nutzen der BSC, 2007], S. 27 f.
17 Voigt [Total Quality Management, o. J.].
18 Vgl. Grant/Nippa [Strategisches Management, 2006], S. 657.
19 Vgl. Hummel/Malorny [Total Quality Management, 2002], S. 7.
20 Vgl. Recklies [7-S-Modell, 2000].
21 Vgl. Weber [Marketingstrategien, 2008], S. 163.
22 Vgl. Recklies [7-S-Modell, 2000].
23 Vgl. Kasper/Mayrhofer [Organisationen als Kulturen, 2002], S. 99 f.
24 Vgl. Kasper/Mayrhofer [Organisationen als Kulturen, 2002], S. 99 f.
25 Vgl. Recklies [7-S-Modell, 2000].
26 Vgl. Graf [Sieben Erfolgskriterien für Unternehmen, o.J.].
27 Vgl. Pfeffer/Sutton [Wie aus Wissen Taten werden, 2001], S. 37.
28 Vgl. Brodbeck [Umsetzung der Strategie, 2001], S. 47.

22 — Schwierige Verhandlungen

1 Vgl. o. V. [hernsteininsitut Management Report, 2005].
2 Vgl. Pentland/Berinato [Harvard Business Review, 2010].
3 Vgl. Becker [Psychologisches Konfliktmanagement, 1996], S. 67 ff.
4 Vgl. Fisher [Das Harvard Konzept, 2006], S. 45 ff.
5 Vgl. Ury [Schwierige Verhandlungen, 1991], S. 15 ff.
6 Vgl. Püttjer [Die heimlichen Spielregeln der Verhandlung 2007], S. 63 ff.
7 Vgl. Fisher/Ury [Getting to Yes], S. 110 f.
8 Vgl. Püttjer [Die heimlichen Spielregeln der Verhandlung, 2007], S. 25 ff.
9 Vgl. Fisher [Das Harvard Konzept, 2006], S. 71 ff.

23 — Schwierige Entscheidungen

1 Vgl. Heller [Erfolgreich entscheiden, 2002], S. 7.
2 Vgl. Heller [Erfolgreich entscheiden, 2002], S. 18.
3 Vgl. Braun [Die (Psycho-)Logik des Entscheidens, 2010], S. 18.
4 Vgl. Hirt [Was Führungskräfte nicht delegieren dürfen, 2006].
5 Vgl. o. V. [Great CEO Decisions Brief Article].
6 Vgl. Heller [Erfolgreich entscheiden, 2002], S. 6.
7 Vgl. Weißhahn [Entscheidungsanalyse, 2001], S. 52.
8 Vgl. Gara/Hirt [Tag X Krisenmanagement, o.A.], S. 29.
9 Vgl. Suttrich [Entscheiden als Prozess, 2005], S. 17.

24 — Veränderungen umsetzen

1 Vgl. Oltmanns/Berger [Wie Veränderungsprojekte gelingen, 2010].
2 Schmelzer/Sesselmann [Geschäftsprozessmanagement in der Praxis, 2008], S. 18.
3 Vgl. Doppler [Der Change Manager, 2003], S. 10.
4 Vgl. Doppler/Lauterburg [Change Management, 2005], S. 24.
5 Vgl. Doppler/Lauterburg [Change Management, 2005], S. 24 ff.
6 Vgl. Doppler [Der Change Manager, 2003], S. 10.
7 Vgl. Doppler/Lauterburg [Change Management, 2005], S. 36.
8 Vgl. Doppler/Lauterburg [Change Management, 2005], S. 27.
9 Vgl. Doppler/Lauterburg [Change Management, 2005], S. 29.
10 Doppler/Lauterburg [Change Management, 2005], S. 88.
11 Vgl. Welch/Welch [Winning. Das ist Management, 2005], S. 150.
12 Vgl. Doppler [Der Change Manager, 2003], S. 91 f.
13 Vgl. Kotter [Leading Change: Why Transformation Efforts Fail], S. 16 ff.
14 Vgl. Doppler/Lauterburg [Change Management, 2005], S. 151 f.
15 Vgl. Doppler [Der Change Manager, 2003], S. 29.
16 Vgl. Berner [Change!, 2010], S. 97.
17 Vgl. Doppler/Lauterburg [Change Management, 2005], S. 163.
18 Vgl. Welch/Welch [Winning. Das ist Management, 2005], S. 153 f.
19 Vgl. Doppler/Lauterburg [Change Management, 2005], S. 163.
20 Vgl. Welch/Welch [Winning. Das ist Management, 2005], S. 156.
21 Vgl. Becker [Neue Herausforderungen im Personalmanagement], S. 70.
22 Vgl. Doppler [Der Change Manager, 2003], S. 25.
23 Vgl. Kotter [Wie Manager richtig führen, 1999], S. 40 ff.
24 Vgl. Doppler [Der Change Manager, 2003], S. 23.
25 Vgl. Boyett [Managementguide, 1999], S. 73 ff.
26 Vgl. Kotter [Wie Manager richtig führen, 1999], S. 61 f.
27 Vgl. Doppler/Lauterburg [Change Management, 2005], S. 103.
28 Vgl. Doppler [Der Change Manager, 2003], S. 31 f.
29 Vgl. Doppler/Lauterburg [Change Management, 2005], S. 120 f.
30 Vgl. Boyett [Managementguide, 1999], S. 77.

25 — M&A-Transaktionen durchführen

1 Vgl. Eberl [Der M&A Prozess, 2009], S. 80.
2 Vgl. Eiffe/Mölzer [Mergers & Acquisitions Unternehmensacquisitionen, 1993], S. 17.
3 Vgl. HIRT&FRIENDS.
4 Vgl. Eder/Schmid-Schmidsfelden [Das Joint Venture Arbeitshandbuch, 1991], S. 13.
5 Vgl. Eiffe/Mölzer [Mergers & Acquisitions Unternehmensacquisitionen, 1993], S. 21.
6 Vgl. Jansen [Mergers & Acquisitions, 2001], S. 177.
7 Vgl. Klien [Verhandlungstechnik bei Fusionen und M&A Transaktionen, 2010], S. 3.
8 Vgl. Klien [Verhandlungstechnik bei Fusionen und M&A Transaktionen, 2010], S. 6.
9 Vgl. Klien [Verhandlungstechnik bei Fusionen und M&A Transaktionen, 2010], S. 6.
10 Vgl. Hohnhaus [Erfolg der M&A Beratung bei Unternehmenstransaktionen, 2004], S. 126.
11 Vgl. Jansen [Mergers & Acquisitions, 2001], S. 179.
12 Vgl. Jansen [Mergers & Acquisitions, 2001], S. 180.
13 Vgl. Eder/Schmid-Schmidsfelden [Das Joint Venture Arbeitshandbuch, 1991], S. 21.
14 Vgl. Eder/Schmid-Schmidsfelden [Das Joint Venture Arbeitshandbuch, 1991], S. 25.
15 Vgl. Gerds [Ein Notfall Team für die Integration, 2010].
16 Vgl. Klien [Verhandlungstechnik bei Fusionen und M&A Transaktionen, 2010], S. 9.
17 Vgl. Picot [Handbuch Mergers & Acquisitions, 2008], S. 159.
18 Vgl. Eder/Schmid-Schmidsfelden [Joint-Venture Handbuch, 1991], S. 26 f.

19 Vgl. Picot [Handbuch Mergers & Acquisitions, 2008], S. 518.

20 Vgl. Uder/Jung [Rolle von Human Resources bei Mergers & Acquisitions, 2002], S. 15 ff.

21 Vgl. Beitel/Mußhoff/Uhlaner [Erfolg in M&A, 2010].

22 Vgl. Hesselmann/Kunath [M&A-Controlling bei der Verlagsgrupe Georg von Holtzbrinck, 2009], S. 11.

23 Vgl. Picot [Handbuch Mergers & Acquisitions, 2008], S. 167.

24 Vgl. Eberl [Der M&A Prozess, 2009], S. 81.

25 Vgl. Hesselmann/Kunath [M&A-Controlling bei der Verlagsgrupe Georg von Holtzbrinck, 2009], S. 11.

26 Vgl. Kranebitter [Due Diligence, 2002], S. 37.

27 Vgl. Kranebitter [Due Diligence, 2002], S. 39 f.

28 Vgl. Balz/Arlinghaus [Praxisbuch Mergers & Acquisitions, 2007], S. 48.

29 Vgl. Balz/Arlinghaus [Praxisbuch Mergers & Acquisitions, 2007], S. 48.

30 Vgl. Macharzina/Wolf [Unternehmensführung, Das internationale Managementwissen, 2010], S. 605.

31 Vgl. Balz/Arlinghaus [Praxisbuch Mergers & Acquisitions, 2007], S. 48 f.

26 — Mit M&As Wert schaffen

1 Vgl. Picot [Handbuch Mergers & Acquisitions, 2008], S. 450.

2 Vgl. Keuper/Häfner/von Glahn [Der M&A-Prozess, 2006], S. 43 ff.

3 Vgl. Picot [Handbuch Mergers & Acquisitions, 2008], S. 452.

4 Vgl. Picot [Handbuch Mergers & Acquisitions, 2008], S. 453.

5 Vgl. Picot [Handbuch Mergers & Acquisitions, 2008], S. 464.

6 Vgl. Gerds/Schewe [Post Merger Integration, 2009], S. 36 f.

7 Vgl. Wirtz [Mergers & Acquisitions Management, 2003], S. 192.

8 Vgl. Picot [Handbuch Mergers & Acquisitions, 2008], S. 509.

9 Vgl. Sünderhauf [Transaktionen erfolgreich managen, 2009], S. 362 f.

10 Vgl. Papathanassis [Post Merger Integration, 2004], S. 56 f.

11 Vgl. Sünderhauf [Transaktionen erfolgreich managen, 2009], S. 363.

12 Sünderhauf [Transaktionen erfolgreich managen, 2009], S. 365.

13 Vgl. Sünderhauf [Transaktionen erfolgreich managen, 2009], S. 365.

14 Vgl. Sünderhauf [Transaktionen erfolgreich managen, 2009], S. 365.

15 Vgl. Ghosn [Saving the business without losing the company, 2002], S. 37 ff.

16 Vgl. Thornton [Remaking Nissan, 1999], S. 70 ff.

27 — Erfolg messen und steuern

1 Vgl. Eschenbach/Siller [Controlling professionell, 2010], S. 23.

2 Vgl. Lombriser/Abplanalp [Strategisches Management, 2005], S. 23.

3 Vgl. Hennig et al. [100 Kennzahlen der Balanced Sorecard, 2008], Einführung.

4 Vgl. Friedag/Schmidt [Balanced Scorecard, 2001], S. 166.

5 Vgl. Kaplan/Norton [Balanced Scorecard, 1997], S. 142.

6 Vgl. Kaplan/Norton [Balanced Scorecard, 1997], S. 143.

7 Vgl. Kaplan/Norton [Balanced Scorecard, 1997], S. 48.

8 Vgl. Horvàth/Partners [Balanced Scorecard umsetzen, 2004], S. 45.

9 Vgl. Küpper [Controlling, 2001], S. 370.

10 Weber/Hamprecht [Integrierte Planung, 1997], S. 12.

11 Vgl. Interview Fojtl W., Geschäftsführender Gesellschafter der Fa. Silberball Gruppe GmbH.

12 Philip Kotler: http://www.kotler-marketing.com.

13 Vgl. Lafley [Harvard Business Manager, 2009], S. 54.

14 Vgl. Kaplan/Norton [Balanced Scorecard, 1997], S. 24 ff.

15 Vgl. Kaplan/Norton [Balanced Scorecard, 1997], S. 25 f.

16 Vgl. Kaplan/Norton [Balanced Scorecard, 1997], S. 25.

17 Vgl. Morganski [Balanced Scorecard, 2001], S. 77.

18 Vgl. Friedag/Schmidt [Balanced Scorecard, 2002], S. 135 ff.

19 Vgl. Kaplan/Norton [Balanced Scorecard, 1997], S. 121.

20 Vgl. Senge [Lernende Organisation, 2008], S. 1 ff.

21 Vgl. Leitl/Sackmann [Harvard Business Manager, 2009], S. 39.

22 Vgl. Kaplan/Norton [Balanced Scorecard, 1997], S. 121.

23 Vgl. Kaplan/Norton [Balanced Scorecard, 1997], S. 123.

24 Vgl. Kaplan/Norton [Balanced Scorecard, 1997], S. 126 ff.

25 Vgl. Kaplan/Norton [Balanced Scorecard, 1997], S. 130.

26 Vgl. Kaplan/Norton [Balanced Scorecard, 1997], S. 134.

28 — Führen in der Krise

1 Vgl. Bergauer [Führen aus der Unternehmenskrise, 2003], S. 18 f.

2 Vgl. Covey/Whitman [Führen unter neuen Bedingungen, 2009], S. 11 f.

3 Vgl. Covey/Whitman [Führen unter neuen Bedingungen, 2009], S. 13 f.

4 Vgl. Simon [33 Sofortmaßnahmen gegen die Krise, 2009], S. 174.

5 Vgl. Simon [33 Sofortmaßnahmen gegen die Krise, 2009], S. 155 f.

6 Vgl. Endres/Werle [Hurra wir leben noch, 2009], S. 94 ff.

7 Vgl. Goldfuß [Führen in schwierigen Zeiten, 2010], S. 87 ff.

8 Vgl. Oetinger [Leadership in a Time of Uncertainty, 2002].

9 Vgl. Duck/Greeland [Accelerating Out of the Downturn, 2002].

10 Vgl. Goldfuß [Führen in schwierigen Zeiten, 2010], S. 53.

11 Interview mit Herrn Mag. Andreas Treichl, www.hirtandfriends.at 14.01.2011.

12 Vgl. Sutton [Gut führen in schlechten Zeiten, 2009], S. 61 ff.

13 Covey/Whitman [Führen unter neuen Bedingungen, 2009], S. 105.

14 Vgl. Goldfuß [Führen in schwierigen Zeiten, 2010], S. 81 f.

15 Vgl. Sutton [Gut führen in schlechten Zeiten, 2009], S. 61 ff.

29 — Sanierungen und Turnarounds

1 Vgl. Hornstein [Modellgestützte Optimierung des Führungsstils während eines Turnarounds, 2009], S. 55 f.

2 Vgl. Hornstein [Modellgestützte Optimierung des Führungsstils während eines Turnarounds, 2009], S. 55.

3 Vgl. Hering/Zeiner [Controlling für alle Unternehmensbereich, 1995], S. 224.

4 Reichling/Bietke/Henne [Praxishandbuch Risikomanagement und Rating, 2007], S. 254.

5 Vgl. Sust [Riskiomanagement bei Private Equity], S. 65.

6 Vgl. Reichling/Bietke/Henne [Praxishandbuch Risikomanagement und Rating, 2007], S. 254.

7 Vgl. Arlinghaus O. [Praxishandbuch Turnaround Management, 2007], S. 114.

8 Vgl. Feldbauer-Durstmüller/Mayr [Unternehmenssanierung in der Praxis, 2009], S. 135 f.

9 Vgl. Arlinghaus O. [Praxishandbuch Turnaround Management, 2007], S. 115.
10 Vgl. Puchleitner [PR in Krisenzeiten, 1994], S. 36.
11 Vgl. Roselieb [Kommunikation in der Krise, 2009], S. 11.
12 Vgl. Hutzschenreuter/Griess-Nega [Krisenmanagement, 2006], S. 459.
13 Vgl. Roselieb [Kommunikation in der Krise, 2009], S. 10 f.
14 Vgl. Roselieb [Kommunikation in der Krise, 2009], S. 10.
15 Vgl. Seefelder [Unternehmenssanierung, 2007], S. 119.
16 Vgl. Seefelder [Unternehmenssanierung, 2007], S. 125.
17 Vgl. Seefelder [Unternehmenssanierung, 2007], S. 125 ff.
18 Vgl. Fraenkler [Unternehmenssanierung, 2006], S. 222 f.
19 Vgl. Fraenkler [Unternehmenssanierung, 2006], S. 224 f.
20 Vgl. Fraenkler [Unternehmenssanierung, 2006], S. 224 f.
21 Vgl. Fraenkler [Unternehmenssanierung, 2006], S. 226 ff.

30 — Frauen an der Spitze

1 Vgl. Aichhorn [Offene Grenzen für Managerinnen, 2004], S. 110.
2 Vgl. Lassnig/Pastner/Wagner [Frauenkarrieren und Arbeitsmarktpolitik, 1995], S. 67.
3 Vgl. Goldberg/Rosenberger [Karrieren Frauen Konkurenz, 2002], S. 91.
4 Vgl. Aichhorn [Offene Grenzen für Managerinnen, 2004], S. 79.
5 Vgl. Aichhorn [Offene Grenzen für Managerinnen, 2004], S. 80.
6 Vgl. Aichhorn [Offene Grenzen für Managerinnen, 2004], S. 107.
7 Vgl. Brooks [7 Geheimnisse, 2000], S. 33.
8 Vgl. Brown/Brady [Karriere-Strategien, 1995], S. 166.
9 Vgl. Brooks [7 Geheimnisse, 2000], S. 33 ff.
10 Vgl. Brooks [7 Geheimnisse, 2000], S. 35.
11 Vgl. Brooks [7 Geheimnisse, 2000], S. 35.
12 Vgl. Brooks [7 Geheimnisse, 2000], S. 107.
13 Vgl. Enkelmann [Waffen einer klugen Frau, 2008], S. 197 f.
14 Vgl. Bayer [Leben und Arbeiten, 2010].
15 Vgl. Ruck [Souveräner Auftritt für Frauen, 2009], S. 59 f.
16 Vgl. Brooks [Die 7 Geheimisse, 2000], S. 157.
17 Vgl. Schlembach [Die Unternehmerfrau, 2009], S. 175.
18 Vgl. Reichel [111 Tipps für Frauen im Beruf, 2010], S. 225.
19 Vgl. Endres [Damenwahl, 2011], S. 111 f.
20 Vgl. Peseschkian [Erschöpfung und Überlastung positiv bewältigen, 2003], S. 8.
21 Rebel [Work-Life-Balance für freche Frauen, 2007], S. 187.
22 Vgl. Hausmann/Tyson/Zahidi [Global Gender Gap Report, 2010].
23 Vgl. Schnatmeyer [Frauen und Führung, 2003], S. 21.
24 TOTAL E-QUALITY: http://www.total-e-quality.de/.
25 NAFE: http://www.nafe.com/.
26 Catalyst: http://www.catalyst.org/.
27 Vgl. Schnatmeyer [Frauen und Führung, 2003], S. 20 f.
28 Vgl. Catalyst [The Bottom Line, 2004], S. 12.
29 Vgl. Endres [Damenwahl, 2011], S. 110.

31 — Aufsichtsrat, was nun?

1 Vgl. Deutsche Bank [Bank- und Börsenlexikon, 2010].
2 Vgl. Arbeiterkammer Wien [Rechte im Aufsichtsrat, 2010].
3 Vgl. Ginthör [Der Aufsichtsrat, 2005], S. 163.
4 Vgl. Gagawzuk et al. [Der Aufsichtsrat, 2004], S. 85.
5 Vgl. Grashäftl [WKO Treuepflicht, 2010].
6 Vgl. Aktiengesetz, § 95.
7 Vgl. Kraßnig [Anforderungsprofil, 2009], S. 1 ff.
8 Vgl. Grashäftl [WKO Qualifikation, 2010].
9 Vgl. Kraßnig [Anforderungsprofil, 2009], S. 16.
10 Vgl. Interview mit Hr. Holger Linhart, Aufsichtsratsvorsitzender der Service Mensch GmbH (Volkshilfe NÖ) sowie ehemaliger Aufsichtsrat der Fachhochschule Wiener Neustadt für Wirtschaft und Technik GmbH.
11 Vgl. Gagawzuk et al. [Der Aufsichtsrat, 2004], S. 120 ff.
12 Vgl. Interview mit Hr. Holger Linhart.
13 Vgl. Gagawzuk et al. [Der Aufsichtsrat, 2004], S. 199.
14 Vgl. Grashäftl [WKO Grundätze, 2010].

32 — Capital Raising Venture Capital und Private Equity

1 Vgl. Boué [Wie komme ich zu VC, 2008], S. 8.
2 Vgl. Eckstaller/Huber [PE und VC, 2005], S. 11 f.
3 Vgl. Hess [Private Equity 2007], S. 15 f.
4 Vgl. Hackl/Jandl [Beteiligungsfinanzierung durch VC und PE, 2004], S. 197 f.
5 Vgl. Baltzer [Die Bedeutung des VC, 2000], S. 2.
6 Vgl. Hackl/Jandl [Beteiligungsfinanzierung durch VC und PE, 2004], S. 197 f.
7 Vgl. Boué [Wie komme ich zu VC, 2008], S. 54 f.
8 Vgl. Boué [Wie komme ich zu VC, 2008], S. 55 f.
9 Vgl. Aslan [Experteninterview, 2010].
10 Vgl. o. V. [Service der AVCO, 2010].
11 Vgl. HIRT&FRIENDS [Nine phases of an investor search, 2009], S. 34 ff.
12 Vgl. Boué [Wie komme ich zu VC, 2008], S. 66.
13 Vgl. HIRT&FRIENDS [Nine phases of an investor search, 2009], S. 34 ff.
14 Vgl. Muzik [Der Weg zu frischem Kapital, 2006], S. 11.
15 Vgl. Camp [VC Due Diligence, 2002], S. 6.
16 Vgl. HIRT&FRIENDS [Nine phases of an investor search, 2009], S. 34 ff.
17 Vgl. Boué [Wie komme ich zu VC, 2008], S. 24.
18 Vgl. HIRT&FRIENDS [Nine phases of an investor search, 2009], S. 34 ff.
19 Vgl. Muzik [Der Weg zu frischem Kapital, 2006], S. 12.
20 Vgl. Nesheim [High Tech Start-Up, 2000], S. 39 f.
21 Vgl. Nesheim [High Tech Start-Up, 2000], S. 183 f.

33 — Umgang mit unfreundlichen Investoren

1 Vgl. Macharzina/Wolf [Unternehmensführung, 2010], S. 126.
2 Vgl. Pinner [Der Vormarsch der lästigen Investoren, 2007], S. 40.
3 Vgl. Engelhardt [Activist Investing aus Unternehmenssicht, 2008], S. 194 f.
4 Vgl. Engelhardt [Activist Investing aus Unternehmenssicht, 2008], S. 194.

5 Vgl. Engelhardt [Activist Investing aus Unternehmenssicht, 2008], S. 194.

6 Vgl. Engelhardt [Activist Investing aus Unternehmenssicht, 2008], S. 194.

7 Vgl. Seifert [Invasion der Heuschrecken, 2006], S. 40.

8 Vgl. Interview mit Herrn Mag. Andreas Treichl, www.hirtandfriends.at 14.1.2011.

9 Vgl. Seifert [Invasion der Heuschrecken, 2006], S. 40.

10 Vgl. Fischer/Herold [Berufsopponenten, 2007], S. 50 f.

11 Vgl. Schnorrenberg [Investor Relations Management, 2008], S. 119.

12 Vgl. Ebel/Hofer [Investor Marketing, 2003], S. 29.

13 Vgl. Ebel/Hofer [Investor Marketing, 2003], S. 71.

14 Vgl. Engelhardt [Activist Investing aus Unternehmenssicht, 2008], S. 194.

15 Vgl. Engelhardt [Activist Investing aus Unternehmenssicht, 2008], S. 194 f.

16 Vgl. Engelhardt [Activist Investing aus Unternehmenssicht, 2008], S. 194 f.

17 Interview mit Herrn Mag. Andreas Treichl, www.hirtandfriends.at 14.1.2011.

18 Vgl. Biedermann [Robin Hood der Kleinaktionäre?, 2005], S. 9 f.

34 — Finance für Topmanager

1 Vgl. Berman/Knight/Case [Financial intelligence, 2006], S. 29.

2 Vgl. Berman/Knight/Case [Financial intelligence, 2006], S. XII.

3 Vgl. Becker [Investition und Finanzierung, 2009], S. 38.

4 Vgl. Becker [Investition und Finanzierung, 2009], S. 29 f.

5 Vgl. Becker [Investition und Finanzierung, 2009], S. 29.

6 Vgl. Becker [Investition und Finanzierung, 2009], S. 30.

7 Vgl. Mensch [Investition, 2002], S. 40.

8 Vgl. Mensch [Investition, 2002], S. 40.

9 Vgl. Becker [Investition und Finanzierung, 2009], S. 39.

10 Vgl. Becker [Investition und Finanzierung, 2009], S. 30.

11 Vgl. Haasis [Praxishandbuch für eine erfolgreiche Unternehmenspolitik, 2007], S. 256.

12 Vgl. Stadler [Die neue Unternehmensfinanzierung, 2004], S. 59 f.

13 Vgl. Haasis [Praxishandbuch für eine erfolgreiche Unternehmenspolitik, 2007], S. 256 f.

14 Vgl. Copeland [Finanzierungstheorie und Unternehmenspolitik, 2008], S. 764.

15 Vgl. Stadler [Die neue Unternehmensfinanzierung, 2004], S. 59.

16 Vgl. Wildt [Working Capital Management, o.J.].

17 Vgl. Schawel/Billing [Top 100 Management Tools, 2009], S. 208.

18 Vgl. Boemle [Unternehmensfinanzierung, 1995], S. 353 f.

19 Vgl. Boemle [Unternehmensfinanzierung, 1995], S. 353 f.

35 — Der gekonnte Abgang

1 Vgl. Kunisch [Strategische Führung, 2010], S. 89.

2 Vgl. Bower [Führungskräfteentwicklung, 2008].

3 Vgl. IHK Rhein-Neckar [Studie, o. J.].

4 Vgl. Klimecki/Gmür [Personalmanagement, 2005], S. 163.

5 Vgl. Horan [Interview, 2010].

6 Kimes [P&G, 2009].

7 Kimes [P&G, 2009].

8 Vgl. Kunisch [Strategische Führung, 2010], S. 89.

9 Vgl. Kunisch [Strategische Führung, 2010], S. 90.

10 Vgl. Hillengaß/Nökel [Strategien für Generationswechsel, 1999], S. 31 ff.

11 Vgl. Management Sciences For Health, Inc. [Dimensions, 1999].

12 Vgl. Andrzejewski [Trennungskultur, 2004], S. 194.

13 Vgl. Horan [Interview, 2010].

14 Vgl. Management Sciences For Health, Inc. [Personal Dimension, 1999].

15 Vgl. Beeson [Der Unersetzbare, 2006].

16 Vgl. Management Sciences For Health, Inc. [Plan for Transition, 1999].

17 Vgl. Hillengaß/Nökel [Strategien für Generationswechsel, 1999], S. 31.

18 Vgl. Porter/Lorsch/Nohira [Seven Surprises, 2004], S. 2 ff.

19 Arndt/Deekeling [CEO-Kommunikation, 2006], S. 185.

20 Vgl. Hillengaß/Nökel [Strategien für Generationswechsel, 1999], S. 39 f.

21 Vgl. Horan [Interview, 2010].

22 Vgl. Hillengaß/Nökel [Strategien für Generationswechsel, 1999], S. 44.

23 Vgl. Hillengaß/Nökel [Strategien für Generationswechsel, 1999], S. 208.

24 Vgl. Lienhard/Suter, 2005, S. 46.

25 Vgl. Arndt/Deekeling [CEO-Kommunikation, 2006], S. 191.

26 Vgl. Hillengaß/Nökel [Strategien für Generationswechsel, 1999], S. 220 f.

27 Vgl. Arndt/Deekeling [CEO-Kommunikation, 2006], S. 191.

28 Vgl. Hillengaß/Nökel [Strategien für Generationswechsel, 1999], S. 215.

29 Vgl. Arndt/Deekeling [CEO-Kommunikation, 2006], S. 185 f.

30 Vgl. Hillengaß/Nökel [Strategien für Generationswechsel, 1999], S. 220.

31 Vgl. Lienhard/Suter [Nachfolge, 2005], S. 18 f.

32 Vgl. Hillengaß/Nökel [Strategien für Generationswechsel, 1999], S. 46.

33 Vgl. Hillengaß/Nökel [Strategien für Generationswechsel, 1999], S. 210.

34 Vgl. Hillengaß/Nökel [Strategien für Generationswechsel, 1999], S. 46.

35 Vgl. Arndt/Deekeling [CEO-Kommunikation, 2006], S. 193.

36 — Das Leben danach

1 Vgl. Ahrens, Pittner [Mit 60 am Ende, 1997], S. 2 ff.

2 Freisinger [Manager auf Entzug, 2008], Teil 4.

3 Vgl. Langmaack [Ruhestand, 2002], S. 61 ff.

4 Vgl. Demmer [Es gibt ein Leben nach dem Job, 1996].

5 Vgl. Chapman [Hurra, es ist Feierabend!, 1996], S. 42 ff.

6 Vgl. Endres/Werle [Die Alpha Rentner, 2010], S. 107 ff.

7 Vgl. Chapman [Hurra, es ist Feierabend!, 1996], S. 80.

8 Vgl. Endres/Werle [Die Alpha Rentner, 2010], S. 108 f.

9 Vgl. [Österreichischer Corporate Governance Kodex, 2010].

10 Freisinger [Manager auf Entzug, 2008], Teil 2.

11 Vgl. Chapman [Hurra, es ist Feierabend!, 1996], S. 121 ff.

12 Vgl. Endres/Werle [Die Alpha Rentner, 2010], S. 107 f.

13 Vgl. Endres/Werle [Die Alpha Rentner, 2010], S. 110 f.

14 Vgl. o. V. [Was macht eigentlich… 9/2009], S. 139.

15 Vgl. o. V. [Was macht eigentlich… 5/2009].

Autoren- und Literaturverzeichnis

1 — Der Weg an die Spitze

Autoren

Christian Bader, Stefanie Fallnbügl, Stefan Spacil, Sandra Tabojer

Literaturverzeichnis

Cobaugh, H.; Schwerdtfeger, S.: Work-Life-Balance – So bringen Sie Ihr Leben (wieder) ins Gleichgewicht, Frankfurt am Main 2005

Goldsmith, M.: So werden Sie CEO, In: Harvard Business Manager 3/2009

Groysberg, B.; Abrahams, R.: So gelingt der Jobwechsel, http://wissen.harvardbusinessmanager.de/wissen/leseprobe/69111694/artikel.html?backUrl=http%3A%2F%2Fwissen.harvardbusinessmanager.de%2Fwissen%2Fstatic%2Ftrefferliste.html%3FoptZeitraum%3D1979%26qShop%3Don%26suchbegriff%3DJobwechsel%26qArtikel%3Don%26optSucheIn%3Dkopftext%26 29.11.2010

Knitter, H.: CEO Succession, http://content.spencerstuart.com/sswebsite/pdf/lib/CEO2_qxd.pdf 11.11.2010

Michalk, S.; Nieder, P.: Erfolgsfaktor Work-Life-Balance, Weinheim 2007

Nitzsche, S.: Management – Vom Umgang mit Kunden, http://nitzsche.info/de.pub-6-management-kunden.php 26.12.2010

Perlow, L.; Porter, J.: Work-Life-Balance – Weniger arbeiten – mehr leisten, http://wissen.harvardbusinessmanager.de/wissen/leseprobe/68095773/artikel.html?backUrl=http%3A%2F%2Fwissen.harvardbusinessmanager.de%2Fwissen%2Fstatic%2Ftrefferliste.html%3FoptZeitraum%3D1979%26qShop%3Don%26suchbegriff%3DZeitmanagement%26qArtikel%3Don%26optSucheIn%3Dkopftext%26 29.11.2010

Rebel, N.: Work-Life-Balance für freche Frauen – Beruf und Leben im Einklang, Heidelberg 2007

Reingold, J.: CEO Swap – Fortune Magazine, http://money.cnn.com/2009/11/19/news/companies/procter_gamble_lafley.fortune/index.htm 11.11.2010

Seeger, C. [Hrsg.]: Karriere – Rat suchen – Weichen stellen – Unternehmen leiten, Frankfurt 2005

Sun Tsu; Clavell, J.: Die Kunst des Krieges, Hamburg 2008

2 — Ihre ersten 100 Tage als CEO – für Aufsteiger

Autoren

Katharina Deli, Roxane Huber, Veronika Koch, Denis Loschek, Bernadette Prassl

Literaturverzeichnis

Dehner, U.; Dehner, R.: Als Chef akzeptiert – Konfliktlösungen für junge Führungskräfte, Frankfurt am Main/New York 2001

Drühe-Wienholt, C.: Plötzlich Führungskraft – Tipps und Tools für effektives Management, Business Village 2008

Ducasse, P.; Lutz, T.: Assuming Leadership – The First 100 Days, The Boston Consulting Group 2003

Fischer, P.: Neu auf dem Chefsessel – Erfolgreich durch die ersten 100 Tage, Heidelberg 2007

Frenzel, R.: Das erste Mal Chef – Ratgeber für die erfolgreiche Karriere, Freiburg 2008

Goleman, D.; Boyatzis, R.; McKee, A.: Emotionale Führung, Berlin 2005

Hofbauer, H.; Kauer, A.: Einstieg in die Führungsrolle – Praxisbuch für die ersten 100 Tage, München 2009

Kestel, C.: 100-Tage-Bilanz – Wie gut sind Sie als Chef?, http://www.harvardbusinessmanager.de/strategien/artikel/a-621332.html 15.11.2010

Khan, K. U.; Farooq, S. U.; Ullah, M. I.: The Relationship between Rewards and Employee – Motivation in Commercial Banks of Pakistan – Research Journal of International Studies, http://www.eurojournals.com/rjis_14_06.pdf 5.11.2010

Koch, R.: Die ersten 100 Tage als Chef – Das Trainingsprogramm für Vorgesetzte, Niederhausen 1997

Lackner, T.; Triebe, N.: Be Boss – 33 Stolpersteine beim Führen & Kommunizieren, Wien 2009

Müller-Stewens, G.; Lechner, C.; Stahl, H. K.: Die Gestaltung von Stakeholder-Beziehungen als Grundlage jeden Grenzmanagements, http://strategylab.ifb.unisg.ch/org/IfB/strategy.nsf/SysWebRessources/Stakeholder-Beziehungen/$FILE/Stakeholder-Beziehungen.pdf 5.11.2010

Neubauer, S.; Rankl, S.: Auftrag Führung – Handbuch und Werkzeugkasten für neu berufene Führungskräfte, Berlin 2010

Porter, M.; Lorsch, J.; Nohria, N.: CEO-Workshop – Was erwartet Sie hinter Tür Nummer eins?, In: Harvard Business Manager 04/2005

Recklies, D.: Stakeholder Management, http://www.themanagement.de/ressources/..%5Cpdf%5CStakeholder%20Management.PDF 3.11.2010

Schneidewind, P.: Leadership – Die ersten 100 Tage, http://www.rolandberger.com/media/pdf/rb_press/RB_executive_review_German_20041212.pdf 1.12.2010

soft[net]-Projektteam ICTHRM.: Aspekte der Motivation von Mitarbeitern, In: Informatik 4/2002

The Boston Consulting Group, Inc.: Assuming Leadership – The First 100 Days, http://www.bcg.com/documents/file14030.pdf 24.10.2010

Towers Perrin Global Workforce Study: Was Mitarbeiter bewegt und Unternehmen erfolgreich macht, http://www.augenmass.eu/images/file/eb_mimo_towersper_motiva.pdf 3.11.2010

Walter, H.: Handbuch Führung – Der Werkzeugkasten für Vorgesetzte, Frankfurt am Main 2005

Watkins, M.: Die entscheidenden 90 Tage – So meistern Sie jede neue Managementaufgabe, Frankfurt am Main 2007

Welch, J.; Welch, S.: Winning – Das ist Management, Frankfurt am Main 2005

Wyman, O.: Die ersten 100 Tage, http://www.oliverwyman.com/de/pdf-files/Die_ersten_100_Tage_DE_09.pdf 10.9.2010

Zemp, M.: Interview für das CEO-Handbuch, Hohenrain 27.09.2010

Zielinski, D.: Best and Brightest, http://www.personneldecisions.com/uploadedFiles/Articles/ARTICLE_BestandBrightest.pdf 5.11.2010

Zucha, R. O.: Führungsstärke in der Praxis – Leadership, Organisation und Kultur, Wien 2001

3 — Die ersten 100 Tage als CEO — für Einsteiger

Autoren

Tobias Merkl, Andreas Neubauer, Mario Rödhamer, Marlene Rohl, Gerald Sauer

Literaturverzeichnis

Chung, K. H.; Lubatkinp, M.; Rogers R. C.; Owers J. E.: Do Insiders Make Better CEOs than Outsiders?, In: Academy of Management EXECUTIVE Vol.1 1987

Ducasse, P.; Lutz, T.: Leading out of a Downturn. The first 100 days, http://www.bcg.it/documents/file15419.pdf, 30.11.2010

Farkas, C. M.; De Backer, P.: Spitzenmanager und ihre Führungsstrategien – 160 Interviews mit internationalen Führungskräften, Frankfurt am Main/New York 1996

Fischer, P.: Neu auf dem Chefsessel – Erfolgreich durch die ersten 100 Tage, Landsberg/Lech 1997

Fox, J.: So werde ich der Boss, München 1999

Goldfuß, J.: Endlich Chef – Was nun?, Frankfurt am Main 2000

Hilger, S.: Keine Panik auf dem Chefsessel, Landsberg/Lech 2001

Koch, R.: Die ersten 100 Tage als Chef – Das Trainingsprogramm für Vorgesetzte, Niedernhausen 1997

Korfmann-Bodenmann, S.R.: Der Wechsel des Chief Executive Officer und seine Auswirkungen auf die Mitarbeiter des Unternehmens, Bern/Stuttgart/Wien 1999

Kwak, M.: Comparing the Performance of External Successors, In: MIT Sloan Management Review Successors Vol. 43 2002

Porter M.; Lorsch J.; Nohria N.: CEO Workshop – Was erwartet Sie hinter Tür Nummer eins?, http://wissen.harvardbusinessmanager.de/wissen/leseprobe/39716163/artikel.html?backUrl=http%3A% 27.10.2010

Salomo, S.: Wechsel der Spitzenführungskraft und Unternehmenserfolg, In: Betriebswirtschaftliche Forschungsergebnisse – Band 119, Berlin 2001

Von Münchhausen, M.; Scherer, H.: Die kleinen Saboteure – So managen Sie die inneren Schweinehunde im Unternehmen, Frankfurt am Main 2003

4 — Ihre ersten 100 Tage als CEO — Fokus Familienunternehmen

Autoren

Birgit Griessler, Michael Rössle, Tamara Schlager, Sabine Schulz, Camillo Stepanek

Literaturverzeichnis

Baumgartner, B.: Familienunternehmen und Zukunftsgestaltung – Schlüsselfaktoren zur erfolgreichen Unternehmensnachfolge, Wiesbaden 2009

Habig, H.; Berninghaus, J.: Die Nachfolge im Familienunternehmen ganzheitlich regeln, Berlin 2004

Kempert, W.: Praxishandbuch für die Nachfolge im Familienunternehmen – Leitfaden für Unternehmer und Nachfolger, Wiesbaden 2008

Lafley, A. G.: Was ein CEO tun muss, In: Harvard Business Manager 7/2009

5 — Mit Charakter zum Erfolg

Autoren

Jennifer Aster, Julia Borecky, Kathrin Bracher, Christina Gold, Theresa Kreuter, Denise Steiner

Literaturverzeichnis

Bauer-Jelinek, C.: Interview, Wien, 24.11.2010

Benesch, B.: Charisma ist eine Frage des Trainings, http://www.wirtschaftsblatt.at/home/service/karriere/5405/index.do 24.9.2010

Benton, D.: How to act like a CEO – 10 Rules for Getting to the Top and Staying There, New York 2000

Bickle, G.: Ethik in Organisationen – Konzepte, Befunde, Praxisbeispiele, Göttingen 1998

Caruso, D.; Salovey, P.: Managen mit emotionaler Kompetenz – Die vier zentralen Skills für Ihren Führungsalltag, Frankfurt am Main 2005

Covey, S. M. R.: The Speed of Trust – The One Thing That Changes Everything, New York 2008

Drucker, P.: Topmanagement – Das Geheimnis effizienter Führung, http://wissen.harvardbusinessmanager.de/wissen/fak/dok.pdf?id=31591995 24.9.2010

Etrillard, S.: Charisma – Was zeichnet die besonderen Führungskräfte aus?, http://business-wissen.de/mitarbeiterfuehrung/charisma-was-zeichnet-die-besonderen-fuehrungskraefte-aus/ 19.9.2004

Friedman, T. L.: Die Welt ist flach – Eine kurze Geschichte des 21. Jahrhunderts, Frankfurt am Main 2008

Grün, A.: Menschen führen – Leben wecken, München 2008
Heimerl, P.: Führen! – statt R.A.B.I.A.T. handeln, Wien 2010
Hemel, U.: Ethisch richtig entscheiden lernen, http://www.harvardbusinessmanager.de/meinungen/artikel/a-620766.html 11.9.2010
Hemel, U.: Wert und Werte – Ethik für Manager – Ein Leitfaden für die Praxis, München 2007
Peng, M.: Global Strategic Management, Canada 2009
Robbins, S.; Coulter, M.: Management, New Jersey 2007
Seidman D.; Knill B.: Die La-Ola-Welle – Es kommt nicht darauf an, was du tust, sondern wie, Zürich 2008
Siebenhüter, S.: Chefs mit Charakter dringend gesucht, http://www.spiegel.de/wirtschaft/0,1518,502547,00.html 7.9.2010
Siebenhüter, S.: Chefs mit Charakter dringend gesucht – 3. Teil – Fluch Corporate Identity, http://www.spiegel.de/wirtschaft/0,1518,502547-3,00.html 7.9.2010

6 — Führen an der Spitze

Autoren

Veronika Banhofer, Denise Mittl, Gerd Pieler, Christian Raab, Stefan Sebesta

Literaturverzeichnis

Bailom, f.; Matzler, K.; Tschemernjak, D.: Was Top-Unternehmen anders machen, Wien 2006
Bennis W.: Menschen führen ist wie Flöhe hüten, Frankfurt am Main/New York 1988
Drucker, P.: Management – Band 2, Frankfurt am Main 2009
Enkelmann, N.: Der richtige Umgang von Führungskräften mit Macht, http://www.onpulson.de/themen/1215/der-richtige-umgang-von-fuehrungskraften-mit-macht/ 24.11.2010
Freyer, B.; Stewart, T. A.: „Ich muss lernen loszulassen", In: Harvard Business Manager 1/2009
Hegele-Raih C.: Was ist… Leadership, http://www.harvardbusinessmanager.de/heft/artikel/a-620896.html 07.05.2009
Heimerl, P.: Führen! – Statt R.A.B.I.A.T. handeln, Wien 2010
Hinterhuber, H.: Leadership, Frankfurt am Main 2003.
Hinterhuber, H.; Krauthammer E.: Leadership – mehr als Management, Wiesbaden 2001
Hinterhuber, H.; Krauthammer E.: Leadership – mehr als Management, Wiesbaden 2005
Kuhn, L.; Leitl, M.: „Meine Macht ist beschränkt", In: Harvard Business Manager 5/2009
Morhart, f.; Jenewein, W.: Was gute Führung ausmacht, In: Harvard Business Manager 11/2010
Pfeffer, J.: Managing with Power, Boston 1992
Schüller, A.: Der richtige Umgang mit Macht im Management, http://www.onpulson.de/themen/1307/der-richtige-umgang-mit-macht-im-management/ 24.11.2010
Weiss J.; Hughes J.: Gehen Sie Streit nicht aus dem Weg, In: Harvard Business Manager 10/2005
Welch J.; Welch S.: Winning – Die Antworten auf die 74 brisantesten Managementfragen, Frankfurt am Main 2007

7 — Das Topmanagementteam führen

Autoren

Bartek Forc, Manuel Grubmüller, Michael Hakala, Tina Loibl, Roman Marchsteiner, Magdalena Schindler

Literaturverzeichnis

Albs, N.: Wie man Mitarbeiter motiviert – Motivation und Motivationsförderung im Führungsalltag, Berlin 2005
Collins, J.: Good to Great – Why Some Companies Make the Leap and Others Don't, New York 2001
Dean, D.: A CEO's guide to reenergizing the senior team, In: McKinsey Quarterly 9/2009
Frisch, B.: When teams can't decide, In: Harvard Business Review, 11/2008
Gerhardt, T.; Ritter, J.: Management Appraisal, Frankfurt am Main 2004
Gfeller, L.: Handbuch für eine aktive und systematische Mitarbeiterkommunikation, Berlin 2007
Hentze, J.; Graf, A.; Kammel, A.; Lindert, K.: Personalführungslehre, Berlin 2005
Herb, E.; et al.: Teamwork at the Top, In: McKinsey Quarterly 2/2001
Martin, R. L.: Irrweg Optionsplan, In: Seeger C. [Hrsg.] Motivation: Was Manager und Mitarbeiter antreibt, Frankfurt 2004
Welch, J.: Winning – Das ist Management, Frankfurt am Main 2005
Welsch, C.: Organisationale Trägheit und ihre Wirkung auf die strategische Früherkennung von Unternehmenskrisen, Berlin 2009

8 — Führung von Familienunternehmen

Autoren

Martina Federler, Julia Gansterer, Jennifer Graf, Maria Joubert, Daniela Kollmann, Natascha Krendl

Literaturverzeichnis

Baus, K.: Die Familienstrategie – Wie Familien ihr Unternehmen über Generationen sichern, In: Böllhoff, C.; Krüger, W.; Berni, M. [Hrsg.]: Spitzenleistungen in Familienunternehmen, Stuttgart 2010
Baus, K.: Strategische Zielsetzung von Familienunternehmen – zwischen Unternehmenswerten und Unternehmenswert, In: Böllhoff, C.; Krüger, W.; Berni, M. [Hrsg.]: Spitzenleistungen in Familienunternehmen, Stuttgart 2006
Hennerkes, B. H.; Berlin, M.; Berlin, T.: Die Familie und ihr Unternehmen in Österreich – Strategie Kontrolle Nachfolge Vermögenssicherung, München 2007
Huber, H. G.; Sterr-Kölln, H.: Nachfolge in Familienunternehmen – Den Generationswechsel erfolgreich gestalten – Ein Orientierungsbuch für Unternehmerfamilien und ihre Berater, Stuttgart 2006
Juritsch, E.: Der Sinn von Konflikten bei der Nachfolge im Familienunternehmen – Balance zwischen emotionaler Dimension und betriebswirtschaftlichen Überlegungen, In: SWK 8/2008

Kempert, W.: Praxishandbuch für die Nachfolge im Familienunternehmen – Leitfaden für Unternehmer und Nachfolger mit Fallbeispielen und Checklisten, Wiesbaden 2008

Klammerth, Wolf: Eigentümer von Wietersdorfer Gruppe, im Gespräch mit dem Autor, Klagenfurt, 21.10.2010

Mathony, 2005, http://www.innovations-report.de/html/berichte/studien/bericht-42023.html, Stand vom 15.01.2011

Meyer, A.: Unternehmerfamilie und Familienunternehmen erfolgreich führen – Unternehmertum fördern, Führungskultur entwickeln, Konflikte konstruktiv lösen, Wiesbaden 2007

Morhart, f.; Jenewein, W.: Motivation – Was gute Führung ausmacht, http://wissen.harvardbusinessmanager.de/wissen/leseprobe/74209866/artikel.html 27.11.2010

Nohria, N.; Groysberg, B.; Lee, L.: Personalführung. Mitarbeiter richtig motivieren http://wissen.harvardbusinessmanager.de/wissen/leseprobe/59024741/artikel.html 27.11.2010

Ölz, Bernhard: Eigentümer von Rudolf Ölz Meisterbäcker GmbH, im Gespräch mit dem Autor, Dornbirn 21.10.2010

Pleininger, H.: [Wirtschaftsblatt online 1] Wietersdorfer ist Kärntens bestes Familienunternehmen, http://www.wirtschaftsblatt.at/home/oesterreich/unternehmen/kaernten/421023/index.do 15.03.2011

Pleininger, H.: [Wirtschaftsblatt online 2] Ölz bäckt im Export groß auf, http://www.wirtschaftsblatt.at/home/oesterreich/unternehmen/vorarlberg/463101/index.do 15.03.2011

9 — Unternehmenskultur gestalten

Autoren

Patrick Homm, Janna Hüneke, Annika Mester, Karla Möller, Marco Pecanac

Literaturverzeichnis

Albs, N.: Wie man Mitarbeiter motiviert – Motivation und Motivationsförderung im Führungsalltag, Berlin 2005

Hadeler, T.; Winter, E.: Gabler Wirtschaftslexikon – Die ganze Welt der Betriebswirtschaft, Wiesbaden 2000

Heimerl, P.: Führen! – Statt R.A.B.I.A.T. handeln, Wien 2010

Herbst, D.: Corporate Identity – Aufbau einer einzigartigen Unternehmensidentität, Leitbild und Unternehmenskultur – Image messen, gestalten und überprüfen, Berlin 2009

Hinterhuber, H. H.: Strategische Unternehmensführung – II. Strategisches Handeln, Berlin 2004

Kessell, A.: Marktorientierte Unternehmenskultur als Erfolgsfaktor junger Unternehmen – Kontextspezifische Konzeption und empirische Untersuchung, Wiesbaden 2007

Porter, M.: Seven Surprises for New CEOs – In: Harvard Business Review 10/2004

Schierenbeck, H.: Grundzüge der Betriebswirtschaftslehre, München 2003

Schwarz, G.: Konfliktmanagment – Konflikte erkennen, analysieren, lösen, Wiesbaden 2010

Simon, W.: Gabals großer Methodenkoffer – Führung und Zusammenarbeit, Offenbach 2006

Unterreitmeier, A.: Unternehmenskultur bei Mergers & Acquisitions – Ansätze zur Konzeptionalisierung und Operationalisierung, München 2004

Welch, J.; Welch, S.: Winning – Das ist Management – Wissen, was zu tun ist, Frankfurt am Main 2004

10 — Networking und Lobbying

Autoren

Michael Antoniewicz, Kamil Kaminski, Carmen Schlapper, Petra Spannring, Magdalena Tabis

Literaturverzeichnis

Beyham, W.: Start Networking Right Away (Even If You Hate It), http://hbr.org/2009/01/start-networking-right-away-even-if-you-hate-it/ar/1, 09.11.2010

Deekeling, E.; Arndt, O.: CEO-Kommunikation – Strategien für Spitzenmanager, Frankfurt am Main 2006

Dignen, B.: Giving and taking, In: Business Spotlight 5/2010

Fey, G.: Kontakte knüpfen und beruflich nutzen – Erfolgreiches Netzwerken, Regensburg/Berlin 2008

Ibarra, H.; Hunter, M.: Die drei Networking Strategien, In: Harvard Business Manager 07/2007

Köppl, P.: Power Lobbying – Das Praxishandbuch der Public Affairs, Wien 2003

Köppl, P.: Public Affairs Management – Strategien & Taktiken erfolgreicher Unternehmenskommunikation, Wien 2000

McGrath, C.: The ideal lobbyist – Personal characteristics of effective lobbyists, Journal of Communication Management – Vol. 10 – Issue 1, United Kingdom 2006

o. V.: business networking – business networking tips and techniques for networking events and networking websites, http://www.businessballs.com/business-networking.htm 15.11.2010

Pilz, G.: Networking – Beziehungen und Kontakte nutzen, München 2009

Scheddin, M.: Erfolgsstrategie Networking, Nürnberg 2005

Vondenhoff, C.; Busch-Janser, S.: Praxishandbuch Lobbying, Berlin 2008

11 — Corporate Social Responsibility

Autoren

Anita Schrammel, Michael Sebesta, Silvia Setka, Martin Stickler, Raphaela Stöffelbauer

Literaturverzeichnis

Becker, E.: Unternehmensführung heißt Verantwortung tragen – Nachhaltigkeit als zentrales Managementthema, In: Köppl, P.; Neureiter, M. [Hrsg.]: Corporate Social Responsibility – Leitlinien und Konzepte im Management der gesellschaftlichen Verantwortung, Wien 2004

Friesl, C.: Erfolg und Verantwortung – Die strategische Kraft von Corporate Social Responsibility, Wien 2008

Habisch, A.: Gesellschaftliches Engagement als Win-Win-Szenario, In: Gazdar, K.; Habisch, A.; Kirchhoff, K.; Vaseghi, S. [Hrsg.]: Erfolgsfaktor Verantwortung – Corporate Social Responsibility professionell managen, Berlin 2006

Habisch, A.; Wildner, M.; Wenzel, f.: Corporate Citizenship (CC) als Bestandteil der Unternehmensstrategie, In: Habisch, A.; Schmidpeter, R.; Neureiter, M. [Hrsg.]: Handbuch Corporate Citizenship – Corporate Social Responsibility für Manager, Berlin u. a. 2008

Hardkte, A.: Das CSR-Universum, In: Hardtke, A.; Kleinfeld, A. [Hrsg.]: Gesellschaftliche Verantwortung von Unternehmen – Von der Idee der Corporate Social Responsibility zur erfolgreichen Umsetzung, Wiesbaden 2010

Horst, D.; Albrecht, P.: Corporate Responsibility – Steuerung und Rechenschaftslegung „weicher" Erfolgsfaktoren, In: ZfCM – Zeitschrift für Controlling und Management 5/2009

Kaufmann, L.; Ehrgott, M.; Reimann, f.: Der Nutzen anständigen Wirtschaftens, In: Harvard Business Manager 1/2008

Kell, G.: Overview of the UN Global Compact, http://www.unglobalcompact.org/AboutTheGC/index.html 13.12.2010

Kirchhoff, K.: CSR als strategische Herausforderung, In: Gazdar, K.; Habisch, A.; u. a. [Hrsg.]: Erfolgsfaktor Verantwortung – Corporate Social Responsibility professionell managen, Heidelberg 2006

Kleinfeld, A.; Henze, B.: Wenn der Maßstab fehlt – oder wann ist CSR (unternehmens)ethisch vertretbar?, In: Aßländer, M.; Löhr, A. [Hrsg.]: Corporate Social Responsibility in der Wirtschaftskrise – Reichweiten der Verantwortung, München u. a. 2010

Kleinfeld, A.; Schnurr, J.: CSR erfolgreich umsetzen, In: Hardtke, A.; Kleinfeld, A. [Hrsg.]: Gesellschaftliche Verantwortung von Unternehmen – Von der Idee der Corporate Social Responsibility zur erfolgreichen Umsetzung, Wiesbaden 2010

Köppl, P.; Neureiter, M. [Hrsg.]: Corporate Social Responsibility – Leitlinien und Konzepte im Management der gesellschaftlichen Verantwortung, Wien 2004

Münstermann, M.: Corporate Social Responsibility – Ausgestaltung und Steuerung von CSR-Aktivitäten, Wiesbaden 2007

o. V.: Zur Geschichte der Rotary-Bewegung, http://www.rotary.org/de/AboutUs/Rotary International/History/Pages/ridefault.aspx 13.12.2010

Porter, M.; Kramer, M.: Wohltaten mit System – CSR. In: Harvard Business Manager 1/2007

Schlange, J.: Die Herausforderung der Corporate Responsibility Berichtserstattung, In: ZfCM – Zeitschrift für Controlling und Management 5/2009

Sigmar, G.: Verantwortungsvolle Unternehmensführung heute, In: Lenzen, E.; Fengler, J. [Hrsg.]: Berufsbild CSR Manager, Münster 2007

Walter, P.: Corporate Citizenship und Unternehmenskultur, In: Habisch, A.; Schmidpeter, R.; Neureiter, M. [Hrsg.]: Handbuch Corporate Citizenship – Corporate Social Responsibility für Manager, Berlin u. a. 2008

12 — Umgang mit den Medien

Autoren

Philipp Koller, Ines Liou, Lukas Reichl, Michael Wimmer, Thomas Wührer

Literaturverzeichnis

Arndt, O.: CEO-Kommunikation – Strategien für Spitzenmanager, Frankfurt am Main 2006

Barghop, D.: Kommunikation im Corporate Change – Maßstäbe für eine neue Managementpraxis, Wiesbaden 2009

Biehl, B.: Der perfekte Auftritt, In: Harvard Business Manager 5/2007

Dees, M.; Döbler, T.: Public Relations als Aufgabe für Manager? – Rollenverständnis, Professionalisierung, Feminisierung – eine empirische Untersuchung, Stuttgart 2000

Göttgens, O.; Gelbert, A.; Böing, C.: Profitables Markenmanagement – Strategien – Konzepte – Best Practices, Wiesbaden 2003

Immerschmitt, W.: Profil durch PR – Strategische Unternehmenskommunikation – vom Konzept zur CEO-Positionierung, Wiesbaden 2008

Mast, C.: Unternehmenskommunikation – ein Leitfaden, Stuttgart 2010

Meckel, M.; Schmid, B. F.: Unternehmenskommunikation – Kommunikationsmanagement aus Sicht der Unternehmensführung, Wiesbaden 2008

Puttenat, D.: Praxishandbuch Krisenkommunikation – Von Ackermann bis Zumwinkel – PR- Störfälle und ihre Lektionen, Wiesbaden 2009.

Puttenat, D.: Praxishandbuch Presse- und Öffentlichkeitsarbeit – eine Einführung in professionelle PR und Unternehmenskommunikation, Wiesbaden 2007

Ruisinger, D.: Online Relations – Leitfaden für moderne PR im Netz, Stuttgart 2007

Siemann, C.: Social Media – Unternehmen im richtigen Umgang mit Weg 2.0, http://www.jobware.de/Magazin/Social-Media-Unternehmen-im-richtigem-Umgang-mit-Web-20.html 05.01.2011

Wehmeier, S.: Personalisierung der Organisationskommunikation, Wiesbaden 2010

Welch, J.: Winning – Das ist Management, Frankfurt am Main 2005

Wirtz, W.: Medien- und Internetmanagement, Wiesbaden 2010

13 — Emotional Selling – High-Level-Kommunikation mit Wirkung

Autoren

Angelika Autherit, Nadine Brezovits, Stephan Hönigsperger, Brigitte Kintzl, Tanja Payer, Martin Pfeiffer, Bernd Reis

Literaturverzeichnis

Caruso, D.; Salovey, P.: The Emotionally Intelligent Manager, San Francisco 2004

Goleman, D.: Emotionale Intelligenz – Strategischer Umgang mit Gefühlen?, In: Managerseminare 2005

Goleman, D.: EQ – Emotionale Intelligenz, München/Wien 1995

Holzheu, H.: Emotional Selling – Emotionale Kundenbindung, www.swisscrmforum.com/archiv/referate04/Harry_Holzheu.pdf 27.09.2010

Holzheu, H.: Wer nicht lächeln kann, macht kein Geschäft – Emotional Selling, Heidelberg 2007

Kang, S.; Day J.; Meara N.: Social and Emotional Intelligence – Starting a Conversation about their Similarities and Differences, In: Schulze, R.; Roberts, R. D.: Emotional Intelligence – An International Handbook, Göttingen 2005

Neubauer, A. C.; Freudenthaler, H. H.: Models of Emotional Intelligence, In: Schulze, R.; Roberts, R. D.: Emotional Intelligence – An International Handbook, Göttingen 2005

Scheler, U.: Management der Emotionen, Offenbach 1999

Vogel, I.: Emotionale Intelligenz – Werden Sie ein Gefühlsmanager, http://www.onpulson.de/themen/1719/emotionale-intelligenz-werden-sie-ein-gefuehls manager/ 30.10.2010

Vogel, I.: Top Emotional Selling – Die 7 Geheimnisse der Spitzenverkäufer, Offenbach 2009

Wilhelm, O.: Measures of Emotional Intelligence – Practice and Standards, In: Schulze, R.; Roberts, R. D.: Emotional Intelligence – An International Handbook, Göttingen 2005

14 — Investor Relations from the Top

Autoren

Ulrike Fehringer, Julia Handler, Claudia Kemetmüller, Ulrike Piringer, Marianne Posch

Literaturverzeichnis

Achleitner, A.; Bassen, A.; Fieseler C.: Finanzkommunikation – Die Grundlagen der Investor RelationS. In: Meckel, M., Schmidt. B. F. [Hrsg.]: Unternehmenskommunikation – Kommunikationsmanagement aus Sicht der Unternehmensführung, Wiesbaden 2008

Droste, H. W.: Praktiker-Handbuch Investor Relations – Mit IPO Kommunikationskalender für die erfolgreiche Börsenpräsenz, Stuttgart 2001

Eberhard, P.: Glaubwürdigkeit als A und O, http://www.giras.ch/files/Eberhard_StocksJuni2003.pdf 02.10.2010

Kirchhoff, K.: Grundlagen der Investor Relations, In: Kirchhoff, K.; Piwinger, M. [Hrsg.]: Praxishandbuch Investor RelationS. Das Standardwerk der Finanzkommunikation, Neuwied 2001

Mest, O.: Die fünf Regeln des Warren Buffet, http://www.stern.de/wirtschaft/geld/erfolgreich-geld-anlegen-die-fuenf-regeln-des-warren-buffet-1555219.html 05.01.2011

Piwinger, M.: IR als Kommunikationsdisziplin, In: Kirchhoff, K.; Piwinger, M. [Hrsg.]: Praxishandbuch Investor Relations – Das Standardwerk der Finanzkommunikation, Wiesbaden 2009.

Piwinger, M.; Strauss S.: Investor Relations sind eine Bereicherung für die Kommunikationsdisziplin, http://www.piwinger.de/aktuell/IR-Kommunikations-disziplin.html 02.10.2010

Porák, V.: Erfolgsmessung von Investor Relations, In: Kirchhoff, K.; Piwinger, M. [Hrsg.]: Praxishandbuch Investor Relations – Das Standardwerk der Finanzkommunikation, Wiesbaden 2005

Schnorrenberg, T.: Investor Relations Management – Praxisleitfaden für erfolgreiche Finanzkommunikation, Wiesbaden 2008

Simon, H.: Die Rolle des CEO im Investor Marketing, In: Ebel, B.; Hofer, M. B. [Hrsg.]: Investor Marketing – Aktionäre erfolgreich gewinnen – Investoren langfristig binden – Börsenkurse nachhaltig steigern, Wiesbaden 2003

Wolfram, J.: Regulierungsumsetzung durch Compliance-Management, In: Kirchhoff, K.; Piwinger, M. [Hrsg.]: Praxishandbuch Investor Relations – Das Standardwerk der Finanzkommunikation, Wiesbaden 2009

15 — Selbstführung für Topmanager

Autoren

Erik Wolf Hartl, Maria Lubenik, Philip Payer, Christian Schöll, Anita Stangl

Literaturverzeichnis

Benton, D.: How to act like a CEO, New York 2001.

Blank, R.; Schröder, J. P.: Stressmanagement – Stress Situationen erkennen – erfolgreiche Maßnahmen einleiten, Berlin 2008

Covey, S.: Der Weg zum Wesentlichen – Zeitmanagement in der vierten Generation, Frankfurt/New York 2001

Drucker, P.: Die Ideale Führungskraft – Die hohe Schule des Managers, Düsseldorf 1995

Drucker, P.: Die Kunst sich selbst zu managen, In: Harvard Business Manager 11/2009

Hansson, J. f.; Heinemeier-Hansson, D.: REWORK, New York 2010

Grün, A.: Menschen führen – Leben wecken, München 2008

Hirt, M.: Aus Prinzip erfolgreich, http://www.hirtandfriends.at/fileadmin/hirtandfriends/Dokumente/Artikel/Aus_Prinzip_erfolgreich.pdf 13.11.2010

Hirt, M.: Rituale für Manager (II), http://www.hirtandfriends.at/fileadmin/hirtandfriends/Dokumente/Artikel/Rituale_fuer_Manager-Teil_2.pdf 13.11.2010

Hirt, M.: Selbstführung für Führungskräfte, http://www.hirtandfriends.at/ fileadmin/hirtandfriends/Dokumente/Artikel/Selbstfuehrung_fuer_Fuehrungskraefte.pdf 13.11.2010

Kahler, T.; Capers H.: The Miniscript – Transactional Analysis Journal 4, Pleasanton 1974

Kaluza, G.: Gelassen und sicher im Stress, Heidelberg 2007

Linneweh, K.: Stressmanagement, der erfolgreiche Umgang mit sich selbst, Stuttgart 1996

Maslow, H. A.: Motivation und Persönlichkeit, Hamburg 1981

Miedaner, T.: Coach dich selbst sonst coacht dich keiner!, Frankfurt am Main 2002

Stock-Homburg, R.; Bauer E. M.: Work-Life-Balance im Topmanagement, In: Politik und Zeitgeschichte 34/2007

Peters, T.: The Little Big Things – 163 ways to pursue excellence, New York 2010

Schonert-Hirz, S.: Meine Stressbalance – Rezepte für Vielbeschäftigte von Dr. Stress, Frankfurt am Main 2006

Seiwert, L.: Wenn Du es eilig hast, gehe langsam – Das neue Zeitmanagement in einer beschleunigten Welt, Frankfurt/New York 1998

Stangier, V.: Evolutionär führen – Management zwischen Selbstverwirklichung und Unternehmenskultur, Wiesbaden 1996

Watzlawick, P.: Anleitung zum Unglücklichsein, München 2010

16 — Persönliche Sicherheit für Topmanager

Autoren

Beatrix Forsthuber, Nicole Stubits, Bianca Krishka Morales, Christine Koller

Literaturverzeichnis

Lehmann, H.: Sonderschutzfahrzeuge für Zivil- und Werttransporte, http://www.sicherheit.info/SI/cms.nsf/si.ArticlesByDocID/1101474?Open&Channel=SI-DL-PS 05.02.2011

o. V.: [Industrie- und Handelskammer Hannover 2007]

o. V.: Merkblatt Verhalten auf Auslandsreisen, Hannover 2007

o. V.: [Siemens Buidling Technologies o.J.]

o. V.: Electronic Security, http://www.buildingtechnologies.siemens.com/bt/us/Services__and__Solutions/electronic_security/Pages/electronic_security.aspx?stc=80 06.01.2011

o. V.: [BMI Kriminalprävention o. J.]

o. V.: Stalking, http://www.bmi.gv.at/cms/BK/praevention_neu/stalking/Stalking.aspx 05.02.2011

o. V.: [Folder Bundesministerium für Inneres o.J.]

o. V.: Allgemeine Verhaltensregeln für gefährdete Personen.

o. V.: Verdächtige Postsendungen, Verhaltensmaßnahmen.

o. V.: Hauseinbruch, http://www.bmi.gv.at/cms/BK/praevention_neu/info_material/files/Hauseinbruch.pdf 05.02.2011

17 — Managerhaftung

Autoren

Brigitta Buchmayr, Daniela Dampier, Monika Gansterer, Robert Gschwantner, Sabine Schovanez

Literaturverzeichnis

Barta, H. [Hrsg.]: Zivilrecht online Kapitel 9 – Schadenersatz, http://www.uibk.ac.at/zivilrecht/buch/kap9_0.xml?section-view=true;section=1 03.12.2010

Bollenberger-Klemm, M.: Geschäftsführerhaftung. Haftung des Geschäftsführers, der Gesellschaft und der Gesellschafter der GmbH, Wien 2004

Buchner, M.: Haftung und strafrechtliche Verantwortung von Vertretern und Aufsichtsorganen juristischer Personen, http://www.profidelis.at/buchhaltung/bilanzierung/kostenrechnung/controlling/personalverrechnung/kontakt/kontakt.php 10.10.2010

Buder-Steinhoff, G.: Die GmbH im Rechtsvergleich – Deutschland, Österreich, Ungarn, Frankreich, Wien 1996

Bydlinski, P.: Grundzüge des Privatrechts für Ausbildung und Praxis, Wien 2007

Dahnz, W.; Grimminger, C.: Manager und ihr Berufsrisiko – Die zivil- und strafrechtliche Haftung von Aufsichtsräten, Vorständen und Geschäftsführern, Hamburg 2007

Eckardt, B.; van Zwoll, C.: Der Geschäftsführer der GmbH, Stuttgart 2004

FIDES Versicherung & Finanzberatung GmbH: Managerhaftung, http://www.fides.at/fides_news?n_id=39 10.11.2010

Fritz, C.: Wie führe ich eine GmbH richtig? – Optimales Handeln, wirksames Krisenmanagement, Gesellschafts- und Geschäftsführerverträge, Wien 2006

Fritz, C.: Gesellschafts- und Unternehmensformen kompakt, Wien 2008

Ginthör, O.; Hasch, A.; Hochedlinger, G.: Der GmbH-Geschäftsführer – Rechte und Pflichten, Wien 2006

Löschnigg, G.; Melzer-Azodanloo, N. [Hrsg.]: Haftungsrecht für Führungskräfte – Ein Überblick, Wien 2008

Kittel, J.: Handbuch für Aufsichtsratmitglieder, Österreich 2006

Kremslehner, f.; Hörlsberger, f.: Managerhaftung und Versicherung – Praktische Tipps zur Versicherung unternehmerischer Risiken, In: Newsletter der Anwaltskanzlei Dorda Brugger Jordis, 2/2007

Küpper-Dirks, M.: Managerhaftung und D&O-Versicherung – Haftungssituation und Deckungskonzepte, Karlsruhe 2002

Napokoj, E.: Risikominimierung durch Corporate Compliance, Wien 2010

Ratka, T.; Rauter, R. A. [Hrsg.]: Handbuch Geschäftsführerhaftung, Wien 2008

Runggaldier, U.; Schima, G.: Manager-Dienstverträge – Der Leitfaden für Österreichs Führungskräfte, Wien 2006

Seidenberger, M.: Ende der Schonzeit, http://www.die-wirtschaft.at/ireds-6196.html 10.11.2010

18 — Eckpfeiler setzen Vision & Mission

Autoren

Cornelia Hasieber, Robert Just, Roman Konwicsny, Vera Krautsack, Desiree Staszczak,

Literaturverzeichnis

Brecht, U.: BWL für Führungskräfte – Was Entscheider im Unternehmen wissen müssen, Wiesbaden 2005

Freilinger, C.: Die Kraft der Vision – Mit Vision-Aufbau zu neuen Ufern, Linz 1996

Hungenberg, H.: Strategisches Management in Unternehmen – Ziele – Prozesse – Verfahren, Wiesbaden 2006

Lombriser, R./Abplanalp, P.: Strategisches Management – Visionen entwickeln, Strategien umsetzen, Erfolgspotenziale aufbauen, Zürich 2005

o. V. [Google]: Mission Statement, http://www.samples-help.org.uk/mission-statements/google-mission-statement.htm 30.11.2010

o. V. [Mc Donalds]: Mission Statement, http://www.samples-help.org.uk/mission-statements/mcdonalds-mission-statement.htm 30.11.2010

o. V. [Starbucks]: Mission Statement, http://www.starbucks.com/about-us/company-information/mission-statement 30.11.2010 *o. V. [Walt Disney]:* Mission Statement, http://www.samples-help.org.uk/mission-statements/disney-mission-statement.htm 30.11.2010

o. V. [Zumtobel]: Mission Statement, http://www.zumtobelgroup.com/de/3109.htm 30.11.2010

19 — Die Strategie entwickeln

Autoren

Magdalena Aigner, Florian Matzinger, Julia Novakovits, Christian Regnery, Martina Thumser

Literaturverzeichnis

Baum, H. G.; Coenberg, A.; Guenther, T.: Strategisches Controlling, Stuttgart 2007

Bea, f. G.; Haas, J.: Strategisches Management, Stuttgart 2005

Camphausen, B.: Strategisches Management, München 2007

Corsten, H.: Grundlagen der Wettbewerbsstrategie, Stuttgart 1998

Frisch, B.; Chandler, L.: So gelingen Strategiekonferenzen, In: Harvard Business Manager 09/2006

Hinterhuber, H.: Strategische Unternehmensführung – I. Strategisches Denken, Berlin 2004

Höhn, R.; Höppner, S.: Das V-Modell XT, Berlin 2008

Hungenberg, H.: Strategisches Management in Unternehmen – Ziele – Prozesse – Verfahren, Wiesbaden 2004

Kaplan, R. S.; Norton, D. P.: Der effektive Strategieprozess – Erfolgreich mit dem 6-Phasen-System, Frankfurt am Main 2009

Kerth, K.; Asum, H.; Nührich, K. P.: Die besten Strategietools in der Praxis – Welche Werkzeuge brauche ich wann? Wie wende ich sie an? Wo liegen die Grenzen?, München 2007

Lombriser, R.; Abplanalp, P.: Strategisches Management – Visionen entwickeln, Erfolgspotentiale aufbauen, Strategien umsetzen, Zürich 2005.

Porter, M. E.: Competitive Strategy – techniques for analyzing industries and competitors, New York 1980

Porter, M. E.: Wettbewerbsvorteile, Frankfurt am Main 1999

Schermann, M. P.; Siller, H.; Volcic, K.: Strategisches Management in Fallstudien – Umsetzung einer erfolgreichen Strategie in vier Schritten, Wien 2010

Scheuss, R.: Handbuch der Strategien – 220 Konzepte der weltbesten Vordenker, Frankfurt am Main 2008

Schreyögg, G.: Handwörterbuch Unternehmensführung und Organisation – Enzyklopädie der Betriebswirtschaftslehre – Band 2, Stuttgart 2004

Simon, H.: Was taugt die Managementtagung?, In: Harvard Business Manager 05/2000

Stöger, R.: Strategieentwicklung für die Praxis – Kunde – Leistung – Ergebnis, Stuttgart 2007

Thommen, J. P.; Achleitner, A. K.: Allgemeine Betriebswirtschaftslehre – Umfassende Einführung aus managementorientierter Sicht, Wiesbaden 2003

Thompson, A .A.; Strickland, A. J.: Strategic Management – Concept and Case, Chicago 1995

Von Oetinger, B.: Das Boston Consulting Group Strategie-Buch – Die wichtigsten Managementkonzepte für den Praktiker, München 2000

20 — M&A-Strategien

Autoren

Julia Stubner, Katharina Tesch, Ursula Tiroch, Cornelia Wutzlhofer, Andreas Zuschmann

Literaturverzeichnis

Broda, B. M.: Grundstrukturen und -prozesse von Unternehmensakquisitionen, In: Der Schweizer Treuhänder 3/2005

Deans, G.; Kröger, f.; Zeisel, S.: Merger Endgames – Strategien für die Konsolidierungswelle, Wiesbaden 2002

Deans, G.; Kröger, f.; Zeisel, S.: Der Weg zum Weltkonzern. In: Seeger,C. [Hrsg.]: Harvard Business Manager – Fusionen – M&A-Strategien entwickeln – Kandidaten analysieren – Kulturen vereinen, Frankfurt am Main 2005

Freiling, J.: Ressourcenmotivierte Mergers & Acquisitions, In: Wirtz, B. W. [Hrsg.]: Handbuch Mergers & Acquisitions Management, Wiesbaden 2006

Furtner, S.: Standardvorgehensmodelle – Rettungsanker für mittelständische M&A-Vorhaben?, In: M&A Review 7/2007

Jansen, S. A.: Mergers & Acquisitions – Unternehmensakquisitionen und -kooperationen – Eine strategische, organisatorische und kapitalmarktorientierte Einführung, Wiesbaden 2008.

Klesse, H. J.: Mangel an Strategie. In: Wirtschaftswoche 07.07.2008

Kröger f.; Zeisel S.: Das Endspiel gewinnen. In: Seeger, C. [Hrsg.]: Harvard business Manager – Fusionen – M&A-Strategien entwickeln – Kandidaten analysieren – Kulturen vereinen, Frankfurt am Main 2005

Liebler, H.: Fusion als strukturelle Sanierungsoption, In: Hommel, U.; Knecht T. C.; Wohlenberg, H.: Handbuch Unternehmensrestrukturierung, Wiesbaden 2006

Lucks, K.; Meckl, R.: Internationale Mergers and Acquisitions – Der prozessorientierte Ansatz, Heidelberg 2002

Lucks, K.: Nur systematisches Vorgehen bringt Erfolg, In: Seeger, C. [Hrsg.]: harvard Business Manager – Fusionen – M&A-Strategien entwickeln – Kandidaten analysieren – Kulturen vereinen, Frankfurt am Main 2005

Nick, A.: Aktive M&A-Strategien gewinnen, In: Venture Capital Sonderausgabe 2003

Von Keitz, I.: Der Akquisitionsprozess, In: Balz, U.; Arlinghaus, O. [Hrsg.]: Praxishandbuch Mergers & Acquisitions – Von der strategischen Überlegung zur erfolgreichen Integration, Landsberg am Lech 2007

Wirtz B. W.; Schilke, O.: Akquisitionsmanagement, In: Wirtz, B. W. [Hrsg.]: Handbuch Mergers & Acquisitions Management, Wiesbaden 2006

21 — Strategien umsetzen

Autoren

Thomas Eckbauer, Mario Fischer, Bettina Lang, Thomas Proksch, Nadine Rojik, Anja Weninger

Literaturverzeichnis

Al-Laham, A.: Strategieprozesse in deutschen Unternehmungen. Verlauf, Struktur und Effizienz, Wiesbaden 1997

Berend, P.: Unternehmensstrategie – Das Modell der Harvard Business School, http://www.vnr.de/b2b/unternehmen-maerkte/unternehmensstrategie/unternehmensstrategie-modell-der-harvard-business-school.html 22.11.2010

Brache, A. P.; Bodley-Scott, S.: Implementation – How to transform Strategic Initiatives into Blockbuster Results, New York 2006

Brodbeck, H.: Die Umsetzung der Strategie, In: Brodbeck, H. [Hrsg.]: Praxis in kleinen und mittleren Unternehmen – Checklisten für die Führung und Organisation in KMU, Zürich 2001

Götze, U.; Mikus, B.: Strategisches Management – Lehrbuchreihe 3, Chemnitz 1999

Graf, f.: Das 7-S-Modell – Sieben Erfolgsfaktoren für Unternehmen, http://www.coachacademy.de/de;magazin;karriere.htm 18.01.2011

Grant, R.; Nippa, M.: Strategisches Management, München 2006

Hagmann, T.: Die Hürden der Strategieumsetzung mit Bravour meistern, http://www.ionewmanagement.ch/de/artikelanzeige/artikelanzeige.asp?pkBerichtNr=180491 8.11.2010

Hummel, T.; Malorny, C.: Total Quality Management – Tipps für die Einführung, Leipzig 2002

Jossé, G.: Balanced Scorecard – Ziele und Strategien messbar umsetzen, München 2005

Kaplan, R. S.; Norton, D. P.: Balanced Scorecard – Strategien erfolgreich umsetzen, Stuttgart 1997

Karst, K.; Segler, T.; Gruber, K. f.: Unternehmensstrategien erfolgreich umsetzen durch Commitment Management, Frankfurt 1999

Kasper, H.; Mayrhofer, W. [Hrsg.]: Personalmanagement Führung Organisation, Wien 2002.

Kasper, H; Mühlbacher, J.: Von Organisationskulturen zu lernenden Organisationen, In: Kasper, H.; Mayrhofer, W. [Hrsg.]: Personalmanagement Führung Organisation, Wien 2002

Kolks, U.: Strategieimplementierung – Ein anwenderorientiertes Konzept, Wiesbaden 1990

Lombriser, R.; Abplanalp, P. A.: Strategisches Management – Visionen entwickeln, Strategien umsetzen, Erfolgspotenziale aufbauen, Zürich 2005

Pfeffer, J.; Sutton, R.: Wie aus Wissen Taten werden – So schließen die besten Unternehmen die Umsetzungslücke, Frankfurt/New York 2001

Recklies, D.: Das 7-S-Modell, http://www.themanagement.de/Ressources/7S%20Modell.htm 15.11.2010.

Stöger, R.: Balanced Scorecard – Eine Bilanz, OrganisationsEntwicklung. Zeitschrift für Unternehmensentwicklung und Change Management – Nr. 4, München 2007

Voigt, K.: Total Quality Management, http://wirtschaftslexikon.gabler.de/Archiv/73551/total-quality-management-tqm-v5.html 31.01.2011

Weber, J.: Marketingstrategien für Controller, In: Weber, J. [Hrsg.]: Das Advanced-Controlling Handbuch Volume 2 – Richtungsweisende Konzepte, Steuerungssysteme und Instrumente, Weinheim 2008

22 — Schwierige Verhandlungen

Autoren

Markus Berk, Ayhan Demir, Bernhard Kuffner, Michael Nohava, Albert Pretor

Literaturverzeichnis

Becker, A. H.: Psychologisches Konfliktmanagement – Menschenkenntnis, Konfliktfähigkeit, Kooperation, München 1996

Fisher R.; Ury, W., u. a.: Das Harvard Konzept – Der Klassiker der Verhandlungstechnik, Frankfurt am Main 2006

Hernstein Institut für Management und Leadership: Hernstein Management Report, http://www.hernstein.at/Wissen/Hernstein_Management_Report/Reports_2004_bis_2010/ 10.12.2010

Pentland, A.; Berinato, S.: We Can Measure the Power of Charisma. Harvard Business Review 1/2010

Püttjer, C.; Schniedra, U.; Mets, H.: Die heimlichen Spielregeln der Verhandlung, Frankfurt/New York 2007

Ury, W. L.: Schwierige Verhandlungen, Frankfurt am Main 1991

23 — Schwierige Entscheidungen

Autoren

Seweriyos Aksan, Bianca Atzmüller, Katrin Eipeldauer, Claus Kraupa, Walter Libert

Literaturverzeichnis

Braun, W.: Die (Psycho-)Logik des Entscheidens – Fallstricke, Strategien und Techniken im Umgang mit schwierigen Situationen, Bern 2010

Heller, R.: Erfolgreich Entscheiden, München 2002

Hirt, M.: Was Führungskräfte nicht delegieren dürfen, Wien 2006

Gara S., Hirt, M.: Tag X Krisenmanagement, o.A.

o. V.: Great CEO Decisions – Brief Article, http://findarticles.com/p/articles/mi_m4070/is_2000_May/ai_62657776/ 20.11.2010

Suttrich, O.: Entscheiden als Prozess – Besser Entscheiden in Organisationen, In: Hernsteiner 3/2006

Weißhahn, G.: Entscheidungsanalyse – wie Manager schwierige Entscheidungen rational treffen können, In: Wirtschaftspsychologie 1/2001

24 — Veränderungen umsetzen

Autoren

Franziska Kröss, Sandra Laister, Barbara Nessl, Anna-Theresa Neubauer, Alex Puskas, Marion Wachter

Literaturverzeichnis

Becker L.: Change Management in Personalbereichen – Rahmenbedingungen und Handlungsempfehlungen, In: Wald P. M. [Hrsg.]: Neue Herausforderungen im Personalmanagement – Best Practices – Reorganisation – Outsourcing, Wiesbaden 2005

Berner, W.: CHANGE! – 15 Fallstudien zu Sanierung, Turnaround, Prozessoptimierung, Reorganisation und Kulturveränderung, Stuttgart 2010

Boyett, J.; Boyett, J.: Managementguide – Die Top-Ideen der Management-Gurus, München 1999

Doppler, K.: Der Change Manager – Sich selbst und andere verändern – und trotzdem bleiben, wer man ist, Frankfurt am Main 2003

Doppler, K.; Lauterburg, C.: Change Management – Den Unternehmenswandel gestalten, Frankfurt am Main 2005

Kotter, J.: Leading Change – Why Transformation Efforts Fail, In: Harvard Business Review on Change, Boston 1988

Kotter, J.: Wie Manager richtig führen – Harvard bei Hanser, München 1999

Oltmanns, T.; Berger, R.: Wie Veränderungsprojekte gelingen, http://www.business-wissen.de/organisation/change-management-wie-veraenderungsprojekte-gelingen/ 15.11.2010

Schmelzer, H. J.; Sesselmann, W.: Geschäftsprozessmanagement in der PraxiS. Kunden zufrieden stellen – Produktivität steigern – Wert erhöhen, München 2008

Welch, J.; Welch, S.: Winning – Das ist Management, Frankfurt am Main 2005

25 — M&A-Transaktionen durchführen

Autoren

Carina Aigner, Daniela Aigner, Irina Bauchinger, Edith Burger, Barbora Cibulkova

Literaturverzeichnis

Balz, U.; Arlinghaus, O.: Praxisbuch Mergers & Acquisitions – Von der strategischen Überlegung zur erfolgreichen Integration, Landsberg 2007

Beitel, P.; Mußhoff, J.; Uhlaner, R.: Erfolg in M&A – so geht's, http://www2.mckinsey.de/downloads/publikation/akzente/2010/akzente_0110_22.pdf 21.11.2010

Eberl, S.: Der M&A Prozess, In: Zeitschrift für Controlling & Management 1/2009

Eder, S.; Schmid-Schmidsfelden, W.: Das Joint-Venture Arbeitshandbuch – Verhandlung – Absicherung – Finanzierung – Steuern – Vertragswesen – Realisation – Schritt-für-Schritt, Wien 1991

Eiffe f. f.; Mölzer W.: Mergers & Acquisitions – Leitfaden zum Kauf und Verkauf von Unternehmen, Wien 1993

Gerds, J.: Ein Notfall Team für die Integration, http://www.harvardbusinessmanager.de/heft/artikel/a-709661.html 26.11.2010

Hesselmann, C.; Kunath, O.: M&A-Controlling bei der Verlagsgruppe Georg von Holtzbrinck, In: Zeitschrift für Controlling & Management 1/2009

Hohnhaus, W.: Erfolg der M&A-Beratung bei Unternehmenstransaktionen, Nürnberg 2004

Jansen, S. A.: Mergers & Acquisitions – Unternehmensakquisitionen und -kooperationen, Wiesbaden 2001

Klien, H.: Verhandlungstechnik bei Fusionen und M&A Transaktionen, http://www.miraculum.biz/verhandlungstechnik.pdf 21.11.2010

Kranebitter, G.: Due Diligence – Risikoanalyse im Zuge von Unternehmenstransaktionen, München 2002

Macharzina, K.; Wolf, J.: Unternehmensführung – Das internationale Managementwissen, Wiesbaden 2010

Picot, G.: Handbuch Mergers & Acquisitions – Planung – Durchführung – Integration, Stuttgart 2008

Uder, H.; Jung, R.: Die Rolle von Human Resources bei Mergers & Acquisitions – Eine internationale Studie zu Fusionen und Übernahmen der letzten zehn Jahre, London 2002

26 — Mit M&As Wert schaffen

Autoren

Asmir Beciraj, Florian Blanz, Martin Haderer, Manuela Hirschbeck, Katrin Steiner

Literaturverzeichnis

Gerds, J.; Schewe, G.: Post Merger Integration – Unternehmenserfolg durch Integration Excellence, Berlin 2009

Ghosn, C.: Saving the Business Without Losing the Company, In: Harvard Business Review, 1/2002

Keuper, f.; Häfner, M.; von Glahn, C.: Der M&A-Prozess – Konzepte, Ansätze und Strategien für die Pre- und Post-Phase, Wiesbaden 2006

Papathanassis, A.: Post-Merger Integration and the Management of Information and Communication Systems – An analytical framework and its application in tourism – Diss. Universität Hannover, Wiesbaden 2004.

Picot, G.: Handbuch Mergers & AcquisionS. Planung – Durchführung – Integration, Stuttgart 2008

Sünderhauf, H.: Teil C – Die Integrationsphase, In: Schramm, M.; Hansmeyer, E. [Hrsg.]: Transaktionen erfolgreich managen – Ein M&A-Handbuch für die Praxis, München 2009

Thornton, E.: Remaking Nissan, In: Business Week 11/1999

Wirtz, B. W.: Mergers & Acquisions Management – Strategie und Organisation von Unternehmenszusammenschlüssen, Wiesbaden 2003

27 — Erfolg messen und steuern

Autoren

Michael Bodendorfer, Claudia Dreiseitel, Romana Kitayimbwa, Martina Morgenbesser, Roland Schwaiger

Literaturverzeichnis

Eschenbach, W.; Siller, H.: Controlling professionell – Konzeption und Werkzeuge, Stuttgart 2010

Friedag, H.; Schmidt, W.: Balanced Scorecard – Mehr als ein Kennzahlensystem, Freiburg 2002

Friedag, H.; Schmidt, W.: My Balanced Scorecard – Das Praxishandbuch für Ihre individuelle Lösung – Fallstudien, Checklisten, Präsentationsvorlagen, Freiburg 2001

Hennig, A.; Schneider, W.; Wiehle, U.; Deter, H.; Diegelmann, M.; Schömig, P. M.: 100 Kennzahlen der Balanced Scorecard, Wiesbaden 2008

Horvàth & Partners: Balance Scorecard umsetzen, Stuttgart 2004

Kaplan, R.; Norton, D.: Balanced Scorecard – Strategien erfolgreich umsetzen, Stuttgart 1997

Küpper, H. U.: Controlling – Konzeption, Aufgaben und Instrumente, Stuttgart 2001

Leitl, M.; Sackmann, S.: Unternehmenskultur als Erfolgsfaktor, In: Harvard Business Manager 1/2010

Lombriser, R.; Abplanalp, P. A.: Strategisches Management – Visionen entwickeln, Strategien umsetzen, Erfolgspotentiale aufbauen, Zürich 2005

Morganski, B.: Balanced Scorecard – Auf dem Weg zum Klassiker-Mehr Gewinn, mehr Unternehmenswert durch motivierte Mitarbeiter und zufriedene Kunden, München 2001

Senge, P.: Die fünfte Disziplin – Kunst und Praxis der lernenden Organisation, Stuttgart 2008

Weber, J.; Hamprecht, M.; Goeldel, H.: Integrierte Planung – nur ein Mythos, In: Harvard Business Manager 3/1997

---

28 — Führen in der Krise

Autoren

Alexandra Eckner, Claudia Eisner, Susanne Erlacher, René Gneist, Cornelia Leitner

Literaturverzeichnis

Bergauer, A.: Führen aus der Unternehmenskrise – Leitfaden zur erfolgreichen Sanierung, Berlin 2003

Covey, S.; Whitman, B.: Führen unter neuen Bedingungen – Sichere Strategien für unsichere Zeiten, Offenbach 2009

Duck, J.; Greeland, G.: Accelerating of the Downturn, In: The Boston Consulting Group 06/2002

Endres, H.; Werle, K.: Hurra, wir leben noch!, In: Manager Magazin 12/2009

Ertl, P.; Strauss, R.: Die Bedeutung des Risikomanagements zur Bewältigung von Unternehmenskrisen, In: Zöchling, H. [Hrsg.]: SWK – Entschlossen handeln in Krisenzeiten, Wien 2009

Goldfuß, J.: Führen in schwierigen Zeiten – Sicher durch Krisen- und Umbruchsituationen lenken, Frankfurt am Main 2010

Oetinger, B.: Leadership in a Time of Uncertainty, In: The Boston Consulting Group 2002

Simon, H.: 33 Sofortmaßnahmen gegen die Krise – Wege für Unternehmen, Frankfurt am Main 2009

Sutton, R.: Wie sich das Verhalten der Konsumenten ändert, In: Harvard Business Manager 09/2009

Treichl, A.: Interview, www.hirtandfriends.at 14.01.2011

---

29 — Sanierungen und Turnarounds

Autoren

Claudia Cepko, Claudia Gschnitzer, Manuela Mies, Barbara Winder

Literaturverzeichnis

Arlinghaus, O.: Praxishandbuch Turnaround Management – Liquidität sichern, Kosten senken, Wachstum steigern, Insolvenz vermeiden, Wiesbaden 2007

Feldbauer-Durstmüller B.; Mayr S.: Unternehmenssanierung in der Praxis, Wien 2009

Fraenkler, H.: Unternehmenssanierung – Kraftvoll aus der Krise in die Gewinnzone, Landsberg am Lech 2006

Hering, E.; Zeiner H.: Controlling für alle Unternehmensbereiche, Stuttgart 1995

Hornstein, J.: Modellgestützte Optimierung des Führungsstils während eines Turnarounds, Wiesbaden 2009

Hutzschenreuter, T.; Griess-Nega, T. [Hrsg.]: Krisenmanagement – Grundlagen – Strategien – Instrumente, Wiesbaden 2006

Puchleitner, K.: Public Relations in Krisenzeiten – Das Handbuch für situationsorientierte Öffentlichkeitsarbeit, Wien 1994

Reichling P.; Bietke D.; Henne A.: Praxishandbuch Risikomanagement und Rating, Wiesbaden 2007

Roselieb, f.: Kommunikation in der Krise – Farbe bekennen und Lösungen präsentieren, http://www.essen.ihk24.de/servicemarken/ihk_aktuell/ihk_zeitschrift/Anlagen/Oktober_2009/06-15_Titelthema_meo_10_2009_LOWRES.pdf 06.10.2010

Seefelder, G.: Unternehmenssanierung, Stuttgart 2007

Sust, O.: Risikomanagement bei Private Equity, München 2009

---

30 — Frauen an der Spitze

Autoren

Alexander Exner, Veronika Hantáková, Wolfgang Hackl, Martin Jandl, Egle Vaisvilaite

Literaturverzeichnis

Aichhorn, U.: Offene Grenze für Managerinnen! – Wie Frauen mit Selbstverantwortung durchstarten, Wien/Klosterneuburg 2004

Brooks, D.; Brooks, L: Die 7 Geheimnisse erfolgreicher Frauen – Wie sie als Frau auch ohne männliche Strategie mehr erreichen, Landsberg/Lech 2000

Brown, G.; Brady, C.: Karriere-Strategien für Frauen in Führungspositionen, Berlin/Bonn/Regensburg 1995

Catalyst [The Bottom Line 2004] o. V.: http://www.catalyst.org/file/44/the%20bottom%20line%20connecting%20corporate%20performance%20and%20gender%20diversity.pdf 19.07.2011

Endres, H.: Dahmenwahl, In: Manager Magazin 1/2011

Enkelmann, C.: Erfolgreich mit den Waffen einer klugen Frau, München 2008

Goldberg, C., Rosenberger, S.: KarrierenFrauenKonkurrenz, Wien 2002

Hausmann, R.; Tyson, L.; Zahidi, S.: Global Gender Gap Report 2010, http://www3.weforum.org/docs/WEF_GenderGap_Report_2010.pdf 17.07.2011

Lassnig, L.; Pastner, U.; Wagner, E.: Frauenkarrieren und Arbeitsmarktpolitik – Alternative Berufsentwicklungsmöglichkeiten für Frauen in Wien, Wien 1995

Peseschkian, N.: Erschöpfung und Überlastung positiv bewältigen, Stuttgart 2003

Rebel, N.: Work-Life-Balance für freche Frauen, Frankfurt am Main 2007

Reichel, K.: 111 Tipps für Frauen im Beruf, Frankfurt am Main 2001

Ruck, K.: Souveräner Auftritt für Frauen, München 2009

Schlembach, C.: Die Unternehmerfrau, Zürich 2009
Schnatmeyer, D.: Frauen und Führung Berufliche Segregation und neue Konzepte zur Chancengleichheit, http://www.fidar.de/fileadmin/user_upload/MAIN-dateien/materialien/schnatmeyer0603.pdf 17.07.2011

31 — Aufsichtsrat, was nun?

Autoren

Christoph Braunstorfer, Teresa DeMonte, Lisa-Marie Happenhofer, Lisa Henhappel, Pia Henhappel, Elisabeth Sagmeister

Literaturverzeichnis

Aktiengesetz: BGBl.Nr. 98/1965 zuletzt geändert durch BGBl. I Nr. 71/2009
Arbeiterkammer Wien: Rechte im Aufsichtsrat, http://wien.arbeiterkammer.at/online/aufsichtsrats pflicht-10329.html, 28.10.2010
Deutsche Bank: Bank- und Börsenlexikon, http://www.db.com/lexikon/lexikon_de/content/index_1190.htm 02.11.2010
Gagawzuk, W.; Gahleitner, H.; u.a.: Der Aufsichtsrat, Wien 2004
Ginthör, O.; Egermann, B.: Der Aufsichtsrat Rechte und Pflichten, Wien 2005
Grashäftl, S.: Corporate Governance Grundsätze- Grundsätze für den Aufsichtsrat, http://portal.wko.at/wk/format_detail.wk?angid=1&stid=555487&dstid=9138&opennavid=50949 02.11.2010
Grashäftl, S.: Qualifikation eines Aufsichtsratsmitglieds, http://portal.wko.at/wk/format_detail.wk?angid=1&stid=555489&dstid=9138&opennavid=50949 02.11.2010
Grashäftl, S.: Treuepflicht der Aufsichtsratsmitglieder, http://portal.wko.at/wk/format_detail.wk?angid=1&stid=555490&dstid=9138&opennavid=50949 02.11.2010
INARA Initiative für Aufsichtsräte: www.inara.at
Linhart, H.: Interview vom 02.11.2009
Kraßnig, U.: Zum Anforderungsprofil an den Aufsichtsrat unter Berücksichtigung der Aufsichtsratsvergütung, In: Aufsichtsrat aktuell 6/2009

32 — Capital Raising – Venture Capital und Private Equity

Autoren

Birgit Engelmaier, Verena Lichtl, Noémi Szeles, Carolin Wallitzky

Literaturverzeichnis

Baltzer, K.: Bedeutung des Venture Capital für innovative Unternehmen, Aachen 2000
Boué, A. R.: Wie komme ich zu Venture Capital? Praxisratgeber mit Insidertipps für die erfolgreiche Kapitalakquise, Wien 2008
Camp, J. J.: Venture Capital Due Diligence A Guide to Making Smart Investment Choices and Increasing Your Portfolio Returns, New York 2002
Eckstaller, C.; Huber-Jahn, I.: Private Equity und Venture Capital Begriff Grundlagen Perspektiven, Sternenfels 2005
Hackl, E.; Jandl, H.: Beteiligungsfinanzierung durch Venture Capital und Private Equity. In: Stadler, W. [Hrsg.]: Die neue Unternehmensfinanzierung Strategisch finanzieren mit bank- und kapitalmarktorientierten Instrumenten, Frankfurt am Main 2004
Hirt&Friends: Nine phases of an investor search, Wien 2009
Hess, R.: Private Equity Finanzierungsalternative für den Mittelstand, Berlin 2007
Muzik, P.: Der Weg zu frischem Kapital, http://www.avco.at/upload/medialibrary/KOMPAKT_060601.pdf 25.11.2010
Nesheim J. L.: High Tech Start-Up The Complete Handbook for Creating Successful New High Tech Companies, New York 2000
o. V.: 2010 Global Private Equity Watch New horizons emerge, http://www.ey.com/Publication/vwLUAssets/2010-global-private-equity-watch-April-2010-A4/$FILE/2010_global_private_equity_watch_April_2010-A4.pdf 24.11.2010
o. V.: BVK Statistik Das Jahr 2009 in Zahlen, http://www.bvkap.de/media/file/300.20090308_BVK_Jahres statistik_2009_final.pdf 24.11.2010
o. V.: Facts and Figures Österreich Private Equity und Venture Capital 1995-2010, http://www.avco.at/upload/medialibrary/PM_Facts_and_Figures_2009_Zahlen_06.05.2010.pdf 24.11.2010
o. V.: Service der AVCO, http://www.avco.at/AVCO.aspx?target=21109& 28.11.2010

33 — Umgang mit unfreundlichen Investoren

Autoren

Monika Buchberger, Ervin Pálfy, Oliver Pleva, Alexander Pluskota

Literaturverzeichnis

Biedermann, A.: Robin Hood der Kleinaktionäre? Das Schreckgespenst Berufsopponenten, In: HV-Magazin Themen & Trends rund um die Hauptversammlung 2/2005
Ebel, B.; Hofer, M.: Investor Marketing, Wiesbaden 2003
Engelhardt, A.: Activist Investing aus Unternehmenssicht, In: M&A Review Strategien & Visionen 4/2008
Fischer, M.; Herold, M.: Berufsopponenten Eine bekannte Spezies wird erstmalig untersucht, In: Going Public 4/2007
Macharzina, K.; Wolf, J.: Unternehmensführung, Wiesbaden 2010
Pinner, W.: Der Vormarsch der lästigen Investoren, In: Top-Gewinn Resort: Geld & Börse 11a/2007
Schnorrenberg, T.: Investor Relations Management Praxisleitfaden für erfolgreiche Finanzkommunikation, Wiesbaden 2008
Seifert, W.; Voth, H.: Invasion der Heuschrecken Intrigen Machtkämpfe Marktmanipulation, Berlin 2006
Treichl, A.: Interview, www.hirtandfriends.at 14.01.2011

34 — Finance für Topmanager

Autoren

Anna Kalivoda, Daniela Steinbauer, Alexander Stritzl, Katrin Zeillinger

Literaturverzeichnis

Becker, H. P.: Investition und Finanzierung Grundlagen der betrieblichen Finanzwirtschaft, Wiesbaden 2009

Berman, K.; Knight, J.; Case, J.: Financial intelligence A Manager s Guide to know what the numbers really mean, Massachusetts 2006

Boemle, M.: Unternehmensfinanzierung, Zürich 1995

Copeland, T.; Weston, J.; Shastri, K.: Finanzierungstheorie und Unternehmenspolitik Konzepte der kapitalmarktorientierten Unternehmensfinanzierung, München 2008

Haasis, H.; Fischer, T.; Simmert, D.: Mittelstand hat Zukunft Praxisbuch für eine erfolgreiche Unternehmenspolitik, Wiesbaden 2007

Mensch, G.: Investition, München/Wien 2002

Schawel, C.; Billing f.: Top 100 Management Tools, Wiesbaden 2009

Stadler, W.: Die neue Unternehmensfinanzierung Strategisch Finanzieren mit Bank- und Kapitalmarktorientierten Methoden, Frankfurt am Main 2004

Steffens, T.: Working Capital Management als Instrument des Finanzcontrolling, http://www.controllingportal.de/Fachinfo/Grundlagen/Working-Capital-Management-als-Instrument-des-Finanzcontrolling.html 22.12.2010

Wildt, A.: Working Capital Management, http://www.controllingportal.de/Fachinfo/Kennzahlen/Working-Capital-Management.html 13.11.2010

35 — Der gekonnte Abgang

Autoren

Iris Achleitner, Anita Bott, Johanna Fritsche, Alexandra Gasparin, Nicole Matuschitz, Susanne Präsent

Literaturverzeichnis

Andrzejewski, L.: Trennungskultur Handbuch für ein professionelles, wirtschaftliches und faires Kündigungsmanagement, Stuttgart 2004

Arndt, O.; Deekeling, E.: CEO-Kommunikation Strategien für Spitzenmanager, Frankfurt am Main 2006

Beeson, J.: Der Unersetzbare, In: Harvard Business Manager 12/2006

Bower, J. L.: Führungskräfteentwicklung Insider mit dem Blick von außen, In: Harvard Business Manager 2/2008

Hillengaß, H. W.; Nökel, R. H.: Strategien für Generationswechsel und Zukunftssicherung Handbuch zur Unternehmensanalyse, Konfliktererkennung und Problembewältigung, Heidelberg 1999

Horan, Helmut: ehem. CEO von Puma Russland, persönliches Interview am 22.11.2010

IHK Industrie- und Handelskammer Rhein-Neckar: Studie Signifikanter Wandel bei Unternehmensnachfolgen, http://www.rhein-neckar.ihk24.de/starthilfe/unternehmensnachfolge/Basis/466674/UnachfL_Bank_Studie.html 13.09.2010

Kimes, M.: P&G s leadership machine The consumer goods giant has a proven formula to nurture top talent, http://money.cnn.com/2009/05/20/news/companies/kimes_lafley.fortune/index.htm?postversion=2009052011 15.09.2010

Klimecki, R. G.; Gmür, M.: Personalmanagement Stuttgart, Stuttgart 2005

Kunisch S.; et al.: Strategische Führung auf dem Prüfstand Chancen und Herausforderungen in Zeiten des Wandels, Berlin/Heidelberg 2010

Lienhard, f.; Suter, M.: Nachfolge im Unternehmen Eine Herausforderung für Unternehmer, Verwaltungsräte und Familienaktionäre, Zürich 2005

Management Sciences For Health, Inc.: The Personal Dimension Understanding the Leaders Inner World, http://erc.msh.org/mainpage.cfm?file=2.1.3d.htm&module=leadership&language=English 25.09.2010

Management Sciences For Health, Inc.: Understanding the Dimensions of the Transition Process, http://erc.msh.org/mainpage.cfm?file=2.1.3c.htm&module=leadership&language=English 25.09.2010

Management Sciences For Health, Inc.: Why plan for Leadership Transitions, http://erc.msh.org/mainpage.cfm?file=2.1.3b.htm&module=leadership&language=English 25.09.2010

Porter, M. E.; Lorsch, J. W.; Nohria, N.: Seven Surprises for New CEOS. In: Harward Business Review 10/2004

36 — Das Leben danach

Autoren

Jan Berger, René Grundtner, Manuel Hamedinger, Richard Pratsch, Stefan Woltron

Literaturverzeichnis

Ahrens, K.; Pittner, H.: Mit 60 am Ende? Reinhard Mohn über Ruhestand und Pensionsschock, In: Manager Magazin 6/1997

Chapman, E. N.: Hurra, es ist Feierabend!, Wien 1996

Demmer, C.: Es gibt ein Leben nach dem Job! Karriere und was dann? Manager im (Un)Ruhestand, In: Lebensmittel Zeitung 28/1996

Endres, H.; Werle, K.: Die Alpha-Rentner, In: Manager Magazin 08/2010

Freisinger, G.: Manager auf Entzug Teil 1 8, http://www.manager-magazin.de/magazin/artikel/0,2828,586233,00.html 23.12.2008

Langmaack, B.: Ruhestand Annehmen Gestalten Leben, Stuttgart 2002

o. V.: Österreichischer Corporate Governance Kodex 2010, http://www.wienerborse.at/corporate/pdf/CG%20Kodex%20deutsch_Jan_2010_v4.pdf 15.01.2011

o. V.: Was macht eigentlich… , In: Manager Magazin 5/2009

o. V.: Was macht eigentlich… , In: Manager Magazin 9/2009

HIRT&FRIENDS – Wer wir sind

HIRT&FRIENDS ist eine Managementberatung mit Sitz in Eichgraben bei Wien und Fokus auf die Themen **Strategie, Führung und Organisationsentwicklung**.
Wir unterstützen unsere Kunden dabei, das Ziel klar im Auge zu behalten und mit gut durchdachten und mutigen Schritten zu erreichen.

Unsere Kernthemen und Ihr Nutzen:

Grow or Go – Die Management-Revolution

- Die Ansätze der modernen Management-Pioniere
- Hebel für deutlich mehr Leistung und Wachstum in Ihrem Unternehmen
- Einzelmaßnahmen und unternehmensweite Ansätze
- Mut & Methoden zur Umsetzung in der Praxis

Selbstführung – Die Management-Revolution für den Manager

- Die Anforderungen des 21. Jahrhunderts an Ihre Selbstführung als Manager
- Ihre wichtigsten Ansatzpunkte für persönliche Höchstleistungen
- Konkrete Umsetzungsmaßnahmen für Ihr weiteres persönliches Wachstum als Mensch und Führungskraft

Unsere Berater und Trainer gehören zu den Top-Spezialisten in ihren Bereichen und verfügen über internationale Ausbildungen und qualifizierte Führungserfahrung.

Gründer und Geschäftsführer von HIRT&FRIENDS ist Dr. Michael HIRT. Davor war er Berater bei der Boston Consulting Group.

Wir freuen uns darauf, mit Ihnen gemeinsam Ihre Ziele zu erreichen.

Dr. Michael HIRT, MBA
Geschäftsführer
+43 2773 20176
m@hirtandfriends.at

Mehr Informationen über uns finden Sie unter www.hirtandfriends.at.

Über den Herausgeber

Dr. Michael Hirt

In den nächsten Jahren werden erfolgreiche Unternehmen ihre Organisation und den Umgang mit Mitarbeitern revolutionieren. Dr. Michael Hirt zeigt, worauf es dabei ankommt und wie Sie durch Management-Innovation massive Wettbewerbsvorteile und Produktivitätsgewinne (25 % und mehr) erzielen. Sein Ansatz integriert dabei die drei wesentlichen Erfolgshebel jedes Unternehmens: Strategie, Organisation und Mensch.
Als Keynote Speaker, Berater, Management-Trainer und Executive Coach mit über 20 Jahren Erfahrung und zahlreichen Publikationen überzeugt er durch Klarheit und Umsetzungsorientierung. Der energievolle Österreicher begeistert durch Authentizität und Humor. Bevor er sich selbstständig machte, absolvierte er einen MBA am INSEAD und war bei der Boston Consulting Group (BCG).

Der Hirt-Unterschied

- Nachhaltige Wirkung
- Hochwirksame Methoden
- Einzigartige Umsetzungstools
- Messbare Ergebnisse
- Erfolgsorientierte Bezahlung

Wenn Sie Kontakt mit Dr. Michael Hirt aufnehmen möchten, wenden Sie sich bitte an:

HIRT&FRIENDS GmbH
Dr. Michael Hirt
Eduard-Kunz-Straße 39
3032 Eichgraben bei Wien
+43 2773 20176
m@hirtandfriends.at
www.hirtandfriends.at

Weitere Publikationen von Michael Hirt

Alle publizierten Artikel können Sie auf www.hirtandfriends.at unter der Rubrik „Publikationen" kostenlos herunterladen.

Strategisches Management

- Ohne Ziel stimmt jede Richtung – Der Strategiecheck für Ihr Unternehmen
- Der Business-Plan (I) – Grundlagen
- Der Business-Plan (II) – Was nicht fehlen darf
- Der Business-Plan (III) – Das Verkaufsdokument

Organisationsentwicklung

- How Microsoft Netherlands Reinvented the Way of Work (really)
- Bribing the Knowledge Worker?

Selbstführung für Führungskräfte

- Selbstführung für Führungskräfte – Ein integrierter Ansatz zum Lebenserfolg
- Aus Prinzip erfolgreich – Grundlagen wirksamer Selbstführung
- Den Schweinehund besiegen – Persönliche Verhaltensänderung in der Praxis
- Mut für Manager – Wie Sie eine entscheidende Erfolgsfähigkeit systematisch ausbauen
- Rituale für Manager – Wie Sie die Kraft der Rituale für höhere persönliche Wirksamkeit nutzen
- 10 Kernfragen auf dem Weg zu Höchstleistungen
- Der Jahresstart für Manager – Wie Sie klar und zielgerichtet ins neue Jahr starten

Serviceteil

Größere Bestellungen des CEO-Handbuchs

Das CEO-Handbuch eignet sich ausgezeichnet als intelligentes Geschenk für Ihre Kunden oder Ihre eigenen Mitarbeiter im Management. Bestellungen von mehr als 5 Exemplaren richten Sie bitte an office@hirtandfriends.at.

Feedback

Unser Team freut sich über Feedback, Anregungen oder Themenvorschläge für weitere praxisorientierte Buchprojekte. Um mit uns in Kontakt zu treten, senden Sie uns einfach eine E-Mail an office@hirtandfriends.at.

Exklusiv und kostenlos für Buchkäufer

Persönliche Online-Beratung durch Dr. Michael Hirt und das HIRT&FRIENDS-Beraterteam:

www.hirtandfriends.at/Expertenrat

Unter www.hirtandfriends.at/Expertenrat kommen Sie auf unsere Beratungs-Website. Mit dem Buchcode können Sie sich registrieren und Ihre Frage per E-Mail an die Experten von HIRT&FRIENDS senden. Die Beantwortung Ihrer Frage ist für Sie kostenlos.

Buchcode: Ah513-8g

Dieses Angebot gilt bis 31.12.2013 und nur für Führungskräfte der ersten (Vorstand/Geschäftsführung) und zweiten Ebene (Bereichsleitung) von Unternehmen mit mehr als 250 Mitarbeitern.

Kostenloses Abo des HIRT&FRIENDS Executive Briefings

Erfolgreiche Führungskräfte verstehen, dass sie letztendlich nur über ein einziges Instrument des Erfolges verfügen, nämlich sich selber. Konsequent arbeiten sie daran, ihre eigene Produktivität und Wirksamkeit systematisch zu verbessern, um dadurch an der Spitze zu bleiben.

Das monatliche HIRT & FRIENDS Executive Briefing konzentriert sich darauf, wie Führungskräfte ihre persönliche Produktivität, durch praxisnahe und hochwirksame Maßnahmen, nachhaltig steigern können:

- Für Führungskräfte/Top-Entscheider relevant
- In 15 Minuten lesbar
- Brandaktuell und knackig
- Kein Infotainment, sondern echte Inhalte ohne Ablenkung und Zeitverlust
- Beiträge, die praxisrelevant und umsetzungsorientiert sind
- Nicht abgehoben oder philosophisch, sondern mit klaren Action-Points

Mit dem H&F Executive Briefing erhalten Sie einen regelmäßigen Anstoß, um sich selbst weiter auf dem Erfolgspfad zu halten.

Exklusives Angebot für Buchkäufer:
Unter http://hirtandfriends.at/briefing.html können Sie sich mit dem Buchcode registrieren und erhalten drei der monatlich erscheinenden HIRT&FRIENDS Executive Briefings kostenlos per E-Mail.

Buchcode: Hg718-3z1

Register

Christian E. Erbacher

Grundzüge der Verhandlungsführung

3., verbesserte Auflage 2010
192 Seiten, Format 17 x 24 cm, gebunden
ISBN 978-3-7281-3320-5

Verhandeln ist die Kunst, Möglichkeiten zu gestalten. Verhandlungen gehören zum Alltag von Führungskräften in allen Bereichen des geschäftlichen Lebens. Doch trotz der hohen Praxisrelevanz mangelt es vielen Verhandlungsführern an systematischen Kenntnissen in dieser Disziplin. Diesem Mangel setzt Christian E. Erbacher sein Buch entgegen. Denn Verhandeln ist nicht nur Kunst, sondern vor allem auch lernbares Handwerk.

Die „Grundzüge der Verhandlungsführung" verbinden eine interdisziplinäre, theoretische Fundierung mit einer praxisnahen, klaren Sprache. Dadurch können alle Merkmale und Schritte einer gewinnbringenden Verhandlung verständlich dargestellt und diskutiert werden. Das Buch knüpft in seiner Grundhaltung an die Tradition des Harvard- Konzeptes an, beschreibt Verhandlungen aber strukturierter und bezieht Erkenntnisse u. a. aus der modernen Rhetorikforschung, der interkulturellen Psychologie und der empirischen Verhandlungsforschung mit ein. Die Diskussion der Ethik in Verhandlungen am Beispiel politischer Prozesse rundet das Buch zu einer weitsichtigen Verhandlungslehre ab.

Für die dritte Auflage wurde die Struktur des Buches für den Einsatz in der Aus- und Weiterbildung weiter verbessert. Damit entsprechen die „Grundzüge der Verhandlungsführung" einem umfassenden Lehrgang zum Verhandeln, der aus einem Grundlagen- und drei Fortbildungsmodulen besteht. Das Buch ist zudem ein Gewinn für alle Praktiker, die sich nicht nur auf ihre Intuition verlassen, sondern ihre Verhandlungskompetenz systematisch aus- und weiterbilden wollen.

v/d|f

vdf Hochschulverlag AG an der ETH Zürich, VOB D, Voltastrasse 24, CH-8092 Zürich
Tel. +41 (0)44 632 42 42, Fax +41 (0)44 632 12 32, verlag@vdf.ethz.ch, www.vdf.ethz.ch

Wilfried Pesch

Rezepte für Manager
und die es werden woll(t)en

vdf – Management
2008, 160 Seiten, zahlreiche Abbildungen,
Format 17 x 24 cm, gebunden
ISBN 978-3-7281-3181-2
auch als eBook erhältlich

Dieses Buch bietet Rezepte in zweierlei Hinsicht: zum einen im Sinn von Empfehlungen eines erfahrenen Praktikers für den Management-Alltag, zum andern auf kulinarischer Ebene. Passend zu sämtlichen Geschäftsprozessen (z.B. Führung, Personalwesen, Innovation, Produktion) serviert der Autor dem Leser seine Menüvorschläge: zum Kapitel „Management-Moden“ die Lammkeule, zu „Entdecken Sie Ihr Showtalent“ einen Sommersalat, zu „Betriebsrat bei Managementveranstaltungen“ Grillgemüse. Weitere Gerichte sind u. a.: Tomatensuppe rapido („Die Gründung“), Ossobuco und Ochsenschwanz („Umgang mit Beratern“), Speckböhnchen („Entwicklungsräume“) und Schmorapfel („Das Problem mit den Prozessen“).

Wie das Buch eingesetzt werden soll, beschreibt der Autor so: „Da die Maßnahmen so einfach und klar sind und der Nutzen so greifbar, entsteht bei Ihnen eventuell die Verlockung, zu viele Dinge gleichzeitig anzupacken. Davon rate ich dringend ab! Eine Organisation braucht länger als Sie, um Veränderungen zu verdauen. Ein langsames Vorgehen hat noch einen weiteren Vorteil: Ihr persönlicher Genuss, den Wandel des Unternehmens in vollen Zügen mitzuerleben. Das alles gilt auch für die Kochtipps, die zur Entspannung eingestreut sind. Diese Rezepte sind praxiserprobt und wirklich gut und es gilt: Geringer Aufwand, großer Effekt!“

v/d|f

vdf Hochschulverlag AG an der ETH Zürich, VOB D, Voltastrasse 24, CH-8092 Zürich
Tel. +41 (0)44 632 42 42, Fax +41 (0)44 632 12 32, verlag@vdf.ethz.ch, www.vdf.ethz.ch